기술사업화 투자계약실무 핵심가이드

"모든 문제는 해결 가능하다"
(E. F. 슈마허)

Death Valley 극복을 위한

기술사업화 투자계약실무 핵심가이드

박준수 지음

이담 Books

머리말

기술사업화 투자계약[1]서[2] 작성[3] 시 항상 유념하여야 할 점은 그 계약의 배경, 목적을 염두에 두고, 그 계약에서 발생 가능하다고 예상되는 문제들을 정리해 보는 것이다. 계약서는 나중에 해석상 다툼이 없도록 명확한 문언으로 표현되어야 하는 바, 이는 명확한 계약서가 분쟁의 발생을 사전에 예방하기 위해서도 필요하고, 나아가 분쟁이 발생하여 소송으로 해결하게 되는 경우에 당사자의 권리의무에 관한 입증자료로 매우 중요하기 때문이다.

기술사업화 투자계약에 있어서도 물론 당사자 간에 사전적으로 자유롭게 충분히 협의한 후 개별조항에 관하여 일일이 합의에 이르는

---

1) **계약**이란 일정한 법률효과의 발생을 목적으로 하는 2인 이상의 당사자의 대립된 의사표시의 합치, 즉 합의에 의해 성립하는 법률행위를 말한다. 계약이란 법률관계는 법적 제한에 저촉되지 않는 한 개인의 의사로 자유로이 법률관계를 결정할 수 있다. 이를 계약자유의 원칙이라 한다.

2) 계약서는 사문서로서 서명과 날인이 진정한 것임을 증명하면 문서의 진정성이 있는 것으로 추정되며, 처분문서이므로 기재내용인 법률행위가 존재하는 것으로 보아야 한다.

3) 계약서 작성의 일반사항으로 가) 정보, 간결, 평이, 명료한 문구를 사용한다. 나) 한번 정의된 용어는 계약서 전체를 통해 통일적으로 사용한다. 다) 관련 기존문서와의 관계 및 계약서 중의 다른 조문을 참조하는 경우 참조관계를 명확히 한다. 라) 계약서의 내용이 논리적으로 일관되도록 한다. 마) 계약내용이 충분히 특정될 수 있는 표현을 사용한다. 바) 장래 발생가능한 문제점 및 예외적인 상황의 발생 가능성 여부를 검토하여 대책을 강구한다. 사) 법률전문가의 자문이나 검토를 거친다.

것이 이론적으로는 바람직하지만, 그것이 시간적으로나 기타 이유로 기대하기 어려운 현실에 있을 때 바로 사용하기 위해서나 또는 중소벤처기업(이하 '회사'라 부른다)과 투자기관(이하 '투자회사'라 부른다) 간 신뢰에 부응할 수 있도록 적절한 내용의 중요 사항들이 포함된 기본적 계약서(안)를 사전에 마련해 두는 것이 반드시 필요하다.

이 글은 회사와 투자회사의 실무적 관점에서 투자계약서를 해설한 것으로서 기업투자 현장에서의 경험과 상식을 반영하고 있다.

본서에서 제시된 여러 예문은 현실적으로 사용되고 있는 몇 투자회사들의 계약서 샘플의 규정 예를 기본으로 한 것으로 해석상 분쟁의 리스크가 내포되어 있을 수 있음에도 불구하고, 적어도 여기 실린 예문들과 그 의미해설은 신중하게 계약서를 작성하려는 중소벤처기업에는 적지 않은 도움이 될 수 있을 것이라 기대한다. 회사로서의 정당한 권익을 보호하고 불필요한 리스크를 피하거나 관리하기 위한 수단으로 참고할 수 있을 것이기 때문이다.

또 이 글의 내용인 어떤 예시문이 계약조항의 '최선의 형태'라고 주장하려는 것이 아니며, 장차 더욱 효과적인 계약조항들로 발전되고 변형되어 사용될 것으로 예상하고 있다. 그러한 의미에서 이 글 속에 인용된 계약조항 문언들은 나름대로 유용하겠지만, 그렇다고 여기 있는 조항들을 단순히 열거하는 것만으로 완벽한 계약서가 되는 것은 아니므로, 구체적 사정에 따라 적절한 가감과 첨삭이 필요할 것이라는 점도 사족으로 언급해 둔다.

비록 본서가 회사를 위하여 어떤 법적 책임을 질 정도의 권위 있는 근거로 사용될 수는 없을지라도, 독자가 이를 참고자료로 원용하거나, 이 글의 내용을 토대로 자신의 견해를 보완하고자 하는 데는 유익하리라 믿는다.

본서는 투자의 다양한 성격으로 인해 회사와 투자회사 간 상호 투자계약서를 각각의 경우에 개별적으로 작성하여 사용하는 것이 바람직하고 자연스럽다는 것을 잘 알고 있다. 그러므로 투자회사업계에서 공통적으로 사용할 이른바 '표준약관'[4]과 같은 차원의 '표준계약서'를 만들고자 하는 시도는 하지 않았다. 사실 그러한 시도는 장래의 발전 가능성을 현재 시점에서의 상식으로 제약하는 셈이어서, 궁극적으로는 실현될 수 없는 결과를 추구하는 것이고, 단기적으로도 민간기업의 자율성을 훼손하는 결과를 낳을 수 있는 것이라 할 것이다. 그러므로 그러한 시도는 결코 현명한 일이 아니다. 다만 점차 지식과 정보가 보편화되고 투자회사들이 공동으로 연합하여 투자하는 형태가 흔해지면서, 좀 더 많은 투자회사들의 계약서가 유사성을 띠게 될 것이라고 예상해 보는 것은 가능하다. 그러한 예상하에, 집필자들은 현시점에서 검토하고 해설한 투자계약서 조항들의 내용과 취지들이 투자회사들을 위하여 참고자료로 활용됨으로써 투자계약관련 업무의 효율성을 더욱 강화하고 나아가 기술사업화의 전반적 발전을 유도하는 데 작은 도움이 될 수 있기를 희망한다.

희망찬 2010년(경인년)이 힘차게 미래를 향하여 전진하고 있다. 벌써 한민족이 절대 잊어서는 안 될 경술국치로부터 100년이 지났다. 이 순간 본인은 대한민국의 중심인 중소벤처기업에서 초강대국의 가

---

[4] 투자회사의 계약서를 약관화할 경우 약관규제법의 규제를 받는다. 약관규제법상의 의사해석원칙은 1) 개별약정 우선의 원칙, 2) 신의성실의 원칙, 3) 통일적 해석의 원칙 등과 더불어 4) 작성자불리의 원칙(약관의 뜻이 명확하지 아니한 경우에는 고객에게 유리하게 해야 하고 그 작성자인 사업자에게 불리하게 해석하여야 한다), 5) 제한해석의 원칙(고객에게 부담이 되는 약관은 이를 엄격하게 제한적으로 해석하여야 한다) 등으로 풀이된다. 투자사의 투자계약에 관해 표준약관을 사용케 한다면, 일반적으로 매 투자 건마다 구체적 사정을 감안하여 특약을 넣는 투자회사들의 영업의 자유를 저해할 우려가 있다.

능성을 찾았다. 지금도 疾風勁草처럼 모진 풍랑 속에서도 묵묵히 정상을 향해 질주하면서, 대내외 경제의 어려움에도 불구하고 역동적으로 뛰고 있는 진정한 애국자인 열악한 지방 중소벤처기업 CEO님들에게 무한한 존경과 감사를 올린다. 본인은 중소벤처기업이 기술사업화로 많은 성과를 창출할 수 있도록 섬김 리더십으로 온 힘을 다하는 진정한 도우미로 역할을 다하겠다.

현재 글로벌경쟁 격화 등으로 중소벤처기업은 갈수록 어려운 경영을 할 수밖에 없는 환경이다. 연구개발을 통해 개발된 상품을 시장에 판매하기까지 일련의 과정 속에서 죽음의 계곡(Death Valley)[5]을 뛰어넘어 좁은 내수시장의 협소를 극복하기 위해서는 오직 굴하지 않는 끈질긴 벤처정신과 기술사업화를 통한 글로벌시장에서 승부할 수밖에 없다고 생각한다. 시간이 흐르면 처마에서 떨어지는 물방울 한 방울 한 방울이 언젠가는 주춧돌을 뚫는다는 선조들의 지혜처럼 글로벌시장 확대를 통한 성장이 점점 누적적으로 가속화될 것을 확신한다.

머지않아 사회적으로 더불어 살아가는 강한 중소벤처 히든챔피언[6]

---

[5] **죽음의 계곡(Death Valley)**이란 기술 개발에 내재하는 위험이나 불확실성으로 인해 초기사업화 단계의 응용연구에 자금이 투입되지 않아 겪게 되는 어려움을 말한다. '다윈의 바다'는 경영 마케팅 시장변화 등 기술 외적인 요인들로 인해 겪게 되는 어려움을 일컫는다. 미하원 과학위원회 부회장인 버몬 에흘러 의원이 제시한 용어로서, 기초연구와 사업화 연구의 차이가 확대되어 가는 현상과 기초연구가 사업화로 이어지는 영역을 뜻하기도 한다. 하버드대 경영학자인 루이스 M. 브랜스컴 교수가 창조적 아이디어와 비즈니스 기회에서 발생하는 적자생존 경쟁원리를 이미지화한 이후 세계적으로 유명해진 이론이기도 하다. 일반적으로 과학기술의 발전주기는 3단계로 구분된다. 1단계는 기초기반기술의 개발, 2단계는 상업화 과정, 그리고 마지막 3단계가 새로운 상품에 의한 사회적 산업화이다. 이들 단계마다 극복하기 어려운 죽음의 계곡과 다윈의 바다가 존재한다. 클린에너지와 저탄소 전원의 상용화기술도 죽음의 계곡과 다윈의 바다에 빠질 위험이 상존한다.

[6] **히든챔피언**이란 세상에는 알려지지 않았으나 세계시장을 지배하고 있는 기업으로서 이 회사들은 약 1,000여 개의 시장에서 세계 1등으로 달리고 있으며, 시장 점유율 역시 60~80%에 달한다. 그러나 이들을 아는 사람은 아무도 없다. 대부분의 학자와 애널리스트, 주주들과 언론은 대기업이나 초대형 기업에만 관심을 기울여 왔기 때문이다. 예컨대, 이들은 병원용 침대 바퀴, 코르크 마개, 해부용 수업교구, 물고기 사료, 휴대폰 충전기, 내장 칩, 음료수 라벨, 위생용품, 카메라 삼각대, 자동차 시트 난방기, 각국 지폐, 화상 시스템, 센서, 자동차 조립품, 코카콜라 속에 들어간 구연산 등 눈에 띄지 않는 각자의 틈새시장 속에서 은밀하게 숨어 있으면서 세계경제를 선도하고 있다.

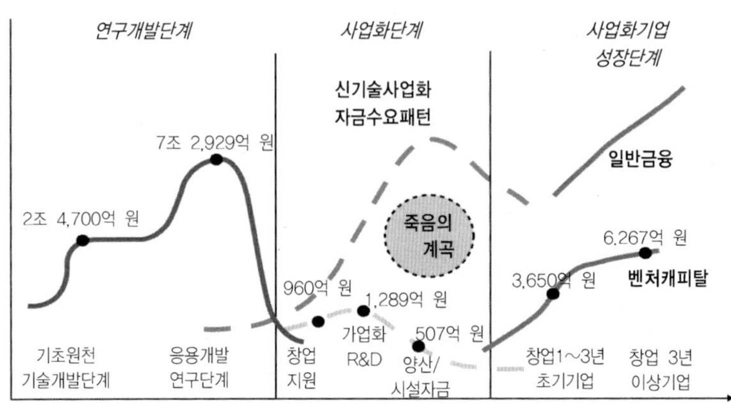

(매출 1,000억 이상)을 1,000개 만드는 데 도우미가 되는 것이 본인의 꿈이다. 그때가 되면 대한민국 국민소득이 3만 달러 이상이 되어 세계 강대국이 될 것으로 확신한다.

끝으로 언제 어디서나 고요한 호수처럼 변함없이 든든한 버팀목이 되어 주는 사랑하는 영원한 동지 골롬바에게 무한한 존경과 감사를 표한다. 그리고 예쁘고 착한 어린 양 하나 발레리아, 둘 발레리오, 셋 발렌티노, 넷 발렌티나, 다섯 발비나가 사회의 정직하고 훌륭한 인재로서 빛이 되도록 하느님께 간절히 기도드리면서, 이 순간 칭기즈칸처럼 글로벌시장에서 춤을 추며 세계시장을 누비고 다니는 대한민국 중소벤처기업 임직원님들에게 다시 한 번 감사를 드리며 이 책을 바친다.

2010. 7. 30.

충남테크노파크 기업지원단장
경영학 박사 박준수

추천의 글

　'**죽음의 계곡**(Death Valley)'이란 기술 개발에 내재하는 위험이나 불확실성으로 인해 초기 사업화 단계의 응용연구에 자금이 투입되지 않아 겪게 되는 어려움을 말한다.

　본서는 '**죽음의 계곡**(Death Valley)' 극복을 위한 기술사업화 투자계약 전략에 대한 내용을 담고 있다. 본서는 보통주 신주인수계약서, 우선주 신주인수계약서, 전환사채인수계약서 등을 중심으로 크게 세 파트로 구성되어 있다. 주요 내용은 기술개발에 내재하는 위험이나 불확실성을 최소화함으로써 성공적인 비즈니스맨이 될 수 있도록 투자계약 전략에 대한 부분들을 상세하게 소개하고 있다.

　본서는 기술사업화 투자전략에 대한 전체적인 내용을 매뉴얼(manual) 형태 그리고 예시와 해설 등을 통해 이해하기 쉽도록 비교적 평이하게 정리하고 있다. 이와 같은 프레임을 통하여 기술사업화 투자전략에 대해 초보자의 입장이라 할지라도 투자전략의 전문가가 될 수 있도록 나무와 숲을 동시에 볼 수 있는 혜안을 제공하고 있다.

　본서는 성공적인 기술사업화 투자전략 전반에 걸쳐 지도(地圖)와 같은 역할을 제공한다. 본서가 제시해 준 주요내용들을 접하노라면 패러다임 쉬프트(paradigm shift)로 인한 비즈니스 경영환경하에서 어떤 형태의 스킬(skill)을 소유하고, 어느 방향으로, 어떻게 지혜롭게 나아가야 하는지를 명쾌하게 이해할 수 있게 된다. 간혹 기술사업화 투자전략이라는 비즈니스 정글 속에서 방향감을 상실하였을 때, 실족하지 않고 나아갈 수 있도록 최적의 툴(tool)을 제공해 주는 학습서와 같은 역할을 제공하고 있다.

본서는 기술사업화 투자전략에 대한 저자의 생생한 현장경험을 중심으로 만들어졌다. 기술사업화 투자전략에 대한 다양한 사례가 필요할 때, 백과사전의 한 페이지를 들춰내듯 손쉽게 접할 수 있도록 주요내용을 소개하고 있다. 기술사업화 투자전략에 관한 지식을 사용하기 쉽도록 큰 그릇에 정교하게 차곡차곡 저장하고 있다.

본서는 **'죽음의 계곡(Death Valley)'** 에서 슬기롭게 벗어날 수 있도록 귀한 도움을 제공하는 나침반과 같은 존재이며, 서재의 한 모퉁이에 장식되어도 한 점 부끄러움이 없는 값지고 귀중한 백과사전이다. 그러기에 감히 추천한다.

2010. 7. 30.

경영학박사 이재범 교수

CONTENTS

PART
02
<h1>우선주 신주인수계약서의 구성내용</h1>

PART 03 전환사채인수계약서의 구성내용

PART 04 별첨

보통주 신주인수계약서의 구성내용

보통주

보통주는 주주평등의 원칙에 의거하여 지분에 따라 평등하게 배당이나 잔여재산의 분배를 받을 수 있는 통상의 기준이 되는 주식을 말한다. 즉 우선주, 후배주, 혼합주 등과 같이 특별한 권리내용이 없는 보통의 주식을 말한다. 일반적으로 주식이라 하면 보통주를 말하는 것이며 단일종의 주식만이 발행된 때에는 이 명칭을 붙일 필요가 없다. 보통주는 일반적으로 다음과 같은 특성을 가지고 있다. 첫째, 우선주가 배당을 받은 다음 그 잔여이익에 대하여 배당에 참여한다. 둘째, 회사가 해산할 때는 우선주에 대하여 잔여재산의 분배가 이루어진 다음에 분배에 참여한다. 즉 회사손실에 대한 부담순위는 제1순위이다. 셋째, 다른 주식에 의결권이 없는 경우 회사경영에 대한 최대지배권을 갖는다.

1.1 전문/종결문, 계약체결일자[1]

예시>

본 계약서는 ________에 주소를 두고 있는 주식회사 ○○○(이하 '회사'라 한다)과 ______________에 주소를 두고 있는 ○○투자회사(이하 '인수인'이라 한다)가 투자에 관한 양 회사 간 합의로 20__년 ___월 ___일에 체결되었다.

해설>

전문(前文)이란 계약서의 각 조항을 구성하기에 앞서 그 계약의 당사자, 배경이나 체결일자, 취지나 적법한 합의의 선언 등을 기재하는 문언을 말한다. 계약서가 당사자 간에 합의에 의해 체결되었음을 명시하는 데 가장 큰 의의가 있다.

계약서 작성에 있어서 반드시 전문을 필요로 하는 것은 아니고, 종

---

1) 계약일자는 당사자 간에만 통용되며 제삼자에게 주장할 수 없다. 객관적인 계약일자를 확보하기 위해서는 공증사무소에서 확정일자 인을 받아야 한다. 확정일자는 예를 들어 재산권의 이중 양도 시에 어느 계약이 먼저인가를 제삼자에게 밝혀야 되는 것과 같은 상황에서 중요하다.

결문으로 대신할 수도 있는데, 종결문에는 계약사실을 증명하기 위한 것이라는 표현을 넣어 두기도 한다. 또 종결문 이후에는 바로 계약체결일자를 뒤따라 넣는 것이 일반적이다. 아래는 종결문의 한 예이다.

1.2 당사자

예시>

계약 당사자 간에 이상과 같이 계약을 체결하고 이를 증명하기 위하여 계약서 2부를 작성하여 '투자회사'와 '회사'가 각 1부씩 보관하기로 한다.

년   월   일

해설>

계약체결 시, 법적 주체인 당사자[2] 표시를 정확히 하여야 한다. 투

---

[2] 계약체결 시에는 계약 상대방이 법인격을 갖고 있는지, 계약체결의 권한을 갖고 있는지를 확인하여야 한다. 권리 의무의 주체 즉 계약 당사자의 자격이 있는 것은 법인과 자연인에 한정되며, 자연인 중 미성년자, 한정치산자 등 행위능력자에 대해서는 계약체결능력이 제한된다. 계약체결의 권한을 갖기 위해서는 지시재산권의 경우 권리자 혹은 전용 실시권자여야 하며, 기술이전의 경우 이전기술에 대한 권리를 처분 권한을 갖고 있는 법인 혹은 개인이어야 한다. 지식재산권의 경우 등록원부를 확인함으로써 처분권자인지 여부를 확인할 수 있다. 계약 당사자가 법인인 경우에는 법인등기부 및 사업자등록증을 통하여 다음 사항을 확인한다. 가) 단복대표, 공동대표, 각자대표 여부 및 대표자. 법인의 경우 대표이사가 복수이고, 공동 대표이사인 경우에는 어느 1인이 대표권을 행사할 수 없으며 반드시 등기된 공동대표이사 모두가 공동으로 권리를 행사하여야 하고 이 경우에만 법률행위가 유효. 나) 법인등기부상의 주소, 사업자등록증상의 주소 및 실제 주소의 일치 여부. 다) 사업자등록증상의 업체, 사업품목이 적절한지의 여부. 라) 법인등기부상의 회사정리절차, 파산절차, 해산절차 등에 대한 기재 여부. 마) 법인의 재산 상태에 중대한 영향을 미치거나 일정한 금액 이상의 거래는 이사회의 승인을 요하거나 또는 다른 특수절차가 요구되는 경우가 있는데, 정관을 확인하여 이러한 경우에 해당될 때에는 상대방에게 필요한 절차를 밟도록 계약서에 명시한다. 또한 외국법인의 경우 외국의 근거법령에 의하여 설립된 법인으로 섭외 사법에서 한국 내에 영업소가 있는 외국법인의 국내 지사는 내국법인과 동일한 행위능력이 인정되고 있고, 외국환 거래규정에서도 거주자로 인정되어 있어 한국은행 총재의 국내 지사 설치허가를 얻어 등기를 한 경우에는 계약의 상대방으로 인정할 수 있다. 그러나 국내 지사는 외국법인 본사의 신용 상태 여하에 직접적인 영향을 받고 있으며, 국내 지사의 법률 행위는 본사의 대리인 자격에 의하여 이루어진다고 볼 수 있으므로 본사의 의사와 합치하는지 확인 등에 있어서 신중을 기해야 한다.

자를 받는 상대방회사는 대개 주식회사[3]지만, 그렇지 않은 경우도 있을 수 있다. 어느 경우이든, 당사자가 법적으로 계약을 체결할 권능이 있는지를 확인해 둘 필요가 있고, 체결 시 기명날인[4]하는 회사대표자의 기재도 분명히 해 둘 필요가 있다.

투자회사가 회사 고유계정의 자금으로 투자하느냐 아니면 투자회사가 대표로서 업무를 집행하는 투자조합의 자금으로 투자하느냐 하는 것은 매우 중요한 문제이다.

전문이나 계약서 말미의 당사자 기명날인란에 기재되는 명의와 계약 본문 중의 신주인수 주체는 동일하게 하는 것이 명확성 면에서 바람직하다. 조합을 대표하여 문서로 하는 행위에는 반드시 '○○투자조합 / 업무집행조합원 ○○투자 주식회사 / 대표이사 ○○○'라고 명의를 명확히 기재해 주어야 한다.

말미의 기명날인란에는 투자회사만을 표기하면서, 계약 본문 중의 신주인수주체로는 투자조합을 '계정'으로 명기한 경우도 있는데, 법적으로는 문제가 될 가능성이 있다.

투자회사의 사업자등록번호나 투자조합의 고유번호를 기재하는 것은 필수적인 사항은 아니다.

---

3) 주식회사는 대표적인 물적 회사이다. 즉 사원인 주주는 회사 채무에 대하여 아무런 책임을 지지 않고 회사재산만이 책임재산을 구성하므로 다음 사항을 유의하여야 한다. 1) 회사실재의 확인: 상업등기부등본을 징구하여 법인격의 유무를 확인. 2) 정관목적의 확인: 주식회사의 권리능력도 법령과 정관의 목적 등에 의하여 제한되므로 이를 확인. 3)대표기관의 확인: 주식회사의 대표기관은 대표이사이다. 특별히 표현대표이사에 해당하는 사실이 없는 한 계약함에 있어서 대표이사를 상대방으로 하여야 한다.

4) 서명이란 필기로 자신의 이름을 쓰는 것이고, 기명은 서명 이외의 방법으로 고무인, 타이프 인쇄 등의 방법으로 이름을 표시하는 것을 말한다. 기명의 경우 인장을 날인해야만 서명과 동일하게 취급된다. 계약서에는 서명 혹은 기명날인이 필요하다. 인감도장은 증명청에 등록되어 있는 인장을 말하며, 인감증명서를 첨부하면 문서에 날인한 인영이 공적으로 증명받게 된다. 이에 따라 작성인 본인이 진정으로 작성한 문서라는 것이 추정된다. 이에 대해 사용인감 등으로 불리는 일반 도장은 본인의 도장임을 공적으로 증명받을 수는 없지만 이미 여러 차례 사용되고 있거나, 본인이 그 도장에 날인하는 것을 목격한 증인의 증언에 의해 본인의 인감임을 증명할 수 있기 때문에 증명력에 있어서 인감도장과 별반 차이가 없다. 무인(엄지손가락 지문)의 날인은 문서를 본인이 작성했다는 가장 강력한 증거가 된다.

계약 본문 중에서는 투자회사를 '인수인' 또는 '갑'으로 지칭하고, 투자대상회사를 '회사', '기업' 또는 '을'로 지칭하는 것이 일반적이나, 상호를 살려서 '○○투자회사', '○○○'로 지칭하는 경우도 있다.

1.3 계약목적

투자계약서 작성의 목적이 '당사자 간 투자 및 관련된 권리의무를 명확히 함'에 있음을 명시하는 규정이다. 계약서 전문 부분에 이러한 내용이 들어간다면, 계약목적규정을 독립적으로 두지 않아도 좋다.

1.4 경영지배인(이해관계인[5])

회사의 경영을 지배하는 주요주주를 투자계약관계에 포함시키기 위한 규정으로서, 특정을 위하여 성명, 주민등록번호 또는 주소를 기재하여야 한다. 포함 방법으로는 두 가지를 찾아볼 수 있는데, 대부분 투자계약서상의 당사자 중 하나로 주요주주를 포함시켜 두는 방법을 사용하는 경향이 있고, 투자회사와 회사 간의 투자계약서에 부수하는 별도의 약정 방식으로 '주요주주의 확약서'를 받아 두는 방법을 택하기도 한다.

이때 주요주주를 '경영지배인' 또는 '이해관계인'이라는 명칭으로 부르기도 하는데, 명칭을 무엇으로 기재하느냐 하는 것은 중요한 문제가 아니다. 본질적으로 중요한 것은 이런 과정을 거쳐 회사의 주요주주

---

5) 일정한 사실 행위나 법률 행위의 당사자는 아니지만 그것에 의해서 자기의 권리나 이익에 영향을 받는 사람.

가 투자회사와의 투자관련 계약관계에 이끌려 들어온다는 점이며, 그리하여 후술하는 각종 의무부담이 지워지게 된다는 데서 의의가 있다.

투자회사가 투자를 하면서 회사의 경영에 깊숙이 관여하고 회사의 명운을 좌우할 수 있을 정도로 큰 지분을 갖게 된다면, 이러한 장치는 불필요하게 될 것이다. 그러나 투자회사 지분이 일반적으로 20% 미만이고 주요주주 지분은 대개 30% 이상인 것이 현실인바, 주요주주가 경영을 전횡함으로 인해 투사회사가 가진 주식 가치가 하락하는 위험을 피하기 위해서는 그러한 주요주주에 대해 견제장치를 갖는 것이 불가피하고, 그 대표적인 것이 후술하는 주요주주에 대한 매수청구권6)(주요주주의 매입의무) 규정이다.

한편, 경영지배인이 대표이사직을 사임하고 대주주로서의 지분도 후임자에게 매각하는 경우에, 투자회사에 대한 투자계약서상의 주식 매수의무 등의 각종 책임을 계속 부담하여야 하는가 아니면 그러한 책임들로부터 해방되는가 하는 문제가 실무상 종종 제기된다. 투자회사에 가장 유리하고 간단한 해결방안은 '후임자가 책임을 전임자와 연대적으로 승계하라'고 요구하는 것이지만, 후임자의 적극적 의지 없이는 관철하기가 쉽지 않은 방안이다.

물론, 실제로는 객관적으로 합리적이고 불가피한 사정이 있다고 보일 때에는 투자회사 쪽에서 서면합의로써 경영지배인의 의무를 해제시켜 주기도 한다. 회사를 떠나는 이해관계인의 주식을 투자회사가 염가에 매입할 수 있게 한다든지 등의 방법을 포함하여 절충적인 대안들이 얼마든지 가능하므로, 결국 이것은 구체적 사례에 따라 달라

---

6) 일방적 의사표시에 의하여 특정한 물건에 대한 매매계약이 성립한 것과 같은 법률효과를 발생시키는 권리.

질 수 있는 문제다.

1.5 주식발행의 구체적 조건

예시>

'을(회사)'은 다음과 같이 신주를 발행하며 '갑(투자회사)'은 다음
과 같이 주식을 인수한다.
  1. 발행할 주식의 총수(수권자본금):   주
  2. 기발행주식의 종류와 총수: 주
  3. 1주의 액면가액: 원
  4. 금회 발행신주의 내용
      가. 주금납입일: 년   월   일
      나. 종류 및 총수량: 기명식 보통주,   주
      다. '갑'이 인수할 신주의 종류와 수량: 기명식보통주,   주
      라. '갑'의 주당 인수가액: 원
      마. '갑'의 총 인수가액: 금   원(₩   원)
  5. '을'은 인수종결일에 다음 각 호의 서류를 '갑'에게 교부해야
      한다.
      가. 본 계약서에 의한 인수주식을 표창하는 주권
      나. 주식인수대금 납입영수증
      다. 회사의 인수종결일 직전일 현재 정관, 법인등기부등본
      라. '갑'의 주식인수를 승인하는 '을'의 이사회의사록 사본
          (필요할 경우 주주총회의사록 사본) 기타 관련 서류
      마. '을'의 재무제표 등 '갑'이 요청하는 회계 관련 자료
      바. 기타 본 계약서상의 주식인수를 적법, 유효하게 하는 것
          으로서 '갑'이 요청하는 자료

해설>

발행하는 주식의 종류, 인수주식수량, 인수가액, 액면가액, 주금납입일 등을 기재하게 된다. 이는 투자회사에 주식을 인수할 권리와 의무를 구체적으로 부담시키는 조항이다. 투자회사가 주식을 인수하면서 얻게 될 지분율을 명확히 하기 위해서, 기존의 발행주식 수를 명시하는 것도 바람직하다. 아래는 이러한 내용을 담은 규정의 예이다.

1.6 회사의 진술과 보장

예시>

'을'과 '병(이해관계인)'은 다음 사항에 관하여 '갑'에게 진술하고 보장한다.
1. '을'은 대한민국의 법률에 따라 합법적으로 설립되어 사업을 수행하는 데 필요한 제반허가 및 승인을 받았으며 청산, 파산, 법정관리 등의 절차가 진행되고 있거나 개시되려고 하는 상태에 있지 아니하다.
2. '을'은 '갑'에 대하여 주식을 적법하고 유효하게 발행, 양도할 수 있으며 '갑'이 보유하게 될 '을'의 주식에 대한 권리의 행사를 실질적으로 방해할 만한 법령 또는 제삼자와 계약상의 어떠한 제한도 존재하지 아니한다.
3. '을'이 '갑'에게 지금까지 제출한 제반 자료(재무제표, 지분구조, 사업계획 등)는 진실한 것이며 사실과 다른 어떠한 내용도 존재하지 아니한다.
4. 현재 진행 중이거나 장래 예상되는 소송 또는 클레임으로서 '을'의 재정 상태 혹은 본 계약에 의한 거래관계에 대하여 불리한 영향을 미치는 어떠한 성격의 소송 또는 클레임도

존재하지 아니한다.

5. '을'은 모든 지역제한, 안전, 공해 및 환경보전 법규를 포함
   하여 '을'의 생산과정 및 제품에 적용되는 제반 법령, 규정
   및 명령을 준수하였으며 납입일 현재 일체의 계약 불이행이
   없다.

6. '을'이 보유하고 있는 모든 부동산, 동산, 기계, 차량 및 사
   무실기기는 적법하게 '을'의 소유로 되어 있거나 '을'이 사
   용할 수 있는 권한을 보유하고 있으며 위 소유권 및 사용권
   을 중대하게 방해할 만한 어떠한 사유도 존재하지 아니한다.

7. '을'은 전환사채나 신주인수권부사채의 발행 또는 주식매입
   선택권등과 같이 '갑'의 이익에 영향을 미칠 사항으로 '갑'
   에게 제시되지 않았거나 또는 본 계약서에 명시되지 않은
   사항이 존재하지 아니한다.

8. '을'은 '을'의 운영에 중대한 영향을 줄 정도로 이례적인 부
   담을 주는 어떤 협정이나, 임대차계약 혹은 기타 약정의 당
   사자가 아니고 그에 구속받는 바가 없다.

해설>

투자를 받는 회사는 투자회사에 대하여 일정한 사실과 상황, 법적
관계에 대하여 진술하고 이상이 없다는 것을 보장하게 된다. 투자회
사의 입장에서는 만일 이러한 회사의 진술에 허위가 있음이 밝혀질
경우 투자계약을 해제[7](해지[8])하고 손해배상을 청구할 수 있다. 이러
한 진술과 보장에는 다양한 내용이 포함되는데, 어떤 회사의 CEO는
투자계약서 검토를 충분히 못 했다거나 제출 자료를 타인(컨설팅회사

---

7) 이미 유효하게 성립한 계약의 효력을 당사자 일방이 일방적인 의사표시로써 계약의 처음으로 소급하여
   성립하지 않았던 것과 같은 법률효과를 발생하게 하는 것.

8) 이미 유효한 계약의 효력을 일방이 일방적인 의사표시로 장래에 향하여 계약의 효력을 소멸시키는 것.

나 브로커)이 작성해서 자신은 책임을 지는 게 부당하다는 변명을 할지도 모르지만, 이는 모두 용납될 수 없는 핑계에 불과하다. 물론 투자회사 입장에서도 투자계약 전에 투자를 받을 회사 임원들에게 투자계약서의 중요성을 강조하고 투자기업의 진술과 보장의 예문을 인용한다.

1.7 정관 개정[9]

예시>

해설>

회사가 초기 중소벤처기업일수록, 내부적 경영 관리상 정비가 부족한 경우가 많은데, 특히 정관상 제삼자 배정 유상증자를 이사회의 결의로 할 수 있게 하는 근거가 되는 신주인수권조항이 없다든지, 주

---

9) 정관의 변경은 회사의 조직과 활동을 정한 기본규칙의 내용을 바꾸는 것인바, 변경이라 함은 현행의 사항을 없애거나 바꾸는 것에 한하지 않고 새로운 사항을 추가하는 것도 포함된다. 이는 관계법령의 개정이나 회사의 기관투자자로부터의 자본조달, 코스닥 등록 등의 추진에 따라 그 필요성이 제기되면, 일반적으로는 설립 시 원시정관에 대해 충분한 검토를 하지 아니하고 우선적으로 회사를 설립하기 때문에 정관변경은 회사가 발전하는 과정에서 필수적인 절차가 되고 있다. 정관은 경제적 사정에 따라 또는 주주구성변화나 경영정책에 따라 자유롭게 변경할 수 있다. 다만 정관은 강행법규 또는 선량한 풍속 기타 사회질서에 반하지 않아야 된다는 제한이 있는 것으로 해석되며, 그 외에도 주주의 고유권리나 주주평등 원칙에 어긋나거나, 주식회사의 본질에 반하는 형태로의 정관변경은 허용되지 않는 것으로 이러한 형태로 변경된 정관은 무효다. 정관변경의 절차는 1) 정관개정(안)의 작성, 2) 이사회 결의, 3) 주주총회의 특별결의, 4) 종류주주총회의 결의, 5) 등기이다

식의 자유양도를 제한하는 규정이 있다든지, 회사의 이사수를 3인으로 못 박아 두었다든지, 심지어 회사의 존속기간을 10년으로 명시하여 잔여기간이 3년에 불과하다든지 등 정관이 현실적 필요에 부합되지 못하는 경우에는 투자회사가 투자하기에 장애가 따른다. 그리하여 투자회사는 회사에 주금납입을 하기 전에 그 회사가 상장기업 표준정관을 참조하여 적절한 수준으로의 정관개정을 하도록 유도하는 것이 바람직하고, 추후 투자계약이 합의하에 변경되는 경우에도 이와 관련된 정관사항도 함께 변경할 수 있도록 보장받아 둠으로써 투자계약 관련 의무이행의 확보를 도모하여야 한다.

투자계약 실무상 투자계약서상의 정관개정 의무조항에도 불구하고 회사가 이러한 절차를 완결하지 않은 상태에서 주금납입일이 도래하는 경우가 생길 수 있다. 이런 경우에 투자회사 담당자들은 향후 정관개정을 구두로 약속받고 일단 투자를 집행하는 경우가 있는데, 나중에 정관개정이 다른 주주들의 반대로 인해 성사되지 않는다면 곤란하게 된다. 회사에서 주주들의 의사를 강제할 수 없고, 법원도 이를 강제할 수 없어서, 정관개정은 소송에 의해 관철할 수 없는 성격의 일이기 때문이다. 투자회사로서는 정관개정사실을 확인하고(정관개정 내용이 들어 있는 주주총회의사록을 공증받아 오도록 하는 것이 확실함) 그다음 자금을 집행하도록 함이 바람직하다.

즉 회사가 필요한 정관개정을 안 한 경우에는, 납입일에 주식인수대금을 납입하지 않아도 투자회사로서는 전혀 채무불이행이 아니다. 만일 정관개정미비에도 불구하고 투자회사가 주금 납입을 했다면, 특별한 유보조치를 해 두지 않은 한, 정관개정미비 자체로 인한 손해배상청구 등을 고려할 수는 없을 것이다.

1.8 위험증가 행위 금지

예시>

‘회사’는 본 계약서 체결 이후 인수종결일까지 ‘회사’의 사업을 관계법령 및 정상적인 상관행에 따라 운영한다. ‘회사’를 분할하거나 다른 ‘회사’와 합병하지 아니하고, ‘회사’의 주요 자산 또는 사업을 매각하지 아니하며, 제삼자의 주식, 사업 또는 자산의 전부 또는 중요한 일부를 매수, 인수하지 아니한다.

해설>

투자회사는 투자계약체결 후 주금을 납입하고 인수를 종결하게 되는 날까지 회사의 현 상태가 유지되기를 기대한다. 따라서 회사가 그동안에 회사 분할이나 타 회사와의 합병을 추진한다든지, 제삼자의 사업이나 주식을 인수한다든지 하는 위험증가적 변경이 생기지 않도록 약속을 받아 두어야 한다.

물론 그러한 회사의 행위가 ‘객관적으로 회사에 유리한’ 행위일 수도 있으나, 그러한 판단을 하기 위한 충분한 검토기회와 시간이 투자회사에 제공되지 않은 상태라면, 투자회사로서는 그러한 행위에 내포된 리스크를 적절히 관리할 수 없다.

더구나 투자회사는 주금납입일까지는 주주가 아니기 때문에 경영에 감독기능을 발휘할 수도 없다. 그리하여 이렇게 회사로부터 금지약정을 받아 두는 방법을 통해 리스크를 억제하는 것이다. 아래는 이러한 약정의 한 예이다.

1.9 인수종결의 선행조건

예시>

'인수인(투자회사)'이 본 계약서에 의하여 '회사'의 신주를 인수할
의무는 다음 각 호의 조건이 충족되는 것을 전제로 한다.
1. '회사'는 본 계약서에 따라 인수종결일 이전에 이행하여야
   하거나 준수하여야 할 모든 약정, 합의 및 조건을 모든 중
   요한 점에서 이행하고 준수하여야 한다.
2. 본 계약서에서 예정하고 있거나 본 계약서상 허용되는 변경
   을 전제로 '회사'가 본 계약서에서 행한 진술 및 보증이 마
   치 인수 종결일에 행하여진 것처럼 인수종결일 현재 모든
   중요한 점에서 진실하고 정확하여야 한다.
3. 본 계약서에서 '인수인'이 인수하기로 예정된 주식의 발행을
   금지하거나 제한하는 소송 또는 기타 절차가 법원이나 정부
   기관에서 진행 중이거나 진행될 우려가 없어야 하며, 위와
   같은 소송이나 절차로 이어질 조사가 진행 중이거나 진행될
   우려가 없어야 한다.
4. 본 계약서의 체결 및 이행과 관련하여 '회사'가 법률상, 계
   약상 획득하여야 할 정부의 인허가, 제삼자의 동의 등을 모
   든 점에서 경료하였다.
5. '회사'는 인수종결일 현재 보통주 기준 총 발행주식의 20%
   이상을 보유하고 있는 주요주주들 중 아래 기재된 주주(이
   하 '주요주주'라고 함)로부터 별첨 양식에 의한 확약서를 받
   아 '인수인'에게 제공하여야 한다.

해설>

투자회사가 회사의 신주를 인수할 의무의 선행조건으로서 투자회
사는 여러 가지 사항을 요구한다. 여기에는 회사 측의 의무사항들이

들어 있는데 주요주주로부터의 확약서를 받아 투자회사에 제공하는 것도 그중 하나다(주요주주가 경영지배인으로서 투자계약서 자체에 그 의무사항들을 모두 기재하고 기명날인하는 경우에는 확약서가 별도로 요구되지 않는다). 아래에 인수종결선행조건을 열거한 조항의 예를 인용한다.

1.10 중요 사항에 관한 협의 또는 합의의무

예시>

회사는 다음 각 호의 사항에 대하여 인수인에 사전 서면통지를 하고 협의하여야 하며, 그 처리결과를 즉시 서면으로 인수인에 통지하여야 한다. 단 본 조 제5호 내지 제13호에 해당하는 사항의 경우에는 인수인의 사전 서면동의를 받아야 한다.
  1. 주주총회 안건 및 이사회 주요안건
  2. 주식보유상황의 변동에 관한 사항
  3. 외부감사인 선임
  4. 기업공개 추진을 위한 주간사의 선정 및 변경
  5. 정관의 변경, 수권자본금 및 납입 자본금의 증감, 주식관련 사채의 발행 또는 주식매수선택권의 부여
  6. 합병, 분할, 분할합병, 주식의 포괄적 교환 또는 이전, 영업의 양도, 영업의 양수, 경영임대차, 위탁경영 기타 회사조직의 근본적인 변경
  7. 건당금 일억 원(100,000,000원) 이상 또는 연간 누계액 기준금 오억 원(500,000,000원) 이상의 소유자산을 구매, 매각, 대체, 처분하는 행위
  8. 자회사 또는 합작회사의 신설 및 기타 타 회사에 대한 주식

인수, 사채인수 등을 포함한 투자

9. 투자 당시 사업계획에 명시한 것과 현저히 다른 사업에 착수하거나, 사업의 전부 또는 일부의 중단, 포기
10. 관계회사, 임직원, 주주 또는 제삼자에 대한 건당금 오천만 원(50,000,000원) 이상 또는 연간 누계액금 이억 원(200,000,000원) 이상의 투자, 자금대여, 담보제공 또는 보증
11. 건당금 이억 원(200,000,000원) 이상 또는 연간 누계액금 십억 원 (1,000,000,000원) 이상의 신규 자금차입 또는 채무의 부담
12. 주식발행초과금을 재원으로 하는 무상증자의 실시
13. 기존의 사업외의 신규사업에 대한 진출

해설>

투자회사는 회사에 자금을 투자하는 데 그치지 않고, 경영상 중요한 사항에 관하여 지속적으로 관심을 갖고 조언하고자 한다. 이는 회사의 발전에 기여하는 한편 투자자로서 투자회사 자신이 보유한 지분의 가치를 증진하고자 하는 당연한 의도에 기인한 것이다. 통상적으로 프리미엄부로 신주를 인수하는 투자회사는 보유지분의 비율이 높지 않기 때문에, 이러한 사항을 계약서에 명시하여 두지 않으면, 전술한 투자회사의 의도는 충족되기 어렵다.

여러 투자회사들이 지분다과에 불문하고 관행적으로 투자계약서에 이러한 사항들을 '합의사항'으로까지 규정해 두지만, 단지 '협의사항'으로만 규정하여 두더라도 현실적으로는 큰 차이가 없는 듯하다. 왜냐하면 투자받은 회사가 투자회사를 존중하고 투자계약서를 준수하고자 하는 의식이 있느냐 없느냐에 따라 'all or nothing'이 되기 때

문이다. '중요 사항에 관해 협의는 하겠으나 합의는 필요 없다'고 일방적인 자세를 보이는 회사는 찾아보기 어렵다. 오히려 그러한 회사는 협의 자체도 무시하는 경향이 있는 것이다.

한편, 어떤 경우에는 회사 측에서 투자회사의 담당자와 전화나 면담을 통해 어떤 문제를 이야기하고 갔다고 하며 이를 '협의' 내지 '합의'를 했다고 주장하기도 하는데, 투자회사로부터 서면합의를 받도록 계약이 되어 있다면 그러한 형태를 준수해야 한다. 아무리 신속을 요하는 경우라도 최소한 e-mail을 주고받으면서, 문서적 증빙을 남겨 두는 것이 좋을 것이다. 투자회사도 법인인 만큼 법인을 대표하여 법률행위(의사표시)를 할 수 있는 권한을 가진 임원의 공식적 의사표시가 아닌 단순한 직원(투자심사역, 관리팀장 등)의 구두의견 제시만으로 회사에 대하여 법적으로 기속된다고 보기 어렵다. 회사와 계속적으로 접촉하는 투자회사 담당심사역이 바뀌는 경우도 있고, 투자회사 담당심사역도 사석에서 구두로 한 이야기를 나중에 기억하지 못하는 경우도 있기 때문에 이로 인한 마찰과 갈등을 막으려면, 서면을 요구하는 사항에 대해서는 철저히 서면을 받아 두는 것이 필요하다.

또 다른 문제로서, 투자회사들 간의 의견통일문제가 있다. 여러 투자회사들이 한 회사에 투자한 경우에, 각각의 투자회사들이 모두 어떤 경영사항에 관해 의견이 일치한다면 다행이지만, 투자회사들 간에 찬반의견이 다른 경우에는 투자받은 회사로서는 무척 난처한 입장에 처하게 된다. 특히 M&A deal과 관련하여 이러한 상황이 생길 가능성이 높다. 이러한 상황에 대비하여, 여러 투자회사들로부터 투자받은 회사로서는 제각각 투자계약을 맺어 둔 여러 투자회사들을 초청, 투자회사주주협의회를 개최하여 일정한 '주주 간 협약'을 체결하도록 유도하는 것이 좋을 것이다. 투자회사 실무자 입장에서도 내부결재를 얻어야 하는 부담과 관련하여 이런 사항들은 업무처리에 유익하다. 투자받은 회사가 장차 일일이 동의를 구하러 다니느라 시간과 비용을 낭비하고 궁극적으로는 목표한 업무에 차질을 빚는 사태는 피해야 한다. 그러한 사태를 예방하기 위해서, '보호예수,[10] 기업공개, M&A, 낮은 가격의 유상증자 내지 전환사채발행, 기타 회사의 경영 및 재무상 중대한 사항들로서 투자자의 사전 동의가 필요한 경우에는 관련 투자자들의 협의회에서 다수결(지분다수결이 공정하다)로 정한다'는 협약을 체결시켜 두는 것을 검토해 볼 필요가 있다. 아직 이러한 주주 간 협약의 예는 드문 편이긴 하지만, 앞으로는 점차 늘게 될 것으로 전망된다.

계약서 자체에 관한 문제는 아니지만, 계약상 투자회사의 동의가 관련된 파생적 문제로서, 보증동의에 관한 문제를 언급하여 두고자 한다. 회사의 대주주가 회사경영을 하다가 차입과 관련하여 보증을 과도하게 서게 되는 경우가 있다. 이러면, 추후 투자회사가 구조조정과 기업회생을 목적으로 투자 및 경영지배자로 등장하고자 하여도 기존 채권자(금융기관)들로부터의 보증 승계 요구가 부담이 되어 결국 회사의 대주주로 새로이 진입하기를 꺼리게 된다. 그러면 회사의 turnaround의 길이 그만큼 줄어든다. 따라서 사전 동의사항 중 부채의 증가나 지급보증 등 대주주의 부담이 증가하게 되는 것들에 대해서는 투자회사로서도 평소에 회사의 장래를 감안하여 동의 여부에 관

---

10) 보호예수란 증권회사가 고객의 유가증권을 고객의 명의로 보관하는 업무를 말한다. 이것은 투자자가 유가증권을 보관했을 때 따르는 사고위험, 즉 화재, 도난, 분실 등을 방지하고, 주권의 매도 시에 편리하도록 하기 위한 제도이다.

하여 신중한 판단을 할 필요가 있다.

투자회사(인수인)와 회사 간의 협의/합의사항을 규정한 계약조항의 예를 아래 인용한다.

1.11 보고사항

예시>

1. 회사는 인수인의 별도 요청이 없더라도 다음 각 호의 사항이 발생했을 경우에는 사유발생일로부터 10일 이내에 인수인에게 서면으로 통지하여야 한다. 단 제14조에 의한 통지 의무와 중복되는 항목에 있어서는 어느 경우든 먼저 도래하는 기일까지 통지 또는 보고되어야 한다.
   (1) 재산상의 주요 변동사항
      ① 관계회사 또는 제삼자에 대한 투자, 자금대여, 담보제공 또는 보증
      ② 중요 고정자산의 취득 또는 처분
      ③ 중요 권리의 취득 또는 양도
      ④ 재해로 인하여 막대한 손해를 입은 때
   (2) 중요사업계획의 변경
   (3) 발행한 어음 또는 수표가 부도로 되거나 은행과의 거래가 정지된 때
   (4) 영업활동의 일부 또는 전부가 정지된 때
   (5) 법률의 규정에 의한 법인의 정리절차 개시 및 화의 개시의 신청이 있거나 사실상 정리를 개시한 때
   (6) 투자기업에 대하여 중대한 영향을 미칠 소송이 제기된 때
   (7) 회사의 주 매출처로부터 금 2억 원 이상의 결재대금이 결

재기한을 넘겼을 경우

(8) 기타 투자자가 중요하다고 인정한 사항

2. 회사는 인수인의 별도 요청이 없더라도 다음의 사항을 인수인이 정하는 기일 내에 제출하고 이에 대한 설명회를 갖도록 한다.

(1) 연차보고

① 사업계획서 및 차기회계년도 추정재무제표

② 회계법인의 감사를 받은 결산 재무제표 및 사업실적 보고서

③ 다음 회계연도 시작일로부터 90일 이내에 제출한다.

(2) 반기보고

① 반기 재무제표

② 다음 반기 시작일로부터 60일 이내에 제출한다.

(3) 기타보고

① 인수인의 소정 양식에 의한 영업보고서

② 사업 또는 프로젝트 진행상황

③ 법인등기부상 기재사항이 변경된 때, 변경사항이 기재된 법인등기부등본

④ 기타 인수인이 요청하는 사항

⑤ 기타보고는 인수인이 정하는 기일 내에 제출한다.

3. 회사는 인수인에게 이상의 통지와 보고를 실행할 담당자를 지정하고, 변경 시 지체 없이 이를 인수인에게 알려야 한다.

해설>

투자회사는 투자한 회사의 현황에 관한 중요한 변화를 신속히 알 수 있기를 원한다. 투자회사의 임직원이 보통 월 1회 정도는 회사에 연락을 취하여 사후관리를 하는 것이 보통이고 이때 방문 또는 전화나 e-mail 등을 통하여 정보를 얻게 된다. 하지만 특이사항유무를 묻

는 질문에 대해, 회사 쪽에서는 대체로 불리한 사정변경을 숨기고 싶어 하는 경향이 있고, 장래경영계획을 요청하여도 대개 회사들은 투자유치완료 후에는 사업계획서 업데이트를 게을리하는 경향이 있기 때문에, 결국 투자회사는 필요한 중요정보를 얻지 못하는 경우가 생긴다.

따라서 투자회사는 회사에 대하여 일정한 사항은 반드시 보고하도록 명기해 주고, 재무제표와 영업에 관한 자료도 정기적으로 제출하도록 계약서에 의무화해 둘 필요가 있다.

아울러 '보고담당자를 지정하고 변경 시에는 지체 없이 투자회사에 통지하도록' 하는 규정을 넣어 두는 것이 바람직하다.

이러한 의무사항들을 위반하는 것은 투자계약의 중대한 위반이며, 투자자를 존중하지 않는 태도이기 때문에 회사가 투자회사에 대하여 손해배상책임을 지는 근거가 될 수 있다.

기본적으로 투자회사는 회사가 투자를 받고 최선의 노력을 다했는데도 사업에 성공하지 못하였다면 이에 대해서는 투자회사는 투자의 본질적인 리스크의 실현으로 취급하여 그 손실을 감내한다. 하지만 회사의 경영진의 고의적 계약불이행 내지 경영태만이 발생되면 엄중하게 그 책임을 물어 계약이행을 요구하고자 한다.

1.12 기업공개

예시>

'회사'는 '인수인'과 협의를 거쳐 인수종결일로부터 3년을 넘지 않는 범위 내에서 양자가 합의하는 적절한 시기에 증권거래소 혹은 코스닥시장에 '회사'의 주식을 상장하도록 노력한다. '회사'는 위 기간 내의 가능한 한 빠른 시일 내에 주식의 상장에 필요한 증권거래 관계법령 및 규정상의 요건을 갖추어야 한다.

해설>

기업을 거래소(유가증권시장 및 코스닥시장, 기타 이에 준하는 공개시장 포함)에 상장시키는 것은 기업으로서 투자회사가 원하는 최선의 목표이며, 회사로서도 모두 기업공개를 약속하고 투자회사로부터 투자를 받는다. 때로는 투자회사가 보기에 조기 기업공개가 될 확률이 낮아 투자를 망설이는 경우에도, 회사가 기업공개를 자신하며 일정기한까지 반드시 기업공개에 성공하겠다고 역설하는 경우가 있다.

대개 그러한 경우는 자산 측면에서의 담보력은 부족하나 시장 확대에 대한 전망과 스스로의 경쟁력에 대한 자신감이 충만한 때 발생하는데, 투자회사로서는 기업공개 보장 약속을 받고 투자하는 것이 나쁠 것은 없다. 다만 어차피 우리나라 상법상 주식회사의 자기주식 취득이 제한되기 때문에 약정된 기한 내에 기업공개를 못 한 경우에도 투자회사는 회사에 주식을 매도할 수는 없다.

이런 경우 투자회사로부터의 투자유치를 하는 데 힘썼던 주요주주

(대개는 창업자이고 또한 경영진이다)가 책임지고 주식을 투자회사로부터 매수하여 주기로 한 확약서에 따라 주식을 매수하게 된다. 회사의 입장, 특히 주요주주의 입장에 유리하게 하려면, 투자계약서에 기업공개의 시한은 정하지 않고, 다만 '가능한 한 조속한 시일 내에 양자가 합의하는 적절한 시기에 기업공개를 성공할 수 있도록 노력한다' 정도의 규정을 두는 것이 바람직하다고 하겠다.

그러나 투자회사가 투자조합의 자금으로 투자하는 경우에는 조합의 만기 해산이 시간적 한계가 되기 때문에 보통 3년 내지 5년 이내의 기한을 기업공개시한으로 할 것을 요구하는 경우도 있고, 투자조합의 조합원보호 차원에서는 투자회사가 이러한 기한을 정하는 것도 무리가 아니다.

1.13 주요주주의 의무

예시>

이해관계인은 본 계약에서 달리 정하고 있는 경우를 제외하고는, 인수인의 서면에 의한 사전 동의가 없는 한 이해관계인이 소유하는 회사의 주식의 전부 또는 일부를 제삼자에게 양도, 이전, 매각, 담보제공 기타 일체의 처분(이하 '처분'이라 한다)을 할 수 없고 인수인의 사전 서면동의 없이 실시된 처분은 무효로 한다.

회사와 이해관계인은 인수인의 사전 서면동의 없이 현재 회사가 보유하고 있는 기술 또는 향후 개발(외부기관에 의뢰하여 개발하는 경우도 포함)하거나 도입 예정인 영업비밀(know – how), 정보, 기술 등 유 · 무형의 재산적 가치가 있는 자산을 제삼자에게 제공하거나 이전 또는 양도할 수 없다. 단 이 조항은 계약이 해제된 경우에는 예외로 한다.

회사와 이해관계인은 인수인의 사전 서면동의 없이 현재 회사가 보유하고 있는 기술 및 향후 회사가 개발(외부기관에 의뢰하여 개발하는 경우 포함)하거나 도입하는 기술의 일부 또는 전부와 관련된 신회사를 설립할 수 없으며, 경쟁업종 종사, 경쟁사 주식취득 또는 회사가 경영하는 사업에 직간접적으로 중대한 영향을 미치는 사업에 법적으로나 실질적으로 경영진, 기술고문 및 직원으로 참여하는 등의 이해관계가 상충되는 행위를 할 수 없다. 이러한 제한은 이해관계인이 회사에 근무하거나 대주주로서 지분을 유지하고 있는 기간은 물론이고 회사를 퇴직하거나 대주주 지분을 처분한 경우에도 그 시점부터(2년간) 유효하다.

해설>

주요주주(경영지배인, 이해관계인)는 투자회사사의 투자유치 후 회사의 가치가 하락하지 않도록 신의성실의 원칙하에 경영에 전념할 의무가 있다. 이에 위반하는 것은 높은 프리미엄을 주고 신주를 인수하여 준 투자회사(인수인)에 대한 배신일 뿐만 아니라 모든 주주들에 대한 배임이다. 그리하여 투자회사는 계약서에 주요주주의 의무사항들을 열거하거나 또는 의무사항들이 기재된 확약서를 따로 받아 둔다. 그 의무 내용 중에는 ‘주식을 계속하여 보유하고 인수인 동의 없이 임의로 제삼자에게 매각처분하지 않을 의무’, ‘회사의 영업과 관련된 자신의 기술을 이전하거나 양도하지 않을 의무’, ‘회사와 경쟁되는 사업에 종사하지 않을 의무’ 등이 포함된다.

만일 이러한 의무를 위반하여 주요주주가 제삼자에게 주식을 매각해 버렸다고 할 때, 주요주주의 투자회사에 대한 의무를 알고 있는 제삼자라면 그러한 매매계약은 무효라고 투자회사가 주장할 수 있다. 그러나 주식매수인인 선의의 제삼자라면 그의 주식취득은 유효하고, 투자회사로서는 주요주주(주식매도인)에게 금전으로 손해배상을 청구할 수 있을 것이다. 매각수량만큼의 주식을 당해거래가격에 투자회사가 주요주주로부터 매수할 수 있는 권리를 받는 것도 한 해결책이 될 수 있겠으나, 당사자 간 별도 합의되지 않은 이상은 일방적으로 요구할 수 있는 방법은 아니다.

1.14 주요주주의 주식매입 의무(투자회사의 매수청구권[11])

예시>

> '회사'가 0000. 0. 0.자 신주인수계약을 고의 또는 중대한 과실로 위반하거나, 본인이 위 2조의 규정에 위반한 경우 또는 신주인수계약서 제6조제7항에 규정된 기간 내에 '회사' 또는 본인의 고의 또는 중대한 과실로 인하여 '회사'의 주식이 상장되지 아니한 경우에는, 본인은 귀사의 청구에 따라 귀사가 보유하는 '회사'주식을 매수하겠습니다. 이 경우 매수가격은 인수대금에 매수일까지 연 10%의 복리에 의하여 계산된 이자를 더한 금액과 주식의 시장가격 및 순자산가액 중 가장 큰 금액으로 귀사가 정하는 것으로 하겠습니다.

---

11) 주식회사의 합병, 영업의 양도 등 주주의 이익과 중대한 관계가 있는 법정 사항에 관하여 주주총회의 결의가 있는 경우, 이러한 특별 결의에 반대하여 주주가 자기 소유 주식을 공정한 가격으로 매수할 것을 회사에 청구할 수 있는 권리. 기원은 미국이며, 우리나라는 1982년 신설하여 상장법인에 한하여 적용하다가 1995년 12월 상법 개정으로 비상장법인의 주주도 주식매수청구권을 행사할 수 있게 됨. 원본 주소 'http://ko.wikipedia.org/wiki/%EC%A3%BC%EC%8B%9D%EB%A7%A4%EC%88%98%EC%B2%AD%EA%B5%AC%EA%B6%8C'

회사의 계약불이행으로 인해 투자회사가 더 이상 우호적인 파트너십관계를 가져가기를 원치 않고 주식을 매도 처분하고자 할 때, 투자회사는 투자계약 시에 정해 둔 주요주주에게 이 주식을 매수할 것을 청구할 권리를 행사한다. 이는 투자회사 입장에서 보면 주요주주에 대한 손해배상청구의 성격이 내포되어 있다. 회사를 상대로 한 손해배상청구나 위약금청구도 가능하지만, 그런 경우에는 투자회사는 여전히 '주식'을 보유하고 있게 되고, 향후 추가적인 주가하락의 리스크를 안고 있게 되고 좀처럼 협조도 되지 않는 회사를 사후 관리하는 부담도 계속 남아 있게 된다. 그러므로 주요주주에게 '주식'을 매각처분해 버리는 것은 투자회사에 바람직한 해결방법이다.

사실 비상장회사의 주식을 매도하기를 찾기란 쉽지 않다. 우리나라 상법상 회사의 자기주식취득이 제한되어 있어서, 투자회사 지분을 회사에 매각하기가 불가능하다. 최대 주주의 입장에서는 투자회사의 지분을 제2대 주주나 다른 경쟁적 주주가 매입하는 것을 경계하기도 한다. 이 회사를 M&A하기를 원하는 다른 회사에 투자회사 주식을 매도하였다가는 분쟁의 불씨가 될 수 있다.

이렇듯 여러 가지 이유에서 경영지배자요, 최대의 이해관계인인 주요주주로 하여금 투자회사 지분을 매수하도록 권리의무를 규정해 두는 것은 긍정적 의미가 있다. 입법론적으로는, 향후 우리나라에서 벤처기업에 대한 법령을 개정할 때, 상법에 대한 특칙으로서, 중소기업이 벤처캐피털로부터 투자받은 주식은 투자계약해제(해지)의 경우에 벤처캐피털의 매수청구가 있을 때 당해 회사가 매입하여 소각 또는 제삼자에게 처분할 수 있다는 조항을 신설함이 바람직하다.

한편 대개는 이러한 투자회사 지분을 매입할 주요주주의 의무를 규정할 때, 주식매매가격 산정 기준을 정해 둔다. 이때 '연복리 몇% 이자 가산가액, 시장가격, 순자산가치' 등의 기준을 정해 두는 경우가 일반적인데, 이런 조항이 있다고 해서, 투자의 본질이 훼손되는 것이라고 오해해서는 안 된다. 이러한 기준 등은 벤처투자의 수익 실현 전망을 포기하고 주식을 매도 처분하는 투자회사를 위해 주요주주가 최소한의 손해배상 차원에서 손해액산정기준을 정하는 의미가 있는 것이지, 확정금리를 정해 두고 자금을 융통해 주는 금전소비대차와는 성격이 본질적으로 다르다. 벤처기업에 신용으로 융자를 해 주는 경우라면 이러한 매수청구 시의 기준이율보다 훨씬 높은 금리를 적용하게 될 것이다.

간혹 투자 후 1년 내지 2년 정도 지나는 동안 회사가 크게 성장하고 IPO가능성이 높아진 회사의 경우에, 그 경영자인 주요주주는 투자회사 지분을 되사서 장외거래[12]되는 가격으로 제삼자에게 매각하면 큰 이익을 볼 수 있겠다는 생각으로 일부러 계약사항을 어기면서, '연 10% 붙여서 사주겠으니 매수청구를 하라'고 말하는 경우도 있다. 물론 드문 경우겠으나, 그런 경우에 투자회사입장에서는 '연 10% 갖고는 안 되고, 최근 장외가격으로 매수해 달라'고 답하는 것이 적절할 것이다. 물론 이를 위해서는 매수청구로 인한 매매가격산정 시 기준의 하나로 '시장가격'이 추가되어 있어야 한다.

---

12) 주로 증권회사의 점두(店頭)에서 이루어지므로, 점두시장(店頭市場)이라고 한다. 외국의 장외거래는 상장된 주식이나 채권은 물론, 상장되지 않은 주식이나 채권까지도 다양하게 거래되는 경우가 많다. 수도(受渡)방법은 매도측·매수측이 직접 현물과 대금을 상호 교환하는 것이 특징이다. 한국의 장외거래는 거래단위 미만의 상장주식이나 채권만이 증권회사의 점두에서 수시로 이루어진다. 유가증권시장 외에서의 매매거래 및 결제방법과 기타 필요한 사항은 증권관리위원회가 정한다. 장외거래를 증권위원회의 지시·감독하에 있는 증권감독원으로 하여금 감독시키고 있다.

적절한 시장가격을 찾기 어렵고 회계법인에 평가를 의뢰하자니 번거롭고, 그러한 상황에 대비하여 투자회사와 주요주주 간에 주식매매의 기준 가격을 단순한 공식에 의하여 정하는 것도 가능하다. 즉 예를 들어 주요주주가 투자회사에 투자회사지분을 사겠다고 먼저 제안하는 경우에는 투자회사 동의를 조건으로 "그 연도 말 당기순이익에 PER[13]15를 적용한 가격"으로 하여 그 연도 말 재무제표에 관한 주총 승인일로부터 7일 이내에 매매금액을 지급하도록 정하는 식의 합의도 가능할 것이다.

1.15 임원선임

예시>

'회사'는 '인수인'의 청구가 있으면, '인수인'이 지명하는 비상근 이사 또는 감사를 1인 이상 선임하도록 한다. 이때, '회사'는 '인수인'이 지명한 이사 및 감사는 '회사'의 채무에 대한 보증 책임을 부담하지 않을 것 및 당해 이사 또는 감사가 고의 또는 중과실이 있는 경우를 제외하고는 업무수행과 관련하여 회사나 제삼자가 입은 손해에 대하여 면책할 것을 보장한다.

---

13) PER란 주가를 1주당 순이익으로 나눈 값으로 주식의 시장가치를 최근 12개월 동안의 1주당 순이익으로 나눔으로써 주가가 주당 순이익의 몇 배인지를 나타낸다. 수익력에 비해 주가가 몇 배인가를 표시함으로써 기업의 수익 가치가 주가에 얼마나 반영되었는지 알 수 있고, 종목 간 또는 국가 간 주가 수준을 비교할 수 있어 이를 바탕으로 투자하는 데 판단 자료가 된다. 똑같은 시가 1,000원짜리 주식이더라도 A종목의 PER가 2배이고 B종목의 PER가 4배라면 B가 A보다 2배만큼 고평가됨을 의미한다. 일반적으로 PER는 주식에 대한 투자자들의 수요를 반영하고 있다고 볼 수 있다. 즉 PER가 높으면 투자자들이 그 기업의 미래를 낙관적으로 예측하고 있다는 뜻이다. 그러나 이것이 신뢰성 있는 지표로 인정받으려면 기업이익의 적정 산정이 뒷받침되어야 하고 이를 위해 신뢰성 있는 연결재무제표의 작성, 숨김없는 영업실적의 공개 등 기업회계의 적정화가 전제되어야 한다.

해설>

투자회사가 투자자로서 회사의 경영상 정보에 당당히 접근하고 적절한 통제를 가할 수 있는 좋은 방법으로서, 투자회사 임직원 중 1인 이상을 회사의 이사나 감사로 선임하게 하는 것이다. 투자계약서 체결 당시에는 원칙만을 정해 두고 실제 선임은 차후 주주총회 때까지 기다리기도 하고, 만일 회사의 경영 상태가 아주 양호하고 매월 경영 정보가 주주간담회 형태로 전달되어 오는 회사라면, 투자회사도 굳이 임원선임권을 행사하지 않을 수 있다. 즉 이 규정은 회사의 경영을 지배하기 위한 장치가 아니라 경영감독적 정보접근권을 보장하기 위한 장치인 것이다. 다만 향후 경영지배투자가 활성화되는 경우에는 투자회사가 임원 과반수를 점하는 경우가 자연스럽게 생길 것이다.

그리고 경영지배를 하지 않는 투자회사가 지명하여 회사에 선임된 이사 또는 감사는 회사의 업무집행과 관련하여 고의 또는 중과실이 있는 경우를 제외하고는 손해배상책임을 지지 않도록 보장을 받는다. 이는 투자회사 임직원 개인을 보호하기 위한 의미가 있다. 즉 이러한 조항이 있어도 실제로 제삼자의 손해에 대한 직접적 면책이 되는 것은 아니지만(피소 가능성 있음), 그리하여 제삼자에 대해 손해배상책임을 부담케 된 경우, 이를 회사의 부담으로 전가시킬 수 있도록 보장받는 근거는 된다. 회사에 대하여 임원배상책임보험을 들어 달라고 요구하는 것도 생각해 볼 수는 있지만, 현실적으로 중소벤처기업들의 CEO조차 그러한 보험을 들지 않는데, 투자회사 파견 사외이사가 이를 요구하는 것은 현실성이 떨어진다. 다만 장래에는 점차 그런 쪽으로 사례들이 생길 것으로 전망된다.

1.16 분쟁해결방법 및 관할

예시>

이 계약에서 발생하는 모든 분쟁은 대한상사중재원에서 중재규칙에 따라 중재로 최종 해결한다. 단 일방 당사자가 '인수인'의 본점 소재지에 소를 제기하고 타방이 이에 응소하여 분쟁내용을 다투는 경우에는 법원이 재판 또는 조정의 관할권을 갖는 것으로 한다.

해설>

투자계약과 관련하여 분쟁이 발생할 경우, 소송 또는 중재를 어느 곳에서 하느냐에 따라 현실적으로 시간과 출장비, 변호사비용 등의 부담이 증가할 수 있다. 그래서 대개 형식상 투자회사에 유리하게 정하게 되는데(서울중앙지방법원, 상사중재원 등), 실제로 투자회사들이 대부분 집중되어 있는 서울지역의 법원이나 상사중재원[14]을 이용하는 것이 회사 측으로서도 유리하다. 유사사건들을 접해 본 판사들과 변호사들을 만나기 쉽기 때문이다.

실제로 소송의 사례들이 많이 있지만, 분쟁발생사실 자체가 언론에

---

14) 국내외 상거래에서 발생하는 분쟁을 해결 또는 예방함으로써 상거래 질서를 확립하여 국민의 편익을 증진하기 위해 설립한 중재기관으로 주요 활동은 ① 중재·알선·상담을 통한 분쟁해결 및 예방 ② 세계무역기구(WorldTradeOrganization: WTO)협정에 따른 선적 전 검사와 관련한 분쟁 조정 ③ 중재제도 보급 및 인식 확산을 위한 홍보 ④ 중소기업 분쟁 해결을 위한 무료 계몽강좌 ⑤ 중재에 관한 조사연구·자료수집·간행물 발간 ⑥ 외국 중재기관과의 중재협정 및 업무협조약정 체결 ⑦ 국제상사중재회의 개최 및 국제회의참석 등이다. 활동 가운데 상담은 무료이며, 주요 상담내용은 분쟁예방을 위한 계약서 작성 안내, 분쟁의 합리적 해결방안 모색, 외국중재기관 및 외국중재법규 정보제공, 중재 및 알선제도 소개 등이다. 알선은 당사자의 의뢰에 따라 중재원이 해결책을 모색하는 업무로 무료이며, 중재인이라는 제삼자에게 판단을 맡겨 그 판단에 복종할 것을 약속하는 자치해결제도이다. 선적 전 검사 관련 분쟁 조정은 유료로, 수출자와 검사기관 사이에 문제가 발생할 경우 조정하여 분쟁을 해결하는 제도이다. 여기서 합의되지 않으면 국내 법원의 중재나 소송 또는 WTO의 분쟁해결제도를 이용할 수 있다.

보도되거나 분쟁이 장기화되는 것을 꺼리는 회사라면 중재절차를 이용하는 것이 바람직하다. 중재는 보안성이 유지되고, 단심으로 끝나는 제도이기 때문이다. 또한, 소송은 법과 계약에 의해서만 판결을 받게 되지만, 중재는 법과 계약 외에 '형평'도 중요한 판단기준이 되므로, 절충점을 찾을 수 있다는 점에서 더 권장할 만한 분쟁해결수단이다.

1.17 통지

예시>

본 계약에 따른 통지 및 서류송부는 서명날인 시 기재한 주소 및 번호를 수취인으로 하여 인편, 팩스, 등기우편 또는 이메일로 발송하고, 주소가 변경된 경우에는 상대방에게 이를 통지하여 변경된 주소로 통지 및 서류를 송부한다.

   회사에 대한 통지
      주소: _______________________
      전화번호: _______________________
      팩스번호: _______________________
      이메일: _______________________
   이해관계인에 대한 통지
      주소: _______________________
      전화번호: _______________________
      팩스번호: _______________________
      이메일: _______________________
   인수인에 대한 통지
      주소: _______________________
      전화번호: _______________________

팩스번호: ＿＿＿＿＿＿＿＿＿＿＿＿＿＿＿＿
이메일: ＿＿＿＿＿＿＿＿＿＿＿＿＿＿＿(동시 발송 要)

해설>

투자계약의 당사자 간에 통지할 주소 등의 연락처를 기재하여 두
는 것도 매우 중요한 사항이다. 특히 계약서 내에 '일정한 사항은 며
칠 전까지 상대방에게 통지'하는 규정이 있는 경우에는 더욱 이러한
통지 조항이 중요한 의미를 갖는데, 주소 등의 연락처 변경 시에는
지체 없이 상대방에게 이를 알려 줘야 할 의무도 함께 규정이 되는
것이 좋다. E－mail에 의한 통지는 투자회사가 회사에 보낼 때에는 편
리하겠으나, 회사로부터 투자회사가 받을 때에는 권장할 만하지 않
다. E－mail은 spam mail 더미를 치우다가 실수로 삭제하게 되는 위험
이 있으므로, 중요한 내용이라면 팩스나 우편 등으로 중복적으로 받
는 것이 바람직하다.

1.18 공동매도권

예시>

본인은 ＿＿＿＿＿＿회사(이하 '회사'로 칭함) 발행 주식 중 이 확약서
날짜 현재 본인 소유 주식 수(＿＿＿＿＿＿주)의 10% 이상을 '다른
주주 또는 기타의 제삼자'(이하 '제삼자'로 칭함)에게 양도 또는
담보 제공하고자 하는 경우에는 귀사로부터 서면에 의한 사전 동
의를 받겠습니다. 이 경우 귀사의 동의를 얻어 본인의 주식을 양
수하는 제삼자는 이 확약서상의 본인의 권리의무를 승계하는 것

해설>

투자한 회사의 경영권을 가지지 못한 창업투자의 경우 회사의 핵심인력(대주주, 대표이사, 핵심연구인력)의 성실한 경영을 전제로 투자했음이 분명한데 이러한 핵심인력이 본인들 소유의 회사 주식을 외부에 일부 또는 전부를 매도할 경우 회사에 대한 핵심인력의 관심도 감소해지고 IPO를 통한 투자자의 자금회수 가능성도 감소하게 된다.

뿐만 아니라, 회사의 대주주가 제삼자에게 보유주식을 전량 또는 경영지배가 가능한 정도로 매각해 버리는 경우 투자자가 이해관계인에 동반 또는 우선해서 매각하지 못할 경우 투자자는 IPO의 가능성도 없을 수 있는 주식을 보유하게 되며 새로운 경영주체에게 이해관계인으로서의 약속이행을 담보받을 수 없게 된다. 따라서 이러한 문제를 미연에 방지하고자 공동매도권을 계약서에 명시하여 투자자의 권익을 보호할 수 있다.

다음의 예문은 주요주주로 명시되는 이해관계인들에게 이러한 사전 승인 및 위반 시의 책임사항을 개인적으로 연대해서 확약하는 형태로 작성되어 있다. 다만 이러한 계약관계를 제삼자에게 주요주주(이해관계인)들이 통보하지 않은 상태로 이미 계약을 체결하였다면 현실적으로 선의의 제삼자인 매수인에게 계약무효를 기관주주들이

주장하기 어려우므로 이에 대한 매수청구를 이해관계인에게 해야 할
가능성이 크다.

1.19 경영상의 정보공유기회

예시>

(주주간담회 등의 개최)
사업계획의 원활한 수행을 확인 및 지원하기 위해 월 1회의 주주
간담회 또는 이사회를 개최한다. 다만 주주들의 요청이 있을 경우
이를 조정할 수 있다.

해설>

투자회사는 주식인수계약서의 '보고사항'에서 중요한 보고의무를
명시하지만 이러한 엄격한 사항 이외에 가능하면 정기적으로, 특별한
이슈가 없더라도 투자담당자가 직접 회사를 방문해서 일종의 경영회
의 개념의 주주간담회를 실시하면서 당초 사업진행현황을 설명 듣고
당초계획과의 비교 및 차이발생 원인을 설명 듣고 향후 대책방향과
투자자로서 도와주어야 할 사항 등을 점검하는 것이 매우 중요하다.
그러므로 이러한 주주간담회를 아예 주식인수계약서에 명시하여 주주
간담회가 일상적인 절차로서 투자회사와 회사의 경영진의 정기적인 의사
소통의 창구로 활용되는 것이 바람직하다. 아래는 이러한 조항의 예이다.

1.20 외부감사에 대한 동의, 회계 및 업무감사

예시>

(회계 및 업무감사)
1. 회사는 본 유상증자가 발생하는 회계연도부터 기업공개를 위한 제반 준비절차로 인수인이 동의하는 공신력 있는 회계법인을 외부감사인으로 지정해야 한다.
2. 인수인은 회사의 관리를 위하여 필요할 경우 회사의 회계 및 업무 전반에 대하여 감사를 실시할 수 있으며, 회사는 감사자료의 제공 등 감사의 실시에 따른 인수인의 정당한 요구에 성실히 협조하여야 한다.
3. 제2항에 의하여 회계 및 업무감사를 실시함으로써 발생되는 제 비용은 회사가 부담한다.

해설>

투자회사는 투자 이후 회사의 정확한 회계감사를 통하여 회사의 재무상황을 이해할 수 있고 나아가서는 IPO[15]절차상 문제가 없을 회

---

15) 넓은 의미로는 기업의 전반적 경영내용의 공개, 즉 디스클로저(disclosure)까지도 포함하지만, 좁은 의미로는 주식공개를 말한다. 기업의 원활한 자금조달과 재무구조개선을 도모하고 국민의 기업참여를 장려하여, 국민경제의 건전한 발전에 기여함을 목적으로 한다. 이에 따라 기업공개를 통해 ① 주주의 분산투자촉진 및 소유분산, ② 자금조달능력의 증가, ③ 주식가치의 공정한 결정, ④ 세제상의 혜택 등을 볼 수 있다. 기업주식의 일반공모 및 대중분산을 통하여 기업자금을 일반 투자가로부터 조달함과 동시에 기업경영이 공개된 가운데 전문경영인에 의한 경영현대화가 이루어짐으로써 주식회사 본연의 사회적 책임과 기능적 체제를 확립하게 된다. 기업공개의 근거가 되는 법률은 기업공개촉진법·자본시장육성에 관한 법률·증권거래법·법인세법 등이 있다. 1968년 11월 자본시장육성에 관한 법률이 제정되고 기업공개에 따른 여러 가지 혜택이 주어졌으나 공개실적은 극히 부진하였다. 이에 1972년 기업공개촉진법을 제정하여 정부 차원에서 기업공개를 적극 권장하게 되었다. 그에 따라 공개기업의 수가 크게 늘자, 1982년 자본시장의 기능확충방안을 채택하여 공개 및 상장요건을 크게 완화하는 한편 공개기업에 대한 세제상의 혜택은 축소 조정하였다. 한국에서의 기업공개는 주식상장을 전제로 하고 있으므로 '유가증권상장규정'상의 요건을 갖추어야 하며, 증권관리위원회에 유가증권신고서를 제출할 경우 '유가증권신고 등에 관한 규정'상의 요건을 충족시켜야 하며 또한 주간사회사(主幹事會社)를 비롯한 간사단(幹事團)이 당해기업의 공모주선 및 인수가능조건을 분석할 경우 '유가증권인수업무에 관한 규정'상의 요건을 구비해야 한다. 따라서 ① 설립 후 경과 연수, ② 자본금 및 주식 수, ③ 자산가치와 주식가치, ④

계법인이 외부감사를 맡길 원하는 것이 일반적이다. 투자 시 아직 외부감사를 받은 적이 없는 경우거나 외부감사를 받았지만 투자자의 판단으로 보다 신뢰할 수 있고 IPO절차상 유리한 회계법인이 있다면 그런 회계법인이 외부감사[16]를 맡도록 다음의 예문처럼 회계법인 선정에 투자회사의 동의를 미리 얻도록 계약서에 명시한다.

또한, 투자 이후 회사에 대해 회계실사 등을 통하여 정확한 정보를 얻을 필요가 발생할 경우 투자회사는 회사의 비용으로 이러한 회계실사를 받으며 회사가 성실히 협조해야 할 의무를 계약서에 명시한다.

1.21 회사의 보증

예시>

(연대보증)
별첨에 의한 확약에 의거하여 '주요주주'가 '회사'의 귀책사유로 인한 본 계약의 중대한 위반 또는 '회사' 주식의 비상장으로 인해 '인수인'의 주식을 매수할 의무를 부담하게 되는 경우에, '회사'는 '주요주주'의 대금지급의무의 이행을 '인수인'에 대하여 연대보증한다.

모집 또는 매출실적, ⑤ 이익실적, ⑥ 부채비율, ⑦ 잉여금의 자본전입, ⑧ 재평가적립금의 자본전입, ⑨ 유상증자내용 등에서 각 요건이 충족돼야 한다. 공개방법으로는 증자신주(增資新株)에 의한 방법, 신발행주식(新發行株式)의 매출에 의한 방법, 상장(上場) 후 분산매각에 의한 방법 등이 있다.

16) 주식회사로부터 독립된 외부의 감사인이 하는 주식회사의 회계감사로 감사대상자는 직전 사업 연도말의 자산총액이 70억 원 이상의 주식회사, 주권상장법인 또는 코스닥상장법인과 다음 사업 연도 중에 주권상장법인 또는 코스닥상장법인이 되고자 하는 주식회사이다(주식회사의 외부감사에 관한 법률시행령 2조). 또 증권거래법 제182조에 의하여 대통령령이 정하는 주식회사도 외부 회계감사를 받아야 한다. 감사인의 자격은 회계법인 또는 합동회계사무소로 되어 있다(주식회사의 외부감사에 관한 법률 3조). 감사인은 일반적으로 공정·타당하다고 인정되는 감사기준에 따라 기중(期中)감사와 결산감사를 하여야 한다. 그 감사기준은 공인회계사법 제13조의 규정에 의하여 설립된 공인회계사회가, 재정경제원장관의 허가를 얻어 정한다(5조). 이같이 기업 외부의 제삼자에 의한 외부감사는, 기업과 무관한 전문적 회계사에 의해 시행되는 것이므로 감사결과의 신뢰성이 높다. 이 밖에 각 기관·회사 등에서의 내부 또는 자체감사가 아닌 외부기관에 의한 감사를 가리키는 용어로 쓰이기도 한다.

해설>

투자회사가 투자한 이후 회사가 계약위반을 하는 경우 보유주식을 다시 회사가 환매하는 것이 적법하지 않다는 것은 이미 판결로도 나와 있으며 이에 따라 이해관계인(주요주주)이 개인적으로 연대하여 그 책임을 져서 이해관계인이 주식을 매수해야 하는 형태로 투자회사는 계약위반 사항에 대응하고 있다.

물론, 회사가 계약을 위반한 경우 위약금이나 손해배상을 회사에 청구할 수는 있지만 그 손해액을 산정하기 어렵고 이를 입증하기는 더욱 어려운바 이해관계인에게 주식매수를 청구하는 방법이 편리하고 경영주체인 이해관계인에게 효과적으로 계약준수의 의무감을 줄 수 있다.

회사가 이런 이해관계인의 환매의무를 연대보증한다면 이해관계인의 부족한 지급능력을 만회하여 자금회수의 가능성은 증가할 것이고 적법한 절차로 회사자금이 투자자에게 지급될 수 있을 것이다. 다만 이러한 보증은 이사회의 의결사항으로 처리되는 것이 바람직하므로, 이사회에서 신주발행 및 제삼자 배정에 관한 내용을 결의할 때, 이러한 연대보증내용을 포함하여 결의하든지 또는 적어도 그러한 연대보증내용이 들어간 투자계약서(안)를 이사회가 승인하도록 한다면 더욱 확실한 보장이 된다.

1.22 위약금 및 손해배상

예시>

(위약금 및 손해배상)
1. '인수인'은 '회사'가 본 계약서의 진술과 보증, 약정사항, 기타 의무사항을 위반함으로 인하여 계약을 해지 또는 해제하게 되는 경우에는 위약금으로 금****원   (   )을 청구할 수 있고, 이 금액을 초과하는 손해가 있는 경우에는 위약금의 청구와는 별도로 손해배상을 청구할 수 있다.
2. 불가항력에 의한 본 계약 조항의 불이행에 대해서는 계약당사자 모두가 그 책임을 부담하지 않는다. 불가항력이란 화재, 폭발, 천재지변, 전쟁, 정부의 조치, 기타 계약 당사자가 지배할 수 없는 유사 원인을 의미한다.

해설>

정상적인 기술사업화투자의 위험성에 기인한 손실이 아닌 고의적인 위반사항이 발생하여 계약을 해지하게 될 때 투자금을 회수할 수 있는 방법은 일단 회사에 위약금이나 손해배상을 요구하는 것이고 이차적으로는 연대보증 된 이해관계인에게 청구하는 방법이 있다.

손해배상을 요구할 경우 손해액의 산정과 입증에 어려움이 예상되며 위약금을 정할 경우에는 금액의 적정성 여부에 대해 논란이 있을 수 있으며 만약, 손해배상이나 위약금이 지급된다면 계약은 해지되고 잔여주식은 그대로 투자자에게 남아 있게 되는 문제도 발생한다.

이론적으로는 손해배상을 얼마나 청구하느냐와 관련하여 투자회사가 '보유주식의 가치하락액'만큼만 청구할 수도 있겠고 '보유주식의 취득가액 전액('+α')'을 손해배상 또는 위약금의 명목으로 청구할 수도 있겠는데, 전자의 경우에는 투자회사의 보유주식은 손해배상금을 받고 나서도 계속 투자회사의 것이고, 후자의 경우에는 보유주식을 손해배상금(위약금)지급인에게 반대급부로 주는 것이 합당할 것이다. 이와 관련하여 보면, 전자의 경우 투자계약의 해지가 있지 않을 것이고, 후자의 경우에는 투자계약의 해지통지를 하고 진행할 수도 있다.

투자회사업계의 건전한 풍토 조성을 위해서는, 고의적이고 상습적인 계약위반, 중요 사항의 사전승인이나 협의에 관한 의무 등의 위반에 대해서는 이러한 조항을 활용하여 투자회사들이 철저히 책임을 물을 가능성이 있을 것이다.

참고로, 위약금과 달리 '위약벌'[17]을 정하는 경우도 가능하다. 위약벌은 그야말로 개념적으로 '벌금'이고 손해배상금이 아니다. 따라서 위약벌은 손해배상금과 별개로 청구할 수 있는 것이다. 법원도 위약금에 관해서는 재량에 의한 감경을 시킬 수 있지만, 위약벌에 관해서는 재량에 의한 감경을 시키지 못한다는 점에서, 이 둘은 중대한 차이가 있다.

---

17) 국가 또는 지방자치단체의 법규에서 그 법규위반 행위에 대한 제재(制裁)로서 형벌이나 행정벌을 과할 것을 정하는 규정으로 예컨대, 형벌을 과할 것을 규정하고 있는 형법각칙(刑法各則), 각종 행정법규에서 행정벌을 과할 것을 규정하고 있는 장(章)이나 조문(條文) 등이다. 특별권력관계에서 과해지는 제재로서의 징계벌(懲戒罰)의 규정이나 회사의 정관 또는 계약에서 제재나 위약벌(違約罰)을 규정한 것은 벌칙이라고 하지 않는다. 죄형법정주의(罪刑法定主義)와 법치주의에 의하여 국민에게 형벌이나 행정벌을 과하려면 반드시 법률에 근거가 있어야 한다(헌법12조1항). 지방자치법 제20조는 도(道)와 광역시 및 서울특별시의 조례에서 일정 한도 내의 벌칙을 규정할 수 있도록 위임하고 있다. 이러한 법률의 위임이 없이는 행정명령이나 규칙으로 벌칙을 규정할 수가 없다.

1.23 계약의 승계

예시>

(계약의 승계 등)

1. 본건 계약의 당사자인 조합이 해산하여 동 조합이 보유한 회사의 주식이 조합의 업무집행조합원인 ○○○㈜에 귀속될 경우, 업무집행조합원인 ○○○㈜는 회사의 별도의 동의 없이 조합의 본 계약상의 권리, 의무 및 기타 모든 계약상 지위를 승계한다.
(또는 {1} 투자조합이 해산되는 경우에는 투자자산 분배와 더불어 각 조합원들이 투자계약의 당사자로서의 지위를 보유한다.)
2. 본 계약에서 정한 조합의 모든 권리를 업무집행조합원인 ○○○㈜가 조합을 대리하여 행사하는 데 대하여 회사 및 이해관계인은 아무런 이의가 없으며, 본 계약에 따라 조합에 통지하거나 그 승인, 동의 기타 일체의 의사표시 또는 협력이 ○○○㈜의 의사와 지시를 따르기로 확약한다.

해설>

투자회사가 조합으로 투자하는 경우에는, 조합의 만기해산 시까지 회사가 상장 등을 통하여 자금회수가 되지 않을 때, 투자회사의 고유계정에서 이를 인수하거나 또 다른 타 투자회사의 조합 등에 매각하게 될 수 있다.

만약, 이렇게 구주 형태로 또 다른 그 조합의 업무집행조합원(투자회사)의 본 계정(회사계정)으로 인수될 경우에도 당초 투자계약사항이 준수될 수 있다면 이를 인수하는 투자회사는 관리 측면에서 훨씬 용이하고 그에 따라 투자주식으로서의 가치도 높아질 것이다.

특히 첫 번째 투자당시의 투자조합이(투자회사 고유계정도 마찬가지임) 대주주 또는 타 출자자에 대한 매수청구권(put option)을 갖고 있는 경우에 그러한 청구권의 양도와 관련하여 매수의무자에게 대항하기 위하여 매도인의 통지 또는 매수인의 승낙을 받아야 하게 될 것이다. 그런데 매수인의 승낙[18]을 받기가 어려운 경우도 있고, 매도인이 통지를 해도 시비가 생기는 경우도 있을 수 있는바, 이러한 조항을 투자계약서에 넣어 둔다면, 매수의무자가 사전 승낙을 한 셈이 되므로 투자회사(조합) 쪽에 편의상 매우 유리할 것이다.

한편, 투자회사가 투자조합의 주식을 인수하여 계약승계를 하는 경우와 반대의 경우도 생각해 볼 수 있다. 투자조합이 해산할 때, 미처분주식을 현물로 그대로 분배받는 경우이다. 당해 미처분주식이 상장을 준비하고 있는 우량기업의 주식일 때에는 가치평가 문제 때문에 조합원과 업무집행조합원 간에 마찰이 생길 수 있기 때문에 이런 사태를 피하려면 이러한 현물분배를 택하는 것이 좋다. 그런 경우에

---

18) 청약은 일정한 내용의 계약을 체결하려고 신청하는 의사표시, 승낙은 청약에 대하여 계약을 성립시키려고 응낙하는 의사표시로 청약과 승낙이 합치할 때에 계약이 성립한다. 예컨대 팔겠다(또는 사겠다)는 청약에 응하여, 사겠다(또는 팔겠다)는 승낙이 합치함으로써 매매계약이 성립하는 것과 같다. 계약의 청약이 있으면 보통 그 상대방이 그에 대한 고려·준비를 하게 되므로, 민법은 '청약은 이를 철회하지 못한다'고 제한을 가하였다(민법527조). 이를 청약의 구속력이라 한다. 승낙의 기간을 정한 계약의 청약은 청약자가 그 기간 내에 승낙의 통지를 받지 못한 때에는 그 효력을 잃는다. 승낙의 통지가 그 기간 후에 도달한 경우에 보통 그 기간 내에 도달할 수 있는 발송인 때에는, 청약자는 지체 없이 상대방에게 그 연착의 통지를 하거나 그 도달 전에 지연의 통지를 하지 아니하면 승낙의 통지는 연착되지 아니한 것으로 보아 계약이 성립한다(528조). 승낙기간을 정하지 아니한 계약의 청약은 청약자가 상당한 기간 내에 승낙의 통지를 받지 못한 때에는 그 효력을 잃는다(529조). 연착된 승낙은 청약자가 이를 새 청약으로 볼 수 있다(530조). 격지자 간의 계약은 승낙의 통지를 발송한 때에 성립한다(531조). 이는 도달주의에 대한 예외로서 계약을 빨리 성립시키려는 취지이다. 청약자의 의사표시나 관습에 의하여 승낙의 통지가 필요하지 아니한 경우에는, 승낙의 의사표시로 인정되는 사실(예: 버스나 택시에 올라타는 행위)이 있는 때에 계약이 성립한다(532조). 또한 당사자 간에 동일한 내용의 청약이 서로 교차된 경우(교차청약)에는, 양 청약이 상대방에게 도달한 때에 계약이 성립한다(533조). 승낙자가 청약에 대하여 조건을 붙이거나 변경을 가하여 승낙한 때에는, 그 청약의 거절과 동시에 새로 청약한 것으로 본다(534조). 구인광고(求人廣告)나 거리에서의 호객행위(呼客行爲)는 계약의 청약이 아니고, 상대방에게 계약의 청약을 시키려는 행위로서 '청약의 유인(誘引)'이라 한다.

'투자계약'은 어떻게 승계될 것인가 하는 것이 사전에 검토되어야 한다. 물론 최초 투자계약 시부터, 조항을 두어 "투자조합이 해산되는 경우에는 투자자산 분배와 더불어 각 조합원들이 투자계약의 당사자로서의 지위를 보유한다"는 내용을 규정하는 것은 자유이다. "투자자산분배의 경우 투자조합의 업무집행조합원만이 투자계약당사자로서의 지위를 보유한다"는 규정을 두어도 된다. 어느 것을 회사에서 원할 것이냐 하는 것은 일률적으로 말하기 어렵다. 조합원의 성격과 회사와의 관계에 영향을 받기 때문이다.

1.24 특약사항

계약의 수정사항들을 특약사항으로 몰아 두는 것은, 상대적으로 나머지 사항들을 기본필수조항화하여, 여러 투자업체 포트폴리오를 가진 투자회사의 담당자들이 개별 회사의 특약조건을 손쉽게 알아보도록 하는 장점을 지닌다. 계약서 내용 곳곳에 수정 합의를 해 두면 투자회사 내부의 관리상 확인에 어려움이 있을 수 있으므로, 가급적 한 투자회사는 자기 form을 유지하고, 특약은 따로 모으는 것이 보기 좋다.

1.25 기타 일반적 사항들

예시>

(기타)

1. 본 계약서 및 그에 첨부된 문서는 본 계약 체결일에 본 계약의 목적과 관련하여 당사자 간에 구두 또는 서면으로 행한 모든 사전 진술, 양해 및 합의를 대체한다.
2. 당사자는 상대방의 사전 서면동의를 받지 않고는 본 계약상의 권리의무를 양도할 수 없다.
3. 본 계약은 양 당사자가 서면으로 적법하게 체결한 문서에 의해서만 개정하거나 수정할 수 있다.
4. 이 계약의 일부 규정이 법령 또는 당사자 간 다른 합의에 의하여 그 효력을 부인당하는 경우에도, 계약 내용상 서로 독립적인 다른 규정들의 효력에는 영향을 미치지 아니한다.

해설>

계약으로 준수되어야 할 사항을 계약서에 명시된 사항으로 한정하여 그 이전에 협의된 사항 등으로 인한 오해의 소지를 없앤다. 그리고 계약의 양도불가능성 원칙을 확인하고 또 계약개정이나 수정에는 별도로 서면을 요하도록 하며, 다수당사자가 있는 경우 일방당사자에 한정된 사유로 계약의 효력에 영향이 있더라도 그 영향이 일부에 한정되도록 하여 나머지 부분에서라도 계약의 유효성을 지키도록 노력하는 것이 바람직하다. 아래는 그러한 조항들의 예이다.

1.26 준거법

예시>

(준거법)
본 계약은 대한민국 법률에 따라 규율되고 해석된다.

해설>

본 계약이 적용될 법률을 명시한다. 투자회사와 회사가 모두 대한민국법인들이었을지라도, 사후에 회사의 주주들의 대규모지분이 외국인에게 넘어갈 수도 있고, 회사 본점을 외국에 옮길 수도 있다.

그래도 투자회사로서는 자신이 관련된 사건은 적어도 대한민국 법으로 규율되는 것이 편리하다. 그리하여 간단하게 다음과 같은 조항이 있을 필요가 있는 것이다.

1.27 인수인의 진술과 보증

예시>

'인수인'은 '회사'에 본 계약서의 체결일자 및 인수종결일에 다음 각 호의 사항을 진술하고 보증한다.
1. '인수인'은 대한민국의 법률에 따라 적법하게 설립되어 유효하게 존속하고 있다. '인수인'은 본 계약서를 체결하고 이행하는 데 필요한 모든 법적 권한을 가지고 있다.
2. 본 계약서에 의한 '인수인'의 의무는 적법, 유효하고 '회사'에 대하여 집행 가능한 법적 의무를 구성한다.

해설>

신주를 인수하기 위한 투자를 하는 투자회사가 투자 계약 후 나중에 내부절차 미비 등 어떠한 이유로 계약이행에 나서지 않는 결과를 예방하기 위한 진술과 보증을 명기해 둘 수 있다. 이는 회사의 진술과 보장에 대응이 되는 조항이지만, 다분히 형평적 차원에서 규정되는 조항이며, 현실적으로는 필수적이라고 할 만한 것은 아니다.

1.28 주요주주 지분의 매수권

예시>

자 하는 경우, 인수인은 대상 주식의 전부 또는 일부에 대하여 그 지분비율에 따라 우선매수권을 가진다. 이를 위해 이해관계인은 인수인에게 처분하고자 하는 처분주식 수, 처분가격 기타 처분조건과 주식양수예정자 등 상세한 예정처분내용을 서면으로 통지하여야 한다. 인수인은 위 서면통지를 받은 날로부터 (○○)일 이내에 매수의사 및 매수수량을 이해관계인에게 서면 통지 할 수 있다. 인수인의 매수의사 및 매수수량 통지가 이해관계인에게 도달하는 경우 대상 주식에 대한 매매계약이 체결된 것으로 보며, 인수인과 이해관계인은 이로부터 (○○)일 이내에 주식매매계약을 이행하여야 한다. 인수인이 이해관계인의 서면통지에 대하여 매수거절의 의사를 표시하거나 위 서면통지를 받은 날로부터 (○○)일 이내에 처분에 대한 부동의 의사를 표시하는 등 별도의 의사를 표시하지 아니한 경우, 이해관계인은 처분 대상 주식을 처분할 수 있다.

3. 제2항에 따라 주식을 처분하는 경우, 이해관계인은 주식을 처분할 수 있는 날로부터 (○○)일 이내에 제2항의 서면통지에 기재된 조건으로 처분할 수 있다. 이해관계인이 위 (○○)일의 기간을 경과하여 처분하고자 하거나, 서면통지에 기재된 것보다 낮은 가격 또는 제삼자에게 유리한 조건으로 대상 주식을 처분하고자 하는 경우 다시 제2항에 따른 절차를 거쳐야 한다.

4. 본 조에 따라 주식을 처분하는 경우, 이해관계인은 주식을 양수하는 제삼자가 본 계약에 따른 이해관계인의 권리의무 일체를 승계하는 것을 조건으로 처분하여야 한다.

해설>

이해관계인에 해당되는 주요주주의 지분매각 시 서면에 의한 사전 동의를 요구하는 것은 대표이사를 비롯한 주요주주의 모랄헤저드를 방지하기 위한 방편이다. 개인사정으로 인한 주요주주의 퇴사 및 지분매각을 희망할 경우, 지분비율에 따라 우선매수권을 가질 수 있다.

1.29 인수인 지분의 매수권

예시>

(인수인의 주식 처분)
1. 인수인은 투자금의 회수를 위하여 아래에서 정하는 바에 따라 인수인이 소유하는 본건 신주식 및 동 주식에 대한 유, 무상증자 또는 주식배당 등으로 인하여 인수인이 소유하게 된일체의 주식(이하 '본건 주식'이라 한다)을 처분할 수 있다.
2. 인수인이 본건 주식의 일부 또는 전부를 제삼자에게 처분하고자 하는 경우, 이해관계인에게 그 지분비율(이해관계인의 지분비율은 각 이해관계인이 소유하고 있는 회사 발행주식을 모두 합한 주식 수에 대해 각 이해관계인이 소유하고 있는 주식 수의 비율을 말한다)에 따른 우선매수권을 부여한다. 이를 위해 인수인은 이해관계인에게 처분하고자 하는 처분주식 수와 처분가격을 서면으로 통지하여야 한다. 이해관계인은 위 서면통지를 받은 날로부터 __일 이내에 매수의사를 인수인에게 서면통지 할 수 있다. 이해관계인의 매수통지의사가 전부 인수인에게 도달하는 경우 대상 주식에 대한 매매계약이 체결된 것으로 보며, 인수인과 이해관계인은 이로부터 __일 이내에 주식매매계약을 이행하여야 한다. 이해관계인의 일부만이 매수의사를 통지한 경우에 있어서의 대상주식의 매도 여부는 인수인이 그 전적인 재량에 의해 결정한다. 이해관계인이 위 서면통지에 대하여 거절의 의사를 표시하거나 위 서면통지를 받은 날로부터 __일 이내에 별도의 의사를 표시하지 아니한 경우, 인수인은 처

분 대상 주식을 처분할 수 있다.

3. 이해관계인이 제1호에 따른 주식매매대금을 그 지급일에 지급
   하지 아니하는 경우에는 지급일 다음 날로부터 실제 지급하는
   날까지 주식매매대금에 대하여 연 20%의 이율에 의한 지연배
   상금을 지급하여야 한다.

4. 인수인은 다음 각 호의 1에 해당하는 경우에는 전항에 상관없
   이 회사의 주식을 처분 할 수 있다.
   (1) 회사가 '기업공개' 되었을 때
   (2) 회사의 주주가 인수인 소유의 주식을 매입할 의사를 표하
       고 인수인이 이에 동의한 때
   (3) 회사가 정상가동 상태에 있고 인수인이 투자목적을 달성하
       였다고 인정할 때

해설>

인수인이 주식을 매각할 시 이해관계인에게 그 지분비율대로 우선
매수권을 부여한다. 주식매수관련권리는 상호적이어야 하나, 인수자
입장에서 이해관계인에게 우선매수권을 부여한 경우, 장외매각 시 이
해관계인의 의사를 확인한 후 매각할 수 있기 때문에 매각조건 및 매
각시기를 인수인 의지대로 할 수 없을 경우가 발생할 수 있다.

1.30 자산 우선매수권

예시>

(자산의 우선매수권)

1. 회사가 주요자산의 전부 또는 일부를 매각 또는 양도하고자 하는 경우, 인수인은 회사가 매각하고자 하는 주요자산의 전부 또는 일부에 대해 제삼자에 우선매수권을 가진다. 이를 위해 이해관계인은 인수인에게 처분하고자 하는 주요자산의 내역, 처분가격과 양수예정자 등 상세한 예정처분내용을 서면으로 통지하여야 한다. 인수인은 위 서면통지를 받은 날로부터 __일 이내에 매수의사를 이해관계인에게 서면통지 할 수 있다. 인수인의 매수통지의사가 이해관계인에게 도달하는 경우 대상 자산에 대한 매매계약이 체결된 것으로 보며, 인수인과 이해관계인은 이로부터 _일 이내에 자산양도계약을 이행하여야 한다. 인수인이 이해관계인의 서면통지에 대하여 매수거절의 의사를 표시하거나 위 서면통지를 받은 날로부터 __일 이내에 처분에 대한 부동의 의사를 표시하는 등 별도의 의사를 표시하지 아니한 경우, 이해관계인은 대상 자산을 처분할 수 있다.

2. 제1항에 따라 자산을 매각하는 경우, 이해관계인은 자산을 처분할 수 있는 날로부터 ______일 이내에 제1항의 서면통지에 기재된 것 이상의 가격 또는 제삼자에게 유리하지 않은 조건으로 처분할 수 있다. 서면통지에 기재된 것보다 낮은 가격 또는 제삼자에게 유리한 조건으로 대상 자산을 처분하고자 하거나 처분할 수 있는 날로부터 __일을 넘기는 경우는 다시 제1항에 따른 절차를 거쳐야 한다.

해설>

인수인이 자산매각관련 우선권을 갖는 것은 채권확보 측면에서 유리한 권리이나, 보통주나 우선주 형태로 투자한 주주가 이러한 권리를 갖더라도 전환사채권자나 채권자의 권리를 침해하거나 넘어서는 것은 아니다. 결국 회사가 제삼자에게 일정 금액으로 자산을 양도하여 현금화하려고 할 때, 같은 조건이면 기존 투자자인 투자회사가 살 수 있는 정도의 favor를 주는 것이므로, 투자회사가 사지 않아 제삼자가 사게 되더라도 회사가 받는 금액은 동일하다고 가정할 수 있고, 따라서 채권자들이 얻게 될 책임재산현금화효과가 동일하기 때문이다.

오히려 투자회사 입장에서는 자산성격에 따라서는 이러한 우선매수권이 실익이 없을 수도 있고 오히려 회사가 자산매각을 추진할 경우에는 초기에 어떤 자산을 얼마에 팔려 하는지를 검토 및 확인하여 조기에 회사 쪽에 협조하여 매수자를 알선하여 주든지 또는 자신의 투자금회수를 위해 뭔가 행동방향을 잡든지 해야 하는 경우가 있을 것이다.

또한, 컨소시엄 형태로 투자될 경우 투자자 간의 사전협의가 없을 시 자산 우선매수권을 동일 형태로 갖는 투자자들 간의 이해관계가 문제가 될 수 있을 수 있다. 이러한 문제점은 투자기관협의회, 주주간담회 등을 통하여 사전에 대화로 타협해 감으로써 해결가능하다.

1.31 직원, 전문가 파견

예시>

(직원의 파견)

1. 회사의 경영 상태, 재산 및 계획사업 수행에 대한 관리의 필요성이 있다고 인정되는 경우, 인수인은 인수인의 직원 또는 인수인이 지명하는 자를 회사에 파견하여 인수인이 요구하는 직무를 수행하거나 관리하게 할 수 있으며, 이에 대하여 회사는 이의를 제기하지 못한다.
2. 제1항의 직원파견에 따른 제 조건은 인수인과 회사가 협의하여 별도로 정하는 바에 따르는 것으로 하되, 직원 파견과 관련하여 발생되는 비용은 회사가 부담한다.

해설>

인수인에 의한 인력파견은 회사의 경영관리 측면에서 필요할 수 있으나, 이사의 경우에는 사외이사라 하더라도 이사회 일원으로서 회사경영에 관여하는 이사로서의 책임 및 의무에 따른 소송 및 손해배상으로부터 자유롭지 않지만, 직원의 경우에는 약정에 따라 면책범위를 조절할 수 있을 것이므로, 구체적으로 직원파견 시에 회사와의 별도 약정을 통하여, 업무수행이나 관리행위와 관련하여 고의 또는 중과실이 없는 한 책임을 지지 않도록 하는 것이 바람직하겠고, 보수 등의 회사 쪽의 비용부담을 사전에 정하는 것이 필수적이다.

1.32 계약의 해지[19) 또는 해제[20)

19) **계약의 해지**(契約의 解止)는 계속적 채권관계에서 계약의 효력을 장래에 대하여 소멸케 하는 일방적 행위를 말한다(550조). 해지와 해제가 구별되는 근본적인 차이점은 그 효과에 있다. 즉 계약의 효력을 소급적으로 소멸시키는 해제에 반해, 해지는 오직 장래에 대하여 효력을 발생하므로 해지가 있으면 계약에 기한 법률관계는 해지의 효력이 발생하기 이전에서는 완전히 그 효력을 보유하고 이미 행하여진 급부는 반환당하지 않는다. 그러나 채무자가 채무 내용에 좇은 이행을 하기 전에는 해제를 할 수 있다. 예컨대 근로자가 근로를 제공하기 전에 채무불이행을 이유로 계약을 해소하는 것은 해지가 아니라 해제이다. 해지할 수 있는 권리를 해지권(解止權)이라 하고 해지권은 발생 원인에 따라 약정해지권과 법정해지권으로 나뉜다.

해지에는 소급효(遡及效)가 없다. 계약을 해지하면 장래에 대하여 계약의 효력이 소멸하므로(550조) 어떤 권리가 소급적으로 소멸하거나 소멸한 권리가 소급적으로 부활하는 일은 없다. 그러나 계약이 해지되면 임차인의 목적물 반환의무와 같은 원상회복의무(청산의무)가 남게 된다(615조, 654조 등). 원상회복의무가 존속하는 동안은 역시 당사자 사이에 채권관계가 일정한 범위에서 존속한다. 주의할 것은 해지 이전에 계속적 채권관계에서 이미 발생한 개개의 채무가 이행되어 있지 않으면 해지로 기본적 채권관계가 소멸하여도 그 채무는 그대로 존속한다. 연체된 차임채무(借賃債務)·이자채무·비용 상환의무 등은 그 예이다. 계약의 존속기간에 관하여 약정이 없는 경우에는 해지권자가 해지를 하더라도 일정한 경우에는 해지기간이 경과함으로써 해지의 효력이 생긴다(603조2항 본문, 635조, 660조 등). 이것은 해지권자가 상대방을 보호하기 위한 것이므로 신의칙에 반하는 것을 이유로 해지하는 경우에는 이를 인정하지 않는다. 해지권의 행사는 손해배상의 청구에 영향을 미치지 않는다(551조). 그러므로 채무불이행으로 인해서 손해가 발생한 때에는 배상을 청구할 수 있다. 위임계약에서는 채무불이행의 경우가 아니라도 손해배상을 청구할 수 있다(689조2항). 또 특별한 경우에는 해지권의 행사로 지체책임이 생기는 수도 있다. 즉 소비대차 계약에서 그 반환시기의 약정이 없으면 대주(貸主)는 상당한 기간을 정하여 반환을 최고할 수 있는바(603조2항 참조), 이러한 반환의 최고는 해지와 같은 뜻이 있다. 이 최고가 있으면 채무의 변제기는 도래하고 그때부터 이행지체의 책임이 생기게 된다(387조2항 참조).

20) 민법상 계약당사자의 일방적인 의사표시에 의하여 유효하게 성립된 계약의 효력을 소급적으로 소멸시켜 계약이 처음부터 없었던 것과 같은 법률효과를 발생시키는 일로서 당사자 일방의 의사표시에 의하여 효력이 발생하고, 상대방과의 합의를 요하지 않는 단독행위인 점에서 해제계약 또는 합의해제와 구별되고, 계약의 효력을 소급하여 소멸시키는 점에서 장래에 대하여 소멸시키는 해지(解止)와 구별된다. 또한 의사표시에 의하는 점에서 계약에서 정한 일정한 사실의 발생으로 당연히 계약의 효력이 소멸되거나 당사자 일방의 권리가 소멸되는 해제조건 또는 실권약관(失權約款)과 구별된다. 계약을 해제할 수 있는 해제권은 계약에 의하여 발생하는 경우도 있고(약정해제권), 채무불이행으로 법률상 당연히 발생하는 경우도 있다(법정해제권). 계약해제권은 형성권(形成權)이다. 채무불이행의 경우에는 일정한 요건(채무자의 귀책사유, 최고 또는 계약의 목적을 달성할 수 없는 경우 등)하에 계약을 해제할 수 있다(민법 544·545조). 계약이 해제되면 아직 이행되지 않은 채무는 이행할 필요가 없고, 이미 이행된 경우에는 상대방에게 부당이득반환의무의 일종인 원상회복의무가 생긴다. 그러나 해제의 소급효는 제삼자의 권리를 해하지 못한다. 해제와 함께 손해배상을 청구할 수도 있다(551조). 행정법상으로는 어떤 금지를 해제하는 행정처분을 말한다. 예컨대 통행금지의 해제와 같다.

예시>

(해지)

1. 다음 각 호의 1에 해당하는 경우에 본 계약은 해지된다.
    (1) 당사자 상호 간의 합의
    (2) ‘인수인’이 본 계약서에 포함된 진술, 보증이나 약정을 중
        대하게 위반하고, 이에 따라 ‘회사’가 해지권을 하는 경우
    (3) ‘회사’가 본 계약서에 포함된 진술, 보증이나 약정, ‘인수
        인’에게 제출한 사업계획서상의 기재사항을 중대하게 위반
        하고, 이에 따라 ‘인수인’이 해지권을 행사하는 경우
    (4) 당사자가 합리적으로 통제할 수 없는 불가항력적 사유 등
        으로 인하여 인수의 종결이 200 . . .까지 이루어지지 아
        니하고, 이에 따라 ‘인수인’이 해지권을 행사하는 경우
2. 제1항에 의하여 본 계약서가 해지되는 경우, 해지의 효력발생
    일로부터 본 계약서는 즉시 효력을 상실한다. 다만 본 계약 제
    9조에 정한 바에 따른 해지일 이전에 발생한 손해배상 책임이
    나 채무에는 영향을 미치지 않는다.

(계약의 종료)

본 계약은 다음 각 호의 1에 해당하는 사유가 발생한 즉시 종료
하는 것으로 한다. 단 제27조제1항의 각 호 및 제28조의 사유가
발생함에 따른 권리 · 의무에는 영향을 미치지 아니한다.
1. 회사가 기업공개 된 날로부터 1년이 경과한 후
2. 인수인이 보유하고 있는 회사의 지분을 모두 처분한 경우

1.33 비밀유지

예시>

(비밀유지)

본 계약서와 관련하여 당사자가 상대방 당사자에게 제공하는 모든 정보는 다음의 각 호의 1에 해당하는 경우를 제외하고 제공받은 당사자가 비밀로 유지하며 제삼자에게 제공하거나 다른 목적으로 사용하지 아니한다. 다만 당사자가 별도로 합의하는 경우에는 그에 따른다.

1. 당사자가 정보를 제공받을 당시 이미 알고 있는 정보
2. 당사자가 다른 출처로부터 적법하게 취득한 정보
3. 공지의 사실에 속하는 정보
4. 제공한 당사자가 비밀유지에 관한 권리를 포기한 정보
5. 법령에 근거하여 또는 법원이나 정부기관이 적법 또는 정당하게 공개 또는 제공을 요구한 정보
6. 인수인(투자자)의 주주 또는 출자자가 적법 또는 정당하게 공개 또는 제공을 요구한 정보

해설>

투자검토를 하기 전 투자설명회 단계에서, 회사가 투자회사에 비밀유지동의서에 서명을 요구하는 경우가 있으나, 외국에서도 NDA[21)]

---

21) **기밀유지 협약**(non-disclosure agreement, NDA)은 적어도 두 개의 기업이나 두 명의 사람 사이에서 기밀 물질이나 지식을 공유하길 바라지만, 일반적인 사용을 제한할 때 반드시 사용되는 법률계약이다. 미국에서는 **기밀유지협약**(confidential disclosure agreement, CDA)이나 **기밀협약**(confidentiality agreement, secrecy agreement)으로 사용되기도 한다. 다른 말로, 협약에 따라서 보호되는 정보를 공개하지 않는 데 동의하는 계약이다. 기밀유지 협약은 당사자 간에 어떤 종류의 무역 비밀을 보호하면서 신뢰관계를 유지할 수 있다. 그러므로 기밀유지 협약은 사적인 사업 정보를 보호할 수 있다. 기밀유지 협약은 일반적으로 두 기업이나 개인이 사업의 목적을 이해하고 잠재적 사업 관계를 평가할 목적으로 각각 다른 사업에 단독으로 진행될 필요가 있을 때 체결한다. 기밀유지 협약은 상호계약이 될 수 있다. 다시 말해, 양쪽 당사자 모두가 제공하는 물질의 사용을 제한되거나, 한쪽 당사자만 제한될 수도 있다. 기업에서 임시로 직원을 고용할 때 기밀유지 협약이나 비슷한 동의서에 서명하는 경우도 있다. 고용 계

(Non Disclosure Agreement)에 사인하는 경우는 흔하지 않으며, 국내에서는 더욱 드물 것이고, 담당심사역 개인의 비밀유지각서 제출 정도로 그치기도 한다.

한편, 회사의 요청을 반영하여 투자계약서에 정식으로 투자 관련 정보의 비밀유지를 약속할 수도 있는데, 특히 회사의 사업 전략뿐 아니라 주식인수가액이나 인수주식수량 등과 관련하여 회사 쪽에서 당분간이라도 대외비로 하고 싶어 하는 것이 있을 수 있다. 대개 투자자 입장에서만 부담하게 될 의무로서, 협상과정에서 비밀유지의 필요가 없음이 드러나는 경우에는 이러한 조항을 굳이 둘 필요는 없고, 선택적 고려사항의 예로 취급하면 될 것이다.

다만 향후에 중소기업청의 행정지도 또는 법규에 근거하여 투자회사는 협회차원에서 회사 정보를 공유하게 될 경우가 생길 수 있다. 이러한 경우에 대비하여 미리 정보제공활용 동의서를 별도로 회사로부터 징구하여 둔다면, 일반적인 정보제공과 관련한 문제 소지를 사전에 예방할 수 있을 것이다.

약서는 일반적으로 제한된 '기밀 정보' 조항을 포함할 것이다. 마찬가지로 기밀유지 협약은 정보 기술영역에 사용되거나 인증 검사를 하기 이전에 직접 체결한다.

1.34 신용정보 활용 동의

예시>

정보 제공 활용 동의서

<u>○○투자 주식회사 귀하</u>

　이 계약과 관련하여 귀사가 본인으로부터 취득한 다음 신용정보는 신용정보의 이용 및 보호에 관한 법률 제23조의 규정에 따라 타인에게 제공 활용 시 본인의 동의를 얻어야 하는 정보입니다.

　이에 본인은 귀사가 다음의 신용정보를 신용정보집중기관, 신용정보업자, 신용정보제공 이용자등에게 제공하여 본인의 신용을 판단하기 위한 자료로 활용하거나 공공기관에서 정책자료로 활용하도록 하는 데는 동의합니다.

\<다음>

회사의 상호, 대표자명, 주소, 연대보증인(이해관계인)의 성명, 주민등록번호, 주소, 이 계약상의 주요사항(투자일시, 투자금액, 지분율 등)

년　월　일

회사	서명 또는 인
연대보증인(이해관계인)	서명 또는 인

우선주 신주인수계약서의 구성내용

앞 장에서는 먼저 기존기업의 유상증자에 참여하는 투자회사의 경우를 상정하여, 신규로 발행되는 보통주를 기본으로 신주인수계약서의 여러 조항들을 설명하였고, 이번 장에서는 우선주[1] 방식으로 투자하는 경우에 좀 더 복잡해지는 계약서의 여러 가지 조항들의 특징을 설명하고자 한다.

우선주주가 보통주주보다 '주주'자격에서 좀 더 우선하는 권한들이 있는 것은 사실이다. 그러나 창투사와 회사 간의 관계라는 측면에서 본다면, 투자자로서의 창투사의 이해관계와 권리는 본질적으로는 같은 것이며, 회사가 부실화되어 남은 자산이 없을 때 투자금을 잃게 될 리스크도 마찬가지다.

---

1) **우선주**는 보통주보다 우선순위로 이익배당 또는 잔여 재산의 분배를 받을 수 있는 주식이다. 과거에는 우선주는 비교적 투기성보다는 안전성을 원하는 주식투자자를 대상으로, 주로 기업의 재무구조가 악화되었을 때 회사의 자금조달을 용이하게 하기 위해서 발행된다. 우선주는 배당에 관한 것, 배당 및 잔여 재산의 분배에 관한 것 등으로 구분할 수 있는데, 잔여재산의 분배는 회사가 해산하는 경우에 생기는 것으로 통상적으로는 이익 또는 이자배당에 관한 우선권이 중심이 된다. 우선주의 종류는 우선권의 내용에 따라 누적적 우선주, 비누적적 우선주, 참가적 우선주, 비참가적 우선주 등으로 구분할 수 있다. 누적적 우선주는 특정연도에 있어서의 우선주에 대한 배당액이 소정의 우선배당률 또는 액에 달하지 않을 경우 그 부족분을 차년도 이후의 이익 중에서 차년도 이후의 배당과 합쳐서 지급을 받을 수 있는 우선주를 말한다. 비누적적 우선주는 당해 영업 연도에 우선배당을 받지 못하더라도 그 미지급배당액을 다음 영업 연도의 이익에서 보충배당 받지 못하는 우선주를 말한다. 참가적 우선주는 소정의 우선배당 이외에 보통주에 대해서 배당을 하고 남은 이익에 대해서도 다시 추가배당을 받을 수 있는 우선주를 말한다. 비참가적 우선주는 소정의 배당을 받을 뿐 잔여의 이익이 있더라도 그것은 모두 보통주의 주주에게만 배당되어 추가배당을 받을 수 없는 우선주를 말한다.

물론 우선주로 투자하는 경우의 계약서는 보통주로 투자하는 경우보다 좀 더 상세하거나 여러 가지로 회사에 대한 제약을 더 두게 되는 것이 실무적 통례이다. 다만 이것은 아무래도 회사에 대한 투자성공의 자신감이 상대적으로 보통주 투자의 경우보다 약하다는 것을 뜻하거나, 투자조건협상과정에서 기업가치에 대한 상호합의가 확실히 되지 못한 것을 암시하기도 한다. 이로 인하여 전환조건조정문제가 중요한 분쟁이슈로 부각될 수도 있다.

어쨌거나 전환사채투자계약의 경우에 비하면 우선주 계약은 좀 더 회사에 유리한 조건으로 만들어질 수 있다는 이점이 있고, 투자자 입장에서도 IPO가 안 되는 기업도 잉여금이 있고 현금흐름이 양호하면 투자금회수를 받을 가능성이 보통주보다는 더 높다는 점에서 리스크가 적기 때문에, 실제로 점차 우선주 형태의 투자계약이 많이 이루어지고 있다.

참고로, 외국에서는 전환사채에 발행회차가 있듯이 우선주도 발행시마다 명칭을 달리 붙여 예컨대 Series A, Series B, …… 등으로 종류를 구분하여 두면(물론 그 우선주들의 내용은 제각각 다를 수 있음) 새로운 투자계약서를 작성할 때 기발행우선주의 모든 종류와 수를 구분기재하기 편리하다. 이와 관련하여 우리나라에서도 벤처기업이 우선주 투자를 받을 때마다 1호 우선주, 2호 우선주처럼 우선주의 명칭을 달리 붙이는 것도 가능할 것이라 생각된다.

2.1 주식발행 및 인수조건

예시>

1. 회사가 발행한 주식의 내용
   (1) 수권주식 수: ______________주
   (2) 기발행주식의 종류 및 총수: 기명식 보통주_______주,
      우선주_______주
   (3) 1주의 액면가액: 금 __________원(₩________)
2. 회사가 발행할 주식의 내용
   (1) 주식의 종류: ____________________
   (2) 발행할 주식의 총수: ____________주
   (3) 1주의 발행가액: 금 __________원(₩________)
   (4) 발행할 주식의 총액: 금 __________원(₩________)
3. 전 호의 발행할 주식 중 인수인이 인수할 주식의 내용
   (1) 인수할 주식의 총수: ____________주
   (2) 1주의 인수가액: 금 __________원(₩________)
   (3) 인수할 주식의 총액: 금 __________원(₩________)
   (4) 인수인의 투자조합별 인수내역

투자조합	인수주식 수	총 인수금액
합계		

   (5) 인수금액의 납입기일: ______년 __월 __일(이하 '납입기
      일'이라 한다)
   (6) 인수금액 납입처: '회사'가 지정하는 은행지점의 별단계좌
4. 회사는 인수인이 본건 상환전환우선주식을 인수하는 데 필요
   한 모든 주식 발행 절차를 이행하여야 하며 인수인은 그 차에
   따라 주금을 납입하여야 한다.
5. 회사는 본 계약 체결 이후 주금납입일까지 제11조제2항에 정

한 신주 또는 인수인과의 별도 계약에 의해 발행되는 주식관
련 유가증권 이외의 주식 및 주식관련 유가증권을 발행하여서
는 아니 된다.
6. 인수인의 인수금액 납입이 완료되는 시점으로부터 1주일 이내
에 회사는 필요한 증자등기 및 제반 절차를 완료하여야 하며,
다음 각 호의 서류를 인수인에게 교부하여야 한다.
   (1) 본 계약서에 의한 인수주식을 표창하는 주권 또는 회사의
       주권이 미발행된 경우 인수인의 주주로서의 권리를 표창
       하는 제반증서
   (2) 주금납입금 보관증명서
   (3) 회사의 주금납입일 이후의 법인등기부등본, 주주명부
   (4) 기타 본 계약서상의 주식인수를 적법, 유효하게 하는 것으
       로서 인수인이 요청하는 자료

해설>

발행하는 주식의 종류, 인수주식수량, 인수가액, 액면가액, 주금납
입일, 주금납입 시 교부하여야 하는 서류 등을 기재하게 된다. 이는
투자회사에 주식을 인수할 권리와 의무를 구체적으로 부담시키는 조
항이다. 창투사가 주식을 인수하면서 얻게 될 지분율과 권리 등을 명
확히 하기 위해서, 기존에 발행된 주식의 종류와 발행주식 수를 명시
하는 것도 바람직하다.

2.2 우선주의 내용

예시>

예시>

발행되는 우선주의 각종 특권을 요약하여 나열해 준다. 이익배당,[2] 잔여재산분배, 보통주로의 전환, 주식상환, 의결권 등과 관련된 우선주로서의 특권을 간단히 나열하고, 우선주의 적법한 발행을 위해 필

---

2) 회사가 주주(株主) 또는 사원에게 이익을 분배하는 일로서 회사는 영리활동으로 인한 이익을 자본주에게 분배하는 것을 목적으로 하는 영리법인이므로, 주주 또는 사원의 이익배당청구권은 다수결에 의해서도 부당하게 박탈·제한할 수 없는 가장 중요한 고유의 권한이다. 이익배당은 주주총회 또는 사원총회에서 결정하지만 물적 회사인 주식회사·유한회사의 경우에는 대차대조표상의 순자산에서 자본액, 이미 적립되어 있는 법정적립금, 당기에 적립하여야 할 이익준비금을 공제한 후가 아니면 할 수 없다(상법462·583조). 이를 위반하면 위법배당이 된다. 그러나 인적 회사인 합명회사·합자회사의 경우는 법으로 특별히 규정하지 않고 있어 정관에 따라 이익배당을 한다. 배당의 시기는 매 영업 연도 말이며, 중도에서는 손익을 확정할 수 없으므로 물적 회사에서의 중간배당은 허용하지 않는다. 배당의 기준은 원칙적으로 인적 회사에서는 출자액에 의하며, 물적 회사에서는 주식 수 또는 출자 구좌 수에 의한다. 다만 우선주 등이 있을 때에는 예외가 된다. 지급은 현금을 원칙으로 하지만, 주식회사의 경우 무상주의 배당이 예외적으로 인정된다. 회사는 배당금 영수증을 주주명부상에 등재된 주주에게 송부하고, 이와 교환하여 배당금을 지급하는 것이 보통이다. 이익배당 결정 후의 이익배당청구권은 독립처분이 가능하다.

요한 사항들을 기재한다.

2.3 상환청구권

예시>

1. 인수인은 회사에 대하여 본 조에 따라 본건 상환전환우선주식
   의 전부 또는 일부의 상환을 청구할 권리를 가지며, 회사는 법
   적으로 상환 가능한 최대한의 자금으로 이를 상환하여야 한다.
   이후 본건 상환전환우선주식의 상환에 합법적으로 사용 가능
   한 추가자금이 발생하는 때에는 회사는 동 자금을 인수인이
   상환 청구하였으나 미상환된 본건 상환전환우선주식을 상환하
   는 데 우선적으로 사용하여야 한다. 다만 본건 상환전환우선주
   식의 상환은 회사에 배당 가능한 이익이 있을 때에만 가능하
   며, 상환청구가 있었음에도 상환되지 아니한 경우에는 상환기
   간은 상환이 완료될 때까지 연장되는 것으로 한다.
   (1) 상환기간: 인수인은 회사가 ○○○○년 ○○월 ○○일까
       지 증권거래소(한국증권선물거래소가 출범하는 경우에는 유
       가증권시장을 말한다)에 상장 또는 협회중개시장(한국증권
       선물거래소가 출범하는 경우에는 코스닥시장을 말한다)에
       등록(이하 통칭하여 '기업공개'라 한다)되지 못할 경우에는
       아래와 같은 일정 및 비율에 따라, 본건 상환전환우선주식
       의 전부 또는 일부의 상환을 청구할 권리가 있다.

○○○○년 ○○월 ○○일부터	본 계약에 따라 인수한 본건 상환전환우선주식의 50%
○○○○년 ○○월 ○○일부터	본 계약에 따라 인수한 본건 상환전환우선주식 중 이미 상환된 주식을 제외한 나머지 주식 전부

   (2) 상환방법: 인수인의 상환요구가 있는 날로부터 1개월 이내
       에 현금상환

(3) 주당 상환가액: 본건 상환전환우선주식의 1주당 취득가격 (A)과 동 금액에 대하여 발행일로부터 상환일까지 연복리 [12]%를 적용하여 산출한 금액(B)의 합계액으로 한다. 단 본건 상환전환우선주식 발행일로부터 상환일까지 지급된 배당금이 있을 경우에는 상환가액에서 이를 차감하되(A + B - C), 전술한 연복리 [12]% 적용산출금액을 한도로 차감한다.

(3) 주당 상환가액: 본건 상환전환우선주식의 1주당 취득가격 (A)과 동 금액에 대하여 발행일로부터 상환일까지 연복리 [12]%를 적용하여 산출한 금액(B)의 합계액으로 한다. 단 본건 상환전환우선주식 발행일로부터 상환일까지 지급된 배당금이 있을 경우에는 상환가액에서 이를 차감하되(A + B - C), 전술한 연복리 [12]% 적용산출금액을 한도로 차감한다.

해설>

상환이란 회사가 발행주식에 대하여 일정금액을 지급하고 그 주식을 소각하는 것이다. 이익소각,[3] 자본감소의 경우와 상환우선주의 상환이 모두 주식을 소각시키는 행태이다. 상환우선주의 경우에는 회사가 이익으로 소각할 수 있다는 내용이 들어 있는 우선주인데, 이러한 상환에 관한 권리는 우선주주의 상환청구권과 회사의 상환권으로 대

---

3) 자기 회사 주식을 매입해 없애 버리는 행위를 이르는 말로서 상법 제343조에 따르면, 주식은 자본감소에 관한 규정에 의해서만 소각할 수 있지만, 정관이 정한 바에 의해 주주에게 배당할 이익으로써 소각할 경우에는 그렇지 않다고 규정하고 있는데, 이에 의거해 기업이 자기 회사의 주식을 사들여 없애 버리는 것을 자사주소각이라고 한다. 자사주를 소각하면, 먼저 유통주식 수가 줄어들어 주당순이익(EPS)이 증가하고 배당금이 높아질 뿐 아니라, 주식시장에서 주가의 움직임이 소각 이전보다 가벼워지는 효과가 있어 기업들이 주가 관리 수단으로 자주 이용하는 방법이다. 즉 유상증자물량이 늘어나 주식시장을 압박하기 때문에 기업 스스로 증자 물량을 거두어들여 없애 버리는 것인데, 기업의 자본금이 감소하면 상대적으로 부채비율이 증가하는 부정적인 측면도 있다. 또 자사주를 소각할 경우 주주의 지분비율이 늘어나는 점을 이용해 주주가 경영권을 방어하기 위한 수단으로 이용할 수도 있는 등 문제점이 있어 상법에 자사주소각규정을 정해 놓고 있지만, 2000년 이후 기업들이 자사주소각에 관한 움직임을 보이자 금융감독원은 이러한 움직임에 개입하지 않겠다는 원칙을 밝혔다. 재무구조에 자신이 있는 기업들이 자사주소각에 참여하는 것이 일반적인데, 미국의 마이크로소프트가 10년 동안 8회에 걸쳐 주식분할을 하고, 112억 달러 규모의 자사주를 매입해 소각한 것이 대표적인 예이다.

립된다. 우선주로 투자한 주주입장에서 상환청구권은 당연히 보장받아야 할 것이며, 회사의 상환권은 아무런 규정이 없으면 회사에 인정되는 것으로 해석되지만, 이를 배제하는 것도 가능하다고 본다. 우선주 주주가 갖는 상환청구권과 관련된 사항들(상환기간, 상환방법, 상환가액)을 기재한다.

2.4 신주인수권

예시>

본 계약에 의한 우선주는 신주인수권이 있으며 무상증자의 경우에는 같은 종류의 우선주로, 유상증자의 경우에는 회사가 발행키로 한 주식으로 배정받을 권리가 있다.

해설>

무상증자 시에는 동종 우선주, 유상증자 시에는 회사가 발행할 주식에 대한 신주인수권이 있음을 명시한다.

2.5 의결권

예시>

해설>

대개 우선주도 보통주와 동일하게 일 주당 일 개의 의결권을 갖게 되는 내용을 표시한다. 상법과 정관에 의거, 이사회 의결로 우선주 발행 시에 의결권을 주지 않는 것으로 정할 수는 있지만, 투자자는 의결권 없는 우선주를 선호하지 않으므로 실제로는 투자계약서에 의결권 있는 우선주로 명시하는 것이 일반적이다. 뿐만 아니라 의결권의 수도 우선주에서 보통주로의 전환 조건에 따라 변동 가능하도록 규정해 둔다. 아래는 이러한 조항의 한 예이다.

2.6 배당

예시>

2. 우선주 배당과 관련하여 인수인은 신주의 효력발생일이 속하는 영업 연도의 직전 영업 연도 말에 주주가 되는 것으로 본다.

3. 배당기산일은 200__년 1월 1일이다.

4. 배당금의 지급시기를 주주총회에서 따로 정하지 아니한 경우 회사는 주주총회에서 이익잉여금 처분계산서의 승인이 있는 날로부터 1개월 이내에 인수인에게 배당금을 지급하여야 한다. 그 기간 내에 배당금을 지급하지 아니한 때에는 회사는 그 기간만료일의 익일로부터 지급일까지 연 20%의 이자율을 적용한 지연배상금을 가산하여 지급하기로 한다.

5. 주식 배당의 경우, 배당률은 본 조 제1항에 따르며, 본 우선주는 보통주와 동일한 것으로 보아, 우선주와 보통주를 합한 발행주식 총수에 대한 비율에 따라, 같은 종류의 우선주 주식으로 배당을 받을 권리를 갖는다.

해설>

대개 참가적, 누적적으로 배당을 받은 우선주로 정한다. 보통주 배당률이 우선주 배당률을 초과 시에는 보통주와 동일한 방법으로 참가하여 배당받는다는 것과 주식배당 시 동일 종류의 우선주로 배당받는다는 내용을 명시한다. 배당기산일, 배당 지급시기, 배당지연 시 지연배상금 등에 대해서는 별도 항목에서 정할 수도 있고, 이 항목에서 같이 기술해 둘 수도 있다.

2.7 전환

예시>

1. 전환기간:

   인수인은 최초발행일 이후부터 존속기간 만료 전일까지 언제든지 본 계약에 의해 발행된 우선주를 보통주로 전환할 수 있는 권리를 갖는다.

2. 전환비율:

   (1) 우선주의 보통주로의 전환비율은 우선주 1주당 보통주 1주로 한다. 단 전환비율 및 전환가격의 조정에 관한 특약이 있는 경우에는 다음의 전환비율 조정표에 정의한 바와 같이 한다.

<전환비율 조정표>

기준당기순이익	전환비율 (우선주1주당 보통주수)
○○억 원 초과	1
○○억 원 초과 XX억 원 이하	1.00
○○억 원 이하	1.00

   단 전환비율 조정표의 기준이 되는 기준당기순이익(외부회계법인의 감사보고서상의 당기순이익을 말함)은 다음과 같이 정의한다.

   기준당기순이익 = ○○ 회계연도 당기순이익 - (○○ 회계연도 무형자산 - ○○ 회계연도 무형자산)

   위의 정의에서 ○○ 회계연도 당기순이익 및 무형자산은 ○○ 회계연도 감사보고서에 표기된 수치이며, ○○ 회계연도의 무형자산은 회사가 인수인에게 제출한 재무제표에 표기된 수치이다.

   (2) 회사가 인수인이 전환청구를 하기 전에 인수인의 1주당 취득가격을 하회하는 발행가격으로 유상증자 또는 주식관련사

채를 발행할 경우에는 전환비율을 다음과 같이 재조정한다.
우선주 1주당 전환하는 보통주의 수 = 제1호의 전환비율에
의해 전환되는 보통주의 수×인수인의 1주당 취득가격/인수
인의 1주당 취득가격을 하회하는 발행가격

   (3) 회사의 주식을 분할 또는 병합하는 경우 전환비율은 그 분
할 또는 병합의 비율에 따라 조정된다. 단주의 평가는 금번
우선주 발행가액으로 한다.

3. 기타:

전환주식의 발행, 전환의 청구, 기타 전환에 관한 사항은 상법
제346조 내지 제351조의 규정을 따른다. 다만 전환권을 행사한
우선주 및 전환으로 발행된 신주의 배당에 관해서는 그 청구한
때가 속하는 영업 연도의 직전 영업 연도 말에 전환된 것으로
본다.

해설>

우선주를 보통주로 전환할 때 필요한 전환기간, 전환비율, 전환 시 배당기산일 등에 대해 설명하는 조항이 들어 있어야 한다.

우선주로 투자한 후 회사가 IPO를 하려고 할 때, 주관회사의 권유에 의해 창투사가 '보통주전환'을 요구받는 경우가 많다. 그러나 보통주 전환을 한 후 코스닥상장심사에서 탈락한다든지 하는 경우에는 투자회사는 난감한 상황에 처하게 될 위험이 있다. 창투사는 그러한 위험을 피하기 위하여 우선주도 코스닥에 별도 상장할 수 있는 현실과 제도를 강력히 주장하여 보통주 전환을 일단 거부할 수도 있지만 이 경우 회사 측과 마찰을 빚는 부작용이 생길 수 있다. 그래서 리스크를 감내하고 코스닥상장심사성공을 촉진하기 위하여 보통주 전환을 감행할 수도 있다. 일반적으로는 우선주 별도상장을 요구하는 것

이 더 안전하다. 전술한 사항들을 감안하여 '우선주의 보통주 전환' 여부에 관한 선택은 오로지 창투사(인수인)의 권한임을 강조해 둔다. 그리고 창투사로서는 이를 제한하는 합의(예를 들면, '회사가 코스닥 상장을 위한 심사를 청구할 경우에는, 인수인은 회사의 요청에 의거하여 반드시 보통주로의 전환을 청구일 전에 하도록 한다'는 등)는 하지 않는 것이 유리하다는 점도 부언해 둔다.

2.8 전환조건 조정증서

예시>

전환가격의 조정 또는 재조정이 행해지는 경우, '을'은 '을'의 비용으로 본 조(우선주식의 조건)에 의한 조정액 또는 재조정액을 즉시 산정하며, 당해 조정 또는 재조정에 대한 설명과 그러한 조정 또는 재조정의 근거가 되는 사실들을 상세히 기재한 증서를 작성하여 우선주식의 주주들에게 제공한다. 우선주식의 주주가 서면으로 요청하는 경우, '을'은 당해 주주에게 ⅰ) 조정 및 재조정, ⅱ) 당시 유효한 전환가격, ⅲ) 그 당시 우선주식을 전환하는 경우 부여받을 수 있는 보통주식의 수와 기타 자산의 양을 명시한 증서를 제공하거나 제공되도록 한다.

해설>

전환가격의 조정 또는 재조정이 이루어지는 경우 조정 및 재조정 내용을 명확히 하기 위해 자세한 근거 사실을 포함한 전환조건 조정 증서를 주주들에게 발급할 것을 기술하고 있다. 이러한 조정증서를 통해 더욱 명확하게 조건이 정해지고 당사자들 간에 확인되므로 권장할 만한 사항이다.

2.9 청산시의 우선권

예시>

1. 회사가 청산되거나 정리되는 경우 인수인은 다음 각 호에 해당하는 권리를 가진다.
   (1) 인수인은 회사가 청산 또는 정리하고자 하는 중요자산에 대해 제삼자에 우선하여 매수할 권리가 있으며, 회사에 매매대금을 제시하여 서면으로 매매의 청약을 하여야 한다. 인수인이 위 중요자산을 매수하지 않아 회사가 제삼자에게 이를 매도하는 경우 회사는 인수인으로부터 사전 서면 동의를 받아야 하며, 그 매도가격은 회사가 인수인에게 서면으로 제시한 매매대금 이상이어야 한다.
   (2) 인수인은 이해관계인에게 인수인이 보유한 우선주 및 보통주의 매수를 청구할 수 있으며, 이 경우 이해관계인은 투자지분의 유무를 불문하고 매수청구를 받은 날로부터 30일 이내에 아래의 가격으로 주식을 매수하여야 한다.
     ① 우선주는 제17조제3항의 상환가액과 동일한 방법으로 산출한 가격
     ② 우선주의 전환으로 보유하게 된 보통주는 매수청구 시 인수인이 보유한 보통주수에 제15조제2항에 의한 조정 후 전환가액을 곱한 금액에 대하여 발행일로부터 매수일까지 연복리 12%를 적용하여 산출한 이자금액의 합계액. 다만 발행일로부터 매수일까지 지급된 배당금이 있을 경우 이자금액을 한도로 이를 차감한다.

2. 이해관계인이 매수하여야 할 날에 매수하지 못하여 연체가 발생한 경우 이해관계인은 제2호에 의해 산정된 가격에 대하여 연 20%를 적용하여 일할 계산한 지연배상금을 추가로 지급하여야 한다.

3. 전항에서 '청산' 또는 '정리'라고 함은 다음 각 호의 1에 해당하는 사유가 발생하는 경우를 말한다.
   (1) 회사에 해산사유가 발생한 경우
   (2) 회사의 존속에 기초가 되는 자산으로서 그 처분이 회사의 영업의 양도나 폐지와 같은 결과를 가져오는 중요자산의 전부 또는 일부를 양도한 경우
   (3) 이해관계인의 보유주식의 매각 등의 원인으로 경영권이 제삼자에게 양도된 경우

4. 제2항 각 호의 사유가 발생하는 경우 회사 및 이해관계인은 이를 인수인에 서면으로 통지하여야 하며, 제1호의 해산사유 중 회사의 합병, 분할 및 분할합병의 경우와 제2호와 제3호의 경우에는 인수인으로부터 사전 서면동의를 받아야 한다.

5. 인수인이 제2항제2호 및 제3호와 관련하여 서면동의를 한 경우에는 제1항제2호의 권리를 행사하지 않기로 한다.

해설>

청산 시 잔여재산분배 우선권 및 회사가 주요자산을 외부매각 시 우선매수권에 대해 설명한다.

2.10 배당금지급

예시>

1. 회사는 주주총회의 승인이 있은 날로부터 2월 이내에 인수인
   에게 배당을 지급한다. 다만 주주총회에서 배당지급시기를 따
   로 정한 경우에는 그 기일에 지급한다.
2. 현금배당을 할 경우에 회사가 전항의 기한까지 배당금을 지급
   하지 아니하는 때에는 그 기한 만료일의 익일로부터 실제 지
   급일까지 경과기간에 대한 연 20%의 지연손해금을 인수인에
   게 가산하여 지급한다.

해설>

배당금 지급 방법과 지연손해금에 대한 내용을 별도로 기재할 수
도 있으나. 일반적으로 '배당'의 방법을 기재하는 항목에 포함하여 기
술한다.

2.11 청산 및 정리 시 주식매입

예시>

1. 회사가 청산되거나 정리되는 경우 인수인은 다음 각 호에 해당
   하는 권리를 가진다.
   1) 인수인은 회사가 청산 또는 정리하고자 하는 중요자산에
      대해 제삼자에 우선하여 매수할 권리가 있으며, 회사에 매
      매대금을 제시하여 서면으로 매매의 청약을 하여야 한다.
      인수인이 위 중요자산을 매수하지 않아 회사가 제삼자에게

이를 매도하는 경우 회사는 인수인으로부터 사전 서면동의를 받아야 하며, 그 매도가격은 회사가 인수인에 서면으로 제시한 매매대금 이상이어야 한다.

2) 인수인은 이해관계인에게 인수인이 보유한 우선주 및 보통주의 매수를 청구할 수 있으며, 이 경우 이해관계인은 투자지분의 유무를 불문하고 매수청구를 받은 날로부터 30일 이내에 아래의 가격으로 주식을 매수하여야 한다.

① 우선주는 제___조제___항의 상환가액과 동일한 방법으로 산출한 가격

② 우선주의 전환으로 보유하게 된 보통주는 매수청구 시 인수인이 보유한 보통주수에 제___조제___항에 의한 조정 후 전환가액을 곱한 금액에 대하여 발행일로부터 매수일까지 연복리___%를 적용하여 산출한 이자금액의 합계액. 다만 발행일로부터 매수일까지 지급된 배당금이 있을 경우 이자금액을 한도로 이를 차감한다.

3) 이해관계인이 매수하여야 할 날에 매수하지 못하여 연체가 발생한 경우 이해관계인은 제2호에 의해 산정된 가격에 대하여 연___%를 적용하여 일할 계산한 지연배상금을 추가로 지급하여야 한다.

2. 전항에서 '청산' 또는 '정리'라고 함은 다음 각 호의 1에 해당하는 사유가 발생하는 경우를 말한다.

1) 회사에 해산사유가 발생한 경우

2) 회사의 존속에 기초가 되는 자산으로서 그 처분이 회사의 영업의 양도나 폐지와 같은 결과를 가져오는 중요자산의 전부 또는 일부를 양도한 경우

3) 이해관계인의 보유주식의 매각 등의 원인으로 경영권이 제삼자에게 양도된 경우

3. 제2항 각 호의 사유가 발생하는 경우 회사 및 이해관계인은 이를 인수인에게 서면으로 통지하여야 하며, 제1호의 해산사유

중 회사의 합병, 분할 및 분할합병의 경우와 제2호와 제3호의
경우에는 인수인으로부터 사전 서면동의를 받아야 한다.

4. 인수인이 제2항제2호 및 제3호와 관련하여 서면동의를 한 경
우에는 제1항제2호의 권리를 행사하지 않기로 한다

해설>

회사가 청산 또는 정리절차로 들어가게 될 때, 투자회사는 이해관
계인에게 투자회사가 보유한 주식의 매수청구를 요구하여 투자금회
수에 나설 수 있다. 이 경우 이해관계인은 창투사가 매수청구 시 일
정한 가격 이상으로 주식매수를 하여야 한다는 내용을 계약서에 명
시하여 향후 민사소송에 대비한다. 아래에 청산 및 정리 시 주식매입
에 관한 조항의 예를 인용한다.

2.12 상환권

예시>

1. '회사'는 법령이 허용하는 범위 내에서 '회사'의 이익으로 '본
   건 우선주'를 다음의 절차에 따라 상환할 수 있다
   (1) 상환기간: 발행일로부터 (   )년이 경과한 때부터
   (2) 상환방법: 상환일로부터 1개월 전에 '본건 우선주'의 주주에
       게 상환의사 및 일정을 서면으로 통지하고, '본 건 우선주'
       의 주주가 상환예정일의 3영업일 전까지 제___조의 전환
       의 청구를 하지 않은 경우, 상환일에 현금상환
   (3) 상환가액: '당초 발행가액'과 미지급된 배당금을 합한 금액

해설>

투자회사는 회사에 법령이 허용하는 범위 내에서 회사가 이익으로써 우선주를 일정한 조건으로 상환할 수 있다는 상환권(call option)을 계약서에 명시할 수 있다. 회사가 제시한 신규사업이 예정대로 진행이 잘 안되거나 사업이 성공가능성 여부가 불부명할 경우, Deal 성사와 관련된 과잉경쟁, 회사가 직접조달에 따른 대주주 지분율 감소, 회사 경영진의 경영권 방어에 어려움 예상 등등 합의하에 부여할 수 있는 call option의 허용조건들은 여러 가지가 있을 수 있다.

기본적으로 회사의 '보통주주'들을 위해 '우선주주'를 상환의 방법으로 내보내는 것이 주식회사의 생리에 부합한다. 따라서 상환권을 회사가 행사할 수 있는 기간 내에는 투자자로서의 우선주주는 자신의 행동방향(상환을 받을 것인가 전환을 하여 보통주주가 될 것인가)을 선택해야 하는 부담이 따른다. 선택하지 않으면 선택받게 되는 것이다. 물론 우선주주가 당당히 '상환청구'를 하여 상환을 받을 수도 있지만, 회사가 상환하겠다고 먼저 통지한 상황에서 '상환청구'를 한다는 것은 별 의미가 없다. 회사가 상환을 하지 않고 계속 잉여금을 회사에 쌓아 두는 한편 기업공개를 할 의향이 없거나 요건에 미달하는 상황이 계속될 경우에만 우선주주의 상환청구권 행사의 의미가 있다.

상환권(call option)은 회사가 의도적인 행사가 가능한 요구사항이라

할 수 있고, 투자회사에 유리할 것은 없는 것이므로 회사에 이러한 권리를 부여하는 데는 신중을 기할 필요가 있고, 아예 계약서에는 상환청구권만 규정하고, 상환권은 규정하지 않아도 무방하다. 다만 우선주 발행회사의 상환권과 우선주주의 상환청구권이 모두 명시적으로 정해져 있지 않은 채, 이사회 결의에서는 '이번에 발행하는 우선주는 이익으로 상환할 수 있는 것으로 한다'라는 정도의 원칙적 조건을 정했을 뿐이라면, 그 우선주는 발행회사에 '상환권'이 있는 것으로 해석된다.

2.13 전환청구와 상환의 우열 관계

회사가 어떤 의도를 가지고 상환권(call option)을 행사하려 하는 경우에, 투자회사는 투자목적의 달성을 위하여 전환청구를 할 수 있는 권한을 우선적으로 보장받아야 한다.

즉 회사가 잉여금을 갖고 우선주주에게 상환하겠다고 연락해 오는 경우의 의미는 향후 회사의 성장이 예견되는 상황에서 보통주주들만으로 향후의 회사수익을 분배하겠다는 의도이거나, 회사 형편이 넉넉지 않으니, 더 이상 최저배당률보장 등 우선주주에 대한 우선적 배려를 하고 싶지 않다는 뜻일 수도 있다.

우선주를 가진 주주라면, 이런 통지를 받으면 속히 회사의 현황을 파악하고 전망을 해 봄으로써, 보통주주가 되어 기존 보통주주들과 동화될 것인가, 아니면 이 기회에 상환받고 회사와의 계약관계를 종료시킬 것인가를 고민해 보아야 한다.

그러기 위해서는 적어도 2주 이상의 기간이 필요하다고 보이며, 위에서 본 상환 관련 조항(예문)의 경우처럼 1개월 전 서면통지 조건을 둔다면 적절한 숙려기간은 주어진 것으로 생각되고, 회사 쪽의 자금운용의 편의를 위해서도 우선주주는 상환예정일보다 충분히 일찍(적어도 3영업일 전까지) 전환 여부를 통지해 주어야 할 것으로 보인다.

2.14 회사의 약정사항

예시>

1. 회사는 본 계약의 성실한 이행을 위하여 합리적인 기간 내에 회사의 정관 및 내부규칙 등 회사운영에 관한 규정 중 본 계약에 반하는 부분에 대한 개정, 주주총회 결의, 이사회결의 등 필요한 절차를 거쳐야 하며, 변경된 사항 중 등기를 필요로 하는 사항에 대해서는 즉시 변경등기를 하여야 한다. 회사는 제3조제1항의 소정의 납입일 3일 전까지 주주총회 의사록, 이사회 의사록 및 개정된 정관 및 법인등기부등본을 인수인에게 교부하여야 한다.
2. 회사는 본 계약 체결 이후 납입일 이전까지 관계법령과 정상적인 상관행에 따라 통상적인 방법으로 영업을 영위하고 회사관련 정보에 대한 합리적인 접근을 허용하며 회사의 사업이나 경영에 부정적인 영향을 미치거나 중요한 사항에 대해서는 즉시 통보한다. 회사는 본 계약 체결 이후 납입일까지 인수인에게 발행되는 신주 이외의 주식을 발행하여서는 아니 된다.
3. 회사는 납입일 이전에 인수인에게 제출된 사업계획서상 기술인력으로 규정된 인원이 회사의 임원 또는 근로자로서 계속 근무하도록 최선을 다하여야 한다.

4. 회사는 인수인의 사전 서면동의가 없는 한, 의결권의 행사, 배
   당이나 잔여재산분배에 있어서 본건 주식보다 우선하는 종류
   의 주식을 발행하지 않아야 한다.
5. 회사는 향후 신주식의 발행에 있어 본 계약에 따른 인수인의
   주식인수가격보다 낮은 가격으로 신주식을 발행할 경우 인수
   인의 사전 서면동의를 얻어야 한다.
6. 회사는 가능한 조속한 기간 내에 회사의 주식을 국내 증권거래
   소, 코스닥 또는 해외공개시장(이하 '인정된 증권거래소') 등에
   상장 또는 등록하도록 하여야 한다.
7. 회사는 인수인의 사전 서면동의 없이 보유하는 기술의 일부 또
   는 전부를 제삼자에게 양도, 이전, 제공하거나 기타 처분행위
   를 할 수 없다.
8. 회사는 특별한 사유가 없는 한 인수인이 지정하는 회계법인의
   회계감사를 받는다.

해설>

투자회사는 투자회사의 권익을 회사가 저해하는 행위를 금지하도
록 요구하여 향후 발생할 수 있는 손실을 사전에 예방하도록 세부적
인 회사의 의무사항을 계약서에 명시한다.

투자회사는 회사에 투자실행 전에 회사의 정관 및 내부규칙 등 회
사운영에 관한 규정 중 본 계약에 반하는 부분에 대한 개정, 주주총
회 결의, 이사회결의 등 필요한 절차를 거쳐야 하며 본 계약 체결 이
후 납입일까지 인수인에게 발행되는 신주 이외의 주식발행 금지 내
용을 계약서에 명시한다.

또한 투자회사는 회사에 투자회사가 가능한 조속한 기간 내에 투
자금을 회수할 수 있도록 최선의 노력을 약정케 하고, 투자회사의 사

전 서면동의 없이는 회사가 보유하는 기술의 일부 또는 전부를 제삼자에게 양도, 이전, 제공하거나 기타 처분행위를 하지 못하게 함으로써 회사가치 유지 발전을 감독하며, 아울러 회계의 투명성을 확보할 수 있도록 투자회사가 인정하는 회계법인의 외부감사를 받도록 하는 내용 등을 계약서에 명시한다.

이러한 약정사항들을 준수하면서 회사는 점차 공개기업으로 커 나갈 준비를 하게 되는 것이다.

2.15 보험

예시>

인수인의 투자손실을 보전하기 위한 목적으로, 회사는 주요 임직원으로서 인수인이 지정하는 자에 대하여, 피보험자 부담으로 인수인을 보험수익자로 하는 상해보험에 가입하도록 한다.

해설>

투자회사는 회사의 주요 임직원(keyman)의 불의 사고(급사 등)로 기업의 역량에 중대한 손실이 발생하고 이로 인하여 자연히 회사의 기업가치가 하락하여 주주로서 투자회사가 받게 될 손해의 위험을 회피하기 위하여 보험의 방법을 추구할 수도 있다. 즉 이런 위험을 회피하기 위해서는 투자계약서에 특별한 보험조항을 두어, 투자회사가 지정하는 주요 임직원(keyman)에 대하여 투자회사를 보험수익자로 하여 상해보험에 부보하도록 요구할 수도 있는 것이다.

외국에서는 회사의 비용 부담으로 주요 임직원(keyman)에 대해서 보험을 들 수 있는 경우가 있는데, 우리나라에서는 이러한 손해보험에 관한 제도가 없는 것 같다. 피보험자(주요임직원)가 보험료를 부담하고 투자회사를 보험수익자로 하여 보험을 부보하는 것이 법적으로는 가능하더라도, 피보험자의 보험료 부담이라는 재정적인 부담이 존재하고 정서적으로도 반발이 예상된다.

또한 계약 위반 등 사고 발생 시 투자자의 주식을 매입해 줄 의무를 지는 주요주주(이해관계인)가 손해보험에 드는 것은 이론적으로는 가능하겠는데, 사고위험률 계산이 어려우므로, 현실적으로는 무리다. 투자자로서의 투자회사의 손실회피를 위한 보험제도의 활용에 관해서는 향후 좀 더 검토를 해 볼 필요가 있겠다.

2.16 이해관계인의 진술, 보증

예시>

1. 이해관계인은 회사의 보통주 [   ]주(본 계약 체결일 현재 발행주식 총수의 [   ]%)를 자신의 명의 및 계산으로 소유하고 있다.
2. 별첨부록은 이해관계인과 증권거래법상의 특수 관계에 있는 주주들의 이름, 관계 및 그 소유 주식 수를 정확하게 표현하고 있다.
3. 이해관계인이 본 계약을 체결하고 그 내용을 이행함에 있어 법령, 명령, 판결이나 또는 이해관계인이 당사자인 계약에 따른 제한은 존재하지 아니한다.
4. 위 진술, 보증 사항들은 이해관계인이 인수인에 대하여 법적

해설>

투자회사는 회사뿐 아니라, 회사에 상당히 많은 지분을 갖고 있거나 경영의 실권을 갖고 회사의 명운에 중요한 역할을 하는 이해관계인에 대하여, 투자계약에 앞서 사실을 진술하고 보증하도록 하는 의무사항을 계약서에 명시할 수 있다.

이 경우, 투자회사는 이해관계인에게 회사의 주주로 자신의 명의 및 계산으로 소유하고 있음을 진술케 하고 이해관계인이 본 계약을 체결하고 그 내용을 이행함에 있어 법령, 명령, 판결이나 또는 이해관계인이 당사자인 계약에 따른 제한은 존재하지 아니함을 진술하도록 하며, 그러한 진술에 대한 보증의 내용을 계약서에 명시한다. 아래에 이해관계인의 진술, 보증에 관한 조항의 예를 인용한다.

2.17 이해관계인의 약정사항

예시>

1. 이해관계인은 회사가 본 계약에 따른 조건으로 본건 주식을 발행하기 위하여 정관개정, 주주총회결의, 이사회결의 등 필요한 절차를 진행하는 데 협조한다.
2. 이해관계인은 회사의 발전 및 가치증진을 위하여 최대한 협조하여야 한다.
3. 이해관계인은 향후 회사와의 일체의 거래를 객관적이고 공정한 조건으로 수행할 것을 약정한다.
4. 이해관계인은 소유한 주식을 인수인의 사전 동의 없이 제삼자에게 양도, 증여, 담보제공 등 처분행위를 하지 못한다.
5. 이해관계인이 회사의 주식을 제삼자에게 매각하는 경우에 인수인은 인수인이 소유한 회사의 주식을 동일한 조건으로 동일인에게 매각할 것을 청구할 수 있으며 이 경우 인수인 소유의 주식을 우선 매각할 수 있도록 한다.
6. 이해관계인 및 그 특수 관계인(증권거래법에 따른 개념임)이 회사와 거래 시 인수인의 사전 동의를 받아야 한다.

해설>

투자회사는 이해관계인에게 투자 후 회사와의 일체의 거래를 객관적이고 공정한 조건으로 수행할 것을 요구하여야 한다. 주요주주의 확약서 또는 계약서상 이해관계인의 의무사항을 통해 이러한 요구는 실현될 가능성이 높지만, 구체적 사항에 대한 재확인 차원에서나 주의 환기차원에서도 계약서에 이해관계인의 약정사항을 명시하여 두는 것은 의미가 있다.

2.18 퇴사금지

예시>

1. 이해관계인은 인수인의 사전 서면동의 없이는 현재 회사가 보
   유하고 있는 기술 및 향후 회사가 개발(외부기관에 의뢰하여
   개발하는 경우 포함)하거나 도입하는 기술의 일부 또는 전부에
   관한 사업에 대하여 신회사 설립, 경쟁업종 종사, 경쟁사 주식
   취득 등 달리 이해관계가 있는 업종에 관계할 수 없다. 이러한
   제한은 이해관계인이 회사에 근무하는 기간은 물론이고 회사
   를 퇴직한 경우 퇴직 시점부터 3년간 유효하다.
2. 제2조제1항의 이해관계인에 해당하는 주요 경영인 또는 주요
   연구개발자 중 아래에 열거된 사람은 납입일 후 만 [3]년 이내
   에 퇴사할 경우, 퇴사 당시 보유주식 중 [   ]%를 내부 주주들
   에게 액면가로 매도하여야 하며 이 경우 내부주주는 동 매도
   에 대해 응하지 않을 수 있다.
   성 명:
   주 소:
3. 다만 주식을 보유하지 않은 아래 주요 경영인 또는 주요 연구
   개발자는 ① 발행일로부터 [3]년이 경과한 날 ② 회사의 주식
   이 인정된 증권거래소에 상장되는 날 또는 ③ 다른 회사에 인
   수 합병되는 날 중 먼저 도래하는 날까지 퇴사하지 못한다.
   성 명:
   주 소:

해설>

투자회사는 주요 경영인(연구개발자 포함)이 회사에 전념할 수 있
도록 투자회사의 사전 동의 없이는 회사가 보유하고 있는 기술 또는

회사로부터 취득한 know-how, 정보, 지식 등 유무형의 재산적 가치가 있는 자산을 제삼자에게 제공하거나, 회사가 경영하는 사업에 직접 또는 간접으로 중대한 영향을 미치는 사업에 법적 또는 실질적인 경영진, 기술고문 또는 직원으로 참여할 수 없도록 하는 내용을 계약서에 명시한다.

또한 투자회사는 주요 경영인(연구개발자 포함)이 현재 회사가 보유하고 있는 기술 및 향후 회사가 개발(외부기관에 의뢰하여 개발하는 경우 포함)하거나 도입하는 기술의 일부 또는 전부에 관한 사업에 대하여 신회사 설립, 경쟁업종 종사, 경쟁사 주식취득 등 달리 이해관계가 있는 업종에 관계할 수 없도록 제한하는 내용을 계약서에 넣을 수 있다.

물론 이러한 계약사항은 회사의 이해관계인들의 자발적인 협조하에서만 실현될 수 있다. 이와 관련하여 어떤 민형사상 책임을 묻는 것도 쉽지 않다. 다만 조기퇴사자로 인한 투자자의 손실을 조금이라도 막는 차원에서 손해배상액의 예정의 의미로 약정사항 위반 시 그가 보유하던 주식을 액면가로 다른 주주들에게 액면가로 매도하도록 하는 의무를 지우는 정도는 유효한 벌칙이라 할 것이다. 주주가 아닌 핵심기술인력의 퇴사 등의 경우는 사실 그가 투자계약서에 서명했을 때에는 투자자에 대하여 손해배상책임을 질 가능성이 있지만, 서명자가 아니라면 그런 경우의 손해배상책임을 져야 할 주체는 회사가 될 것이다.

2.19 윤리경영

예시>

해설>

투자회사는 회사가 윤리경영을 하도록, 특히 경영자가 윤리경영을
실천하도록 강조하기 위해 윤리경영의무와 관련된 내용을 삽입할 수
있다. 다만 지나치게 강력한 조항을 사용할 경우에는 반감을 가져올
수도 있고, 이와 관련하여 투자자인 투자회사가 윤리경영 준수 여부
감독책임이 생기는 것으로 오해받을 소지가 있어서 표현에 주의해야
한다.

윤리경영조항을 넣는 것은 회사가 혹시 비윤리적인 행동으로 사회
적 지탄을 받을 경우, 투자자로 참여하고 있는 투자회사가 비난의 파
장에 휩쓸리는 것을 차단하는 기능도 있고, 경우에 따라서는 투자회
사가 계약불이행을 이유로 한 해지권을 행사하기 위한 수단이 될 수
도 있다고 본다. 다만 일반적으로는 윤리의 범위가 너무 넓기 때문에,

사소한 비윤리적 행동으로 인해 투자관계가 손상되는 일은 피해야
할 것이다.

회사가 준수하여야 할 윤리경영의 지침으로는 한국벤처기업협회
에서 정한 윤리강령 등 일반적으로 받아들여질 정도의 내용을 요청
하는 것이 좋겠다.

전환사채인수계약서의 구성내용

앞의 장들에서는 먼저 기존기업의 유상증자에 참여하는 투자회사의 경우를 상정하여, 신규로 발행되는 보통주를 새로 인수하는 내용의 투자계약서를 기준으로 한 설명과 우선주의 경우에 필요한 사항들에 관하여 설명하였는데, 이 장에서는 전환사채인수 방식의 투자계약서의 규정사항들에 관하여 설명한다. 전환사채도 투자자의 입장에서는 risk taking의 본질을 갖는다는 점과 주식전환을 거쳐 자본이득(capital gain)을 목표로 한다는 점에서는 주식투자와 마찬가지의 본질을 갖고 있다.

법은 전환사채를 본질적으로 '채권'으로 보고 있다. 그렇지만 투자회사의 관점에서 파악하는 실무에서는 '투자'라는 점에서의 공통점으로 말미암아 '주식'을 인수한 경우와 마찬가지로 피투자기업에 대한 여러 가지 권리의무를 전환사채인수계약에 의해 설정해 두게 된다.

따라서 그 해석에 있어서도, 투자회사는 '투자자'라는 점을 항상 염두에 두어야지, 은행이 대출한 경우처럼 '융자자'의 입장으로 보아서는 곤란하다. 외견상으로는 동일한 '사채'인수계약이라 하더라도 '투자'의 속성을 가졌느냐 '융자'의 속성을 가졌느냐를 구별해서 심

층 검토하여야 한다. 그러한 배경에서만, 전환사채를 인수한 투자회
사가 회사에 온갖 계약조항을 제시하는 것이 정당화될 수 있다.

3.1 연대보증인[1)]

예시>

<u>제 * 조 (연대보증인)</u>
연대보증인은 '발행회사'가 본 계약에 의하여 '인수인'에게 부담
하는 전환사채 원리금\ 상환채무 등 모든 채무에 대하여 본 계약
의 각 조항을 승인하고 원금 채무액금 (__*__)원 및 이에 대한 이
자, 손해금, 기타 부대채무 등 일체를 '발행회사'와 연대하여 변제
할 책임을 부담한다.

해설>

회사의 경영을 지배하는 주요주주를 투자계약관계에 포함시키기
위한 규정으로서, 특정을 위하여 성명, 주민등록번호 또는 주소를 기
재하여야 한다. 실무상으로는 투자회사 실무자는 연대보증인이 '자신
이 부담할 가능성이 있는 채무'가 어떤 것들인지를 설명하여 숙지시
킨 후 날인하게 하고 본인임을 확인[2)]하기 위하여 신분증을 확인하고

---

1) 투자계약서에 등장하는 연대보증인은 최고의 항변권과 검색의 항변권이 없으며, 보증인이 여러 사람인 경
우에도 각자 연대책임을 지며 분별의 이익이 없다. 여기에서 '최고의 항변권'이란 채권자가 보증인에게
채무의 이행을 청구할 때에 보증인이 주 채무자에게 변제자력이 있다는 사실과 그 집행이 용이하다는
것을 증명하여 주 채무자에게 먼저 청구할 것을 항변할 수 있는 것을 말하고 '검색의 항변권'이란 채권
자가 주 채무자에게 먼저 이행의 청구를 한 경우라도 보증인이 다시 주 채무자에게 변제자력과 집행이
용이함을 증명하여 먼저 주 채무자의 재산에 대하여 집행할 것을 항변할 수 있는 것을 말한다.

2) 특히 전환사채계약서에 날인된 인감과 인감증명서상의 인감과의 일치 여부에 대한 대조책임은 투자회사
에 있다. 투자회사 실무는 사회통념상 일반적으로 기대되는 업무상 상당한 주의를 가지고 대조할 것
을 요한다. 그리고 금융실명제 및 비밀보장에 관한 법률에 의하여 투자회사와 금융거래는 실지명의로

신분증 사본, 개인인감증명서, 주민등록등본 등을 확보하여야 한다.
가급적 본인임을 확인하고 본인의 자필서명까지 받아 거증력을 강화
하여 만약의 분쟁에 대비하여야 한다.

3.2 사채발행조건

예시>

하여야 한다.

(11) 원리금 지급장소: '인수인'이 지정하여 통보하는 은행지점

(12) 사채원금 및 이자지급의 방법과 기한

　　가. 전환하지 않은 사채에 관해서는 만기일에 보장금리 연 12%(예시)와 표면금리 2%(예시)의 차이인 연 10%(예시)를 연복리 환산하여 원리금을 일시에 상환한다. 기한 전 상환의 경우에는 원금과 미지급이자에 더하여 발행일로부터 상환일까지의 이자를 연 10%(예시)로 연복리 환산하여 계산한 이자를 일시에 상환한다. 상환기일이 은행의 휴무일인 경우에는 그 직후 영업일을 상환기일로 한다.

　　나. 이자의 지급은 사채발행일 익일로부터 원금 상환기일까지 매년 매월 말일 1회 후취로 한다. 사채의 상환기일에는 그 일자를 당해 기간에 대한 이자지급기일로 한다. 다만 이자지급기일이 은행의 휴무일인 경우에는 그 직후 영업일로 한다. 이자지급기간의 계산에 있어서는 1년을 12개월로 나누어 월할로 이자지급액을 정하고, 최초이자지급월과 최종상환기이자지급월에는 1년 중 전체 일수에서 실제 경과한 일수 비율로 일할 계산한 금액을 이자지급금액으로 한다.

　　다. 상기 가목 및 나목의 규정에 의한 상환기일 또는 이자지급기일에 원리금을 지급하지 아니한 때에는 당해 상환기일 또는 이자지급기일 익일로부터 실제 지급하는 날까지 당해 지체 금액에 대하여 연복리 19%(*예시*)의 이율에 해당하는 연체이자를 지급하기로 한다.

2. 전환에 관한 사항

'인수인'은 전환청구에 의하여 본건 사채를 아래의 전환조건에 따라 '발행회사'의 주식으로 전환할 수 있다.

　(1) 전환비율: 사채권면 금액의 100%로 한다.

(2) 전환가격: 주당금 ___________원으로 한다.

(3) 전환가격변경(refixing):

[Note: 이 조항은 필수적인 것은 아님. 단 기업가치 상향 또는 하향조정의 사유가 발생하는 경우에 대비하여, 투자자 보호 차원에서 합의된 바가 있으면 그 내용을 기재하도록 함. Ex> 매출액이나 순익의 규모 등.]

1주 미만의 단수주에 해당하는 금액은 전환주권 교부 시 현금으로 지급하며, 단수주 대금의 해당기간 이자는 지급하지 아니한다. 단 사채권면 금액의 일부에 대한 전환은 청구할 수 없다.

(4) 전환주식 수: 사채권면 금액에 전환비율을 곱한 금액을 전환가격으로 나눈 주식 수를 전환주식 수로 한다

(5) 전환에 따라 발행할 주식의 종류: 기명식 보통주식

(6) 전환청구 기간: 사채발행일 1년 이후부터 본 조 제1항제8호에 규정한 만기일 30일 전까지로 한다.

(7) 전환청구 절차: '인수인'은 서면으로 전환신청서를 작성하여 전환청구를 한다.

(8) 전환의 효력발생: 주식의 전환은 그 청구를 한 때에 효력이 생긴다. 다만 이익이나 이자의 배당에 관해서는 그 청구를 한 때가 속하는 영업 연도의 직전 영업 연도 말에 전환된 것으로 본다. 단 '인수인'이 연도 중에 전환을 하는 경우에도 '발행회사'는 '인수인'에 대한 기지급 이자에 관하여 반환청구를 하지 아니한다.

(9) 전환가격 조정:

　　가. '인수인'이 전환청구를 하기 전에 전환가격('발행회사'의 발행주식이 한국증권거래소에 상장된 경우에는 시가)을 하회하는 발행가액으로 유상증자를 하거나 기타 주식배당, 준비금의 자본전입을 함으로써 주식을 발행하는 경우에는 다음과 같이 전환가격을 조정한다. 단 유무상증자를 병행 실시하는 경우 유상증자의 1주당 발행가액이 조정 전 전환가격('발행회사'의 발행주식

이 한국증권거래소에 상장된 경우에는 시가)을 상회하는 때에는 유상증자에 의한 신주발행에 대해서는 다음과 같은 전환가격 조정을 적용하지 아니하고, 무상증자에 의한 신주발행에 대해서만 이를 적용한다.

조정 후 전환가격 =

$$\frac{(조정전전환가격*기발행주식수)+(1주당신발행가*신발행주식수)}{기발행주식수 + 신발행주식수}$$

    나. 합병, 자본의 감소, 주식분할 및 병합 등에 의하여 전환가격의 조정이 필요한 경우에는 '발행회사'와 '인수인'간 협의에 의하여 전환가격을 조정한다.

    다. 위 가.목의 산식 중 '기발행주식 수'는 전환가격 조정 사유 발생일의 직전일 현재 주식 수로 하며, 조정 후 전환가격의 원단위 미만은 절사한다. 위 가.목의 산식 중 '시가'는 당해 발행가액 산정의 기준이 되는 기준주가('발행회사'가 상장전임에도 불구하고 상장법인의 재무관리 등에 관한 규정에 따른다) 또는 이론 권리락 주가(유상증자 이외의 경우에는 조정사유 발생전일을 기산일로 하여 계산한 기준주가)를 말한다.

3. 기타 전환에 관한 사항

    가. 유, 무상증자의 승인: '인수인'의 전환권 행사 이전에 '발행회사'가 유, 무상증자를 실시하고자 할 때에는 '인수인'과 사전에 협의하여야 한다. 특히, 본건 사채에 관한 전환권 행사이전에 유, 무상 증자를 실시함으로써 본 항 제8호 가.목에서 정하는 방식에 의하여 산정한 조정 후 전환가격이 액면가액 미만이 될 경우에는 '인수인'의 사전 서면동의가 없는 한 '발행회사'는

당해 유, 무상 증자를 실시하지 아니한다.

나. 미발행 수권주식의 유보: 본 항 제6호에서 정하는 본건사
채의 전환청구기간 만료 시까지 '발행회사'가 발행할 수
권주식의 총수에 사채 전환으로 발행 가능한 주식 수를
유보한다.

다. 전환청구에 의한 증자 등기: '발행회사'는 전환청구일이
속하는 달의 말일로부터 2주 이내에 상법에 의한 증자
등기를 행하고, 증자사실이 기록된 등기부등본을 '인수
인'에게 교부한다.

라. 전환주권의 교부방법: '발행회사'는 전환청구로 발행되는
주식에 관한 주권을 전환청구일로부터 1개월 이내에 '인
수인' 또는 '인수인'이 정하는 자에게 교부한다. 단 통일
주권 발행 전에는 주권미발행확인서와 주주명부사본을
작성 교부함으로써 이에 대신할 수 있다.

해설>

발행하는 사채의 종류, 금액, 발행가액, 사채인수대금납입일 등을
기재하게 된다. 이는 투자회사에 사채를 인수할 권리와 의무를 구체
적으로 부담시키는 조항이다.

사채발행 시 법령에 근거하여 사채권에 기재하여야 하는 일반적
사항뿐만 아니라 전환에 관한 특별조건들이 있게 된다. 특히 전환가
격의 조정이나 전환가격의 변경(refixing)에 관한 특약들이 점차 복잡
해지는 추세이다. 기타 유무상증자에 관한 사전서면동의권을 전환사
채권자가 보장받을 필요가 있는데, 이를 '전환에 관한 사항'의 일부로
포함시켜 함께 규정해 두면 된다. 전환사채의 권면금액과 발행가액은
일치할 수도 있고 일치하지 않을 수도 있는데, 그것은 이자를 어떻게

가산하도록 약정되어 있는가에 따라 다를 뿐 아니라, 현실적 발행여건에 따라서도 차이가 있을 수 있다. 하지만 통상의 경우 발행가액은 권면금액과 같이 하는 것이 일반적이다.

전환사채계약서에는 사채의 명칭에 보증유무를 표기하는 데도 주의하여야 하고, 이 밖에도 '공모'가 아닌 '사모'의 경우에는 사채권 발행 수가 50매 미만이도록 하여야 하며, 이자 지급에 관해서는 계약서에 상세한 규정을 두는 대신에 '별도로 인수인이 제시하는 상환계획표에 의하여 이자를 지급한다' 정도의 문언을 넣는 것이 편리하다는 점도 유념하여야 할 것이다.

또한, 아래 인용한 조항 예문에서는, 연도 중 전환 시 기수령이자의 반환청구를 하지 않도록 하는 데 관하여 특별한 단서를 언급해 두었다. 이 단서 문언이 없다면, 인수인은 전환 후 그해 연초부터 받았던 이자는 반환하여야 하는 의무가 생길 수 있는데, 그렇게 되면 인수인에게 재무적으로도 손실이고, 실무적으로도 번거로울 것이다.

3.3 사채발행 관련 필요조치

예시>

'발행회사'는 본건 사채를 발행함에 있어서 상법 등 관련 법령 및 그 정관에 위배되지 아니하도록 이사회의 결의, 주주총회 결의, 정관변경, 등기 등 필요한 제반조치를 취하여야 한다.

해설>

발행회사 내 의사결정을 적절한 권한이 있는 기관이 해야 한다는 것, 정관변경 등 필요한 조치를 해 두어야 한다는 것 등을 규정해 두어야 한다. 그렇지 않으면, 나중에 '대표이사'가 날인한 전환사채계약서가 '이사회'나 '주주총회'에서 부결되었다는 이유로 이행되지 않은 채 '어쩔 수 없었다'는 핑계를 댈 위험이 있다.

특히 사채발행한도[3]에 관하여 상법규정이 있으므로 이를 위반한 사채발행은 무효이고, 등기도 되지 못할 것이다. 따라서 발행회사가 이러한 내부절차 및 등기에 이르는 일련의 과정을 이행할 책임을 조항 형태로 명시해 두는 것이 바람직하다. 물론 엄밀히 따지고 보면, 이러한 조항이 없어도, 발행회사에는 그러한 의무가 있다고 해석되는 것이 옳지만, 계약체결 시점에서 한 번 더 그러한 의무들을 확인하고 회사에 부족한 점이 있다면 속히 보완하여 불필요한 시간과 비용을 낭비하는 일이 없도록 주의를 환기하는 데 의의가 있다고 하겠다. 아래 그러한 내용의 조항을 예시한다.

---

3) 사채가 과대하게 발행되는 것을 억제함으로써 사채권자의 이익을 보호하기 위해 이미 발행한 사채를 포함한 사채의 총액이 발행회사의 자본 및 준비금의 2배를 초과할 수 없도록 제한하고 있다. 한편 금융기관이 원리금지급을 보증하는 사채는 자본 및 준비금의 2배와 최종연도의 대차대조표에 의한 순재산액 중 적은 액을 한도로 발행할 수 있다.

3.4 납입의 선행조건

예시>

제 * 조 (납입의 선행 조건)
1. 본 계약에 의한 '인수인'의 사채인수대금 납입의무는 '발행회
   사'가 다음 사항을 모두 충족하는 것을 선행조건으로 하여 발
   생한다.
   (1) 납입기일 현재 '발행회사'의 경영이나 재무 상태에 중대한
       악영향을 미칠 수 있는 변동이 없을 것.
   (2) 납입기일 현재 본 계약 제8조 각 호에 규정한 여하한 진술
       및 보장 사항이 허위 또는 부정확한 것으로 되지 않을 것.
   (3) 납입기일 현재 '발행회사'의 본 계약상 의무의 불이행이
       없을 것.
2. 위 제1항 각 호에서 규정한 사항(즉 선행조건의 불이행 혹은
   위반 사항)이 발생하는 경우 '인수인'은 본 계약의 일부 또는
   전부를 취소하거나 본건 사채인수대금의 납입을 중지할 수 있
   다. 이 경우 '발행회사'는 아무런 이의를 제기하지 아니하며
   어떠한 손해배상도 청구하지 아니한다.

해설>

전환사채의 인수가 투자자의 관점에서는 투자행위이지만, 사채를
발행하는 회사의 관점에서는 '빚'을 끌어 쓰는 것으로 느껴질 수도
있고, 이는 곧 다른 금융기관에서의 차입 대신 투자회사를 상대로 사
채를 발행하여 급한 자금을 조달한 상황일 수가 있다. 주식을 발행하
는 회사에 비하여 사채를 발행하는 회사가 상대적으로 재무구조가
덜 좋을 가능성이 높은데, 즉 '인수인'인 투자회사로부터 사채대금 납

입이 제때 되지 않으면 발행회사로서는 자금운용상 부족현상이 심각
하게 발생할 수도 있음을 의미한다.

계약을 한 투자회사가 사채대금의 납입을 하지 않는 경우라면, 아
마도 발행회사 쪽에 뭔가 문제가 있음이 밝혀진 때문이겠으나, 그런
경우에도 단기자금의 mis-matching으로 인한 손실확대가 있게 되면
발행회사의 불만이 심히 커질 수도 있다. 그런 경우에도 투자회사가
공연히 손해배상책임을 지지 않으려면, 자신을 보호하기 위한 안전장
치로 명문의 규정을 두는 것이 필수적이라 하겠다. 예시조항은 그러
한 취지에서 매우 중요한 의미가 있다.

3.5 발행회사의 진술과 보증

이것은 주식인수계약서의 그것과 같은 본질의 사항이므로, 해당부
분을 참고하기 바라며, 특별히 설명을 추가하지 않는다.

3.6 경업금지의무

예시>

‘발행회사’는 ‘인수인’의 사전 서면동의 없이 ‘발행회사’가 경영하
는 사업과 경쟁관계에 있거나 이에 직접 또는 간접적으로 영향을
미치는 사업에 종사하거나 투자하지 못한다.

해설>

발행회사가 경쟁업체 등에 투자하지 않을 의무를 정한다. 이는 '인수인'의 전환사채의 원리금상환을 위한 책임재산이 되는 회사의 자산을 오히려 줄일 위험이 있는 행위를 제한하는 것으로서, 부득이한 사정이 있을 때는 '인수인'의 사전 서면동의를 얻어 해결할 수 있는 것이다.

3.7 중요 경영사항에 관하여 '인수인'의 동의를 구할 의무

예시>

'발행회사'는 다음 각 호의 사항에 대하여 해당사유 발생 7일(예시) 전까지 서면으로 '인수인'의 사전 서면동의를 받아야 하며, 그 처리 결과를 지체 없이 '인수인'에게 서면으로 통지한다.
1. 주주총회 및 이사회 안건 결정
2. 정관의 변경
3. 중요한 사업계획(자금계획 포함) 및 예산편성
4. 경영에 참여하는 대주주 및 증권거래법상 특별관계자 소유지분의 변동에 관한 사항(전환사채, 신주인수권부사채 포함)
5. 자회사 신설 또는 관계회사 및 제삼자에 대한 금 삼억(300,000,000)원(예시, 이하 같음) 이상의 투융자(본 호에서 '관계회사 및 제삼자'라 함은 '발행회사'를 지배하거나 또는 그에 의하여 지배되거나 공동 지배하에 있는 개인/법인 및 그 임직원을 말하며, 법인의 경우 그 의결권 있는 주식의 10% 이상을 보유하거나 임원을 파견한 경우에는 '지배'관계가 있는 것으로 본다. 이하 같다)

7. 연간 누계액 기준금 삼억(300,000,000)원 이상의 소유자산 및 중요고정자산 매각, 대체, 처분
8. 연간 누계액 기준금 삼억(300,000,000)원 이상의 동산, 부동산과 그 수입 및 기타 권리에 대한 저당권, 질권 혹은 기타 담보권의 설정
9. 사업의 중단 또는 포기, 기타 경영에 중대한 영향을 미치는 사항
10. 기타 '인수인'이 객관적으로 중요하다고 인정하여 수시로 '발행회사'에 통지하는 사항

해설>

주식의 경우와 마찬가지로, 전환사채를 인수한 투자회사도 발행회사의 기업가치 증진을 위해 경영에 협력하고 조언할 책임과 권리를 느낀다. 투자회사는 사채이자에 만족할 의사로 투자하는 존재가 아니고, 기업을 성장시켜 상장시키기를 원하는 것이기 때문에, 단기적으로는 물론 중장기적으로 회사에 유리한 결정을 지지하고, 특히 윤리적으로나 법적으로 물의를 빚지 않도록 감독하여 주는 역할도 하게 된다. 그리고 중요 경영사항과 관련하여 회사를 위한 네트워킹 상담을 해 주는 협력자가 될 수도 있다.

이런 여러 가지 면에서 주주로서의 투자회사와 전환 사채권자로서의 투자회사에는 속성상 동질성이 있다. 따라서 주주가 아니라 채권자 신분임에도 불구하고 중요한 사항에 관해서는 '인수인'과 사전협의하거나 사전 동의를 얻도록 명시해 두는 것은 바람직한 일이다.

3.8 기한의 이익 상실

예시>

제 * 조 (기한 이익의 상실)

1. 다음 각 호의 1에 해당하는 사유가 발생하는 경우에는 '인수인'은 본건 사채 원리금의 일부 또는 전부에 대한 기한 전 상환을 '발행회사'에게 요구할 수 있다. '발행회사'는 '인수인'이 달리 서면으로 상환기일의 연장을 승인하지 않는 한, 기한 전 상환 요구일로부터 15일 이내에 요구받은 부분에 해당하는 원리금을 상환하여야 한다.

   (1) 본건사채의 이자지급이 그 지급기일에 이루어지지 아니하는 경우

   (2) 본 계약에 정하여진 '발행회사'의 의무를 이행하지 아니하는 경우

   (3) '발행회사'가 본 계약에서 보장하고 확인한 내용 및 본 계약에 의하여 제공한 서류, 확인서 등이 그 중요부분에 있어서 허위 또는 오류가 있는 경우

   (4) '발행회사'가 본건 사채에 관한 것 이외의 채무로서 그 채무금액이 금 삼억(300,000,000)원 이상인 채무를 불이행하여 그 기한의 이익을 상실하거나 강제집행이 개시될 수 있는 상황이 된 경우

   (5) 상법 제517조 및 기타 법률에 의한 해산 사유가 발생한 경우

   (6) '발행회사'가 발행한 어음 또는 수표가 부도로 되거나 은행과의 거래가 정지 또는 금지된 경우

   (7) 회사정리법에 의한 회사정리절차, 화의법에 의한 화의절차, 파산법에 의한 파산절차, 기업구조조정 관계법령 및 협약에 의한 기업구조조정 또는 워크아웃절차 등(이하 '법정관

리절차 등'이라 한다)의 개시 신청을 '발행회사'가 제기하거
나 제삼자가 '발행회사'에 대하여 위와 같은 신청을 한 경우

(8) '발행회사'가 금 삼억(300,000,000)원 이상에 해당하는 금
액을 지급하여야 한다는 판결 또는 명령이 내려지고, 이에
기하여 '발행회사'의 재산에 대한 강제집행(가집행 선고에
의한 집행 포함)이 착수되고 30일 이내에 이에 대한 집행
정지 혹은 취소 신청이 받아들여지지 아니한 경우

(9) '발행회사'가 사업을 중단, 포기하거나 그 조업이 3개월
이상 중단된 경우

(10) 거래은행이 '발행회사'의 경영 관리를 개시하거나 담보관
리 또는 경영관리를 위하여 은행직원을 상주 파견한 경우

(11) '발행회사'의 자산과 부채의 장부가격이 실제가격과 현저
한 차이가 있는 것이 발견되었을 경우

(12) '발행회사'의 경영에 중대한 악영향을 미칠 상황이 발생
하여 '발행회사'가 정상적으로 영업을 계속하거나 채무를
이행할 능력이 없다고 '인수인'이 그 합리적인 재량으로
판단하는 경우[4]

(13) '인수인'의 사전 서면동의를 받지 아니하고 '발행회사'의
주요주주(10% 이상 보유주주)의 변동이 있거나 경영권의
주체가 변경된 경우

2. 위 제1항 각 호에 해당하는 사실이 발생하는 경우 '발행회사'
는 즉시 '인수인'에게 이를 통지하여야 한다.

3. 본 조 제1항의 기한 전 상환금액은, 제3조제1항제10호 가.목에
정한 금액에 대하여 기한 전 상환기일 다음 날부터 '발행회사'
가 '인수인'에게 실제 지급하는 날까지 연복리 19%의 이율을
적용하여 산출한 연체이자 및 '인수인'이 본 계약과 관련하여
지출한 제반 비용을 합한 금액으로 한다.

---

4) 창투사가 본 조항을 적용할 경우에는 발행회사의 객관적인 현실상황이 있어야 하며, 향후 법적인 다툼을
대비하여 합리적 입증자료 등을 확실하게 준비해 두어야 할 것이다.

해설>

　발행회사가 원리금상환의무 또는 계약서에 기한 각종 의무를 위반하거나 경영상 심각한 중대변화가 있다거나 하는 경우에, 투자회사는 '청구에 의하여' 발행회사의 기한의 이익[5]을 상실하는 것으로 해 둘 필요가 있다. 만일 '자동적으로' 기한의 이익이 상실되는 것으로 하면, 오히려 투자회사에 불리할 경우도 있을 수 있다. 회사의 현황에 따라서는 전환사채권자의 시세가 원리금평가액보다 더 높을 수도 있기 때문이다. 회사 쪽의 고의적 이자지급채무불이행 후 기한의 이익 없이 변제하겠다고 하는 상황을 피하기 위해서는, 기한의 이익상실은 '인수인의 청구'에 의해서만 발생되는 것으로 해 두는 것이 좋다.

　한편 발행회사에 기한의 이익상실[6] 사유가 발생하였더라도 이를 인수인이 알지 못하면 청구를 할 수가 없다. 따라서 발행회사에 인수인에 대한 통지의무를 함께 규정해 넣는 것이 꼭 필요하다. 그리고 기한 전 상환 시에 상환할 금액은 얼마로 할 것인지도 규정을 명확히 해 둘 필요가 있다. 참고로, 투자회사가 투자업체에 기한 전 상환 요구를 하는 경우에는 우체국의 '내용증명우편'을 이용하는 것이 좋다.

---

5) 기한의 이익이란 기한이 존재하는 것 즉 기한이 도래하지 않음으로써 당사자가 받는 이익을 말한다. 발행회사가 원칙적으로 변제기가 도래할 때까지 채무를 이행하지 아니하고 자금을 계속적으로 이용할 이익을 갖게 된다.

6) 기한이익상실의 효과는 다음과 같다.
　① 창투사는 즉시 채무의 변제를 청구할 수 있고 채무자는 이를 거절하지 못한다.
　② 창투사는 발행회사에 대해 부담하던 채무와의 상계 등의 조치를 취할 수 있다.
　③ 창투사는 담보권실행이나 강제집행을 착수할 수 있다.
　④ 채무자가 곧 변제를 안 하면 계약서 계약내용에 따라 지연배상채무를 지게 된다.
　⑤ 기한이익을 상실한 날의 다음 날부터 채권의 소멸시효기간이 진행된다.
　⑥ 보증채무의 부종성에 의하여 주채무가 기한의 이익을 상실하면 보증인의 보증채무에 대해서도 동일한 효과가 발생한다. 전환사채계약은 금전소비대차에 기한 상사채권이므로 5년의 소멸시효에 걸린다.

3.9 전환 시 주식 형태

인수인이 전환사채의 주식전환을 발행회사에 청구할 때에는 통상 주식전환청구서 양식을 발행회사로부터 발급받아 필요사항을 기재하고 날인하여 발행회사로 보내거나 또는 주식전환청구의 뜻을 담은 공식문서를 보내기도 한다. 이로 인하여 회사가 발행하게 되는 주식은 흔히 기명식 보통주이다.

그러나 상환우선주로 전환되도록 할 수도 있다. 단 우선주로 전환하려고 한다면, 전환사채인수계약서에 전환으로 인해 발행될 우선주의 규정이 다 들어 있어야 할 것이며, 이와 관련하여 발행회사의 이사회는 전환사채발행결의 시에 우선주의 내용까지도 함께 결의를 하여야 하며, 정관변경도 마찬가지다.

근래 투자회사는 투자의 일부는 전환사채인수방식으로 하고 나머지는 우선주 인수방식으로 하면서, 전환사채의 전환 시 주식 형태를 우선주로 정하고, 그 우선주의 성질은 전환사채인수 시 동반 투자된 우선주와 같이 정하기로 하면서, 우선주계약서사본을 전환사채계약서에 첨부하여 둔 예가 있는데, 계약서 작성은 이와 같이 하여도 좋다. 다만 전환사채발행에 관한 이사회 결의에서 우선주로의 전환가능성 및 그 속성에 관한 언급이 들어 있도록 사전에 점검해 두는 것이 중요한 포인트라고 생각된다.

전환사채의 만기가 도래하게 된 시점에서, 상환전환우선주로의 전환은 절충안의 의미가 있다. 투자자의 자금을 계속 회사 내에 유보해 두고 싶은 회사의 입장에서는 투자자에게 전환사채를 보통주로 전환하도록 요청하게 마련이고, 한편 계속적인 투자기회를 바라되 리스크를 피하고 싶은 투자자의 입장에서는 전환사채만기연장 또는 회사로 하여금 전환사채를 차환 발행케 함이 간편한 선택이다. 이러한 이해관계의 차이를 절충하는 좋은 방안으로 전환사채를 상환전환우선주로 전환케 하는 것이 대안이 될 수 있는 것이다. 전환사채를 상환전환우선주로 전환하도록 하는 것의 장점을 두 가지 측면에서 설명해 본다.

첫째, 투자자의 입장에서는 상환우선주의 주주가 될 때가 보통주의 주주가 될 때에 비하여 리스크가 작다고 볼 수 있는데, 이는 어떤 결격사유로 인하여 기업공개가 되지 않거나 회사가 상장정책을 철회하는 경우에 투자자가 회사의 잉여금을 재원으로 한 상환을 받아 투자금회수를 할 수 있을 것이기 때문이다.

둘째, 회사의 입장에서는 전환사채를 차환 발행한 경우에 비해 우선주발행의 경우가 회사의 재무구조개선에 도움이 된다. 부채비율을 낮출 수 있기 때문이고, 이자부담도 없어질 것이다.

또 상환전환우선주로 전환되도록 하더라도, 필요시에는 우선주 발행일로부터 '보통주'로의 전환을 청구할 수 있도록 하는 권한이 그 우선주에 붙어 있어야 할 것이다. 그러면 전환사채에서 바로 보통주로의 전환을 한 것과 실질적으로 같은 결과를 낳을 수 있어서 시간낭비를 줄일 수 있을 것이다.

3.10 전환가격변경과 조정

예시>

제 * 조 (전환에 관한 사항)

인수인은 전환청구에 의하여 본건 사채를 아래의 전환조건에 따라 회사의 주식으로 전환할 수 있다.

(1) 전환비율: 사채권면 금액의 100%로 한다. 단 제4항에 의해 전환비율 및 전환가격은 조정된다.

(2) 전환에 따라 발행할 주식의 종류: 회사의 기명식 보통주식

(3) 전환가격: 회사의 주권액면 금 _________(₩______)원당 금 _________(₩______)원을 전환가액으로 한다.

(4) 전환가격조정:

　1. 전환가 조정 조건

　　회사의 200__년 감사보고서(공신력 있는 회계법인에 의해 적정의견을 받은 감사보고서 근거)상의 매출액 및 세후당기순이익에 따라 전환비율 및 전환가격을 다음의 조정표에 따라 조정한다. 전환가격조정은 주주총회 승인 후 2주 이내에 이루어져야 한다.

<전환가격조정표>

○○○○년 매출액 및 당기순이익	전환가격

　2. 회사가 비상장 및 비등록 법인인 경우에는 기업공개 및 상장, 등록 시 공모가격(공모 없이 직상장하는 법인의 경우 최근 매매기준가격)의 100%에 해당하는 가격과 직전 전환가격 중 낮은 가격으로 전환가격을 조정하기로 한다. 본 호의 경우 조정일은 공모청약일(직상장의 경우는 상장일)로 하고, 회사는 조정이 발생한 날로부터 1주일 이내에 인수인에게 통보한다.

　ⅰ) 조정된 전환가액이 직전 전환가액의 50% 미만인 경우에는 직전 전환가액의 50%에 해당하는 금액을 조정된 전환가격

으로 하고, 조정 후 전환가액이 주식의 액면가 미만으로 되는 경우 관련법규를 위반하지 않는 범위 내에서 회사는 주총결의 및 법원의 인가 등 액면가 미만으로 전환가격을 조정하여 신주를 발행할 수 있도록 모든 절차를 취하여야 하며, 액면가 미만으로 전환가액을 조정하는 것이 관련법규를 위반하는 경우 조정 후 전환가액은 액면가격으로 한다. 단 전환가격을 액면가격으로 하는 경우, 추후 관련법규의 변경으로 액면가격 미만으로 전환가격을 조정하는 것이 가능할 경우 전환가격을 조정한다.

3. 회사가 상장, 등록법인일 경우 전환사채 발행일로부터 1년이 경과한 후 매 6개월마다 전환가액을 조정하되 '전환가 조정일'을 기준으로 전환 시 발행될 주식과 동일한 종류의 구주의 거래량으로 가중산술평균한 최근 1개월 평균종가, 1주일 평균종가, 최근일 종가를 산술평균한 가격과 직전 전환가격을 비교하여 둘 중 낮은 가격으로 하기로 한다.

4. 유무상증자, 주식배당, 준비금 자본전입 시 전환가격조정

 i) 회사가 비상장 및 비등록 법인인 경우: 인수인이 전환청구를 하기 전에, 인수인의 전환가격을 하회하는 발행가격으로 유상증자 또는 주식관련사채를 발행하는 경우에는 전환가격을 인수인의 전환가격을 하회하는 당해 발행가격으로 조정하기로 한다. 단 인수인의 전환가격은 본 유상증자 이후 무상증자, 주식배당, 주식분할, 주식병합이 있는 경우 아래의 산식을 적용한다.

 ii) 회사가 상장 및 등록법인인 경우: 인수인이 전환청구를 하기 전에, 인수인의 전환가격(회사의 발행주식이 유가증권시장이나 코스닥에 상장된 경우에는 시가)을 하회하는 발행가액으로 유상증자를 하거나 기타 주식배당, 준비금의 자본전입을 함으로써 주식을 발행하는 경우에는 다음과 같이 전

환가격을 조정한다. 단 유무상증자를 병행 실시하는 경우
유상증자의 1주당 발행가액이 조정 전 전환가격(회사의 발
행주식이 유가증권시장이나 코스닥에 상장된 경우에는 시
가)을 상회하는 때에는 유상증자에 의한 신주발행에 대해서
는 다음과 같은 전환가격 조정을 적용하지 아니하고, 무상
증자에 의한 신주발행에 대해서만 이를 적용한다.

조정 후 전환가격

$$= \frac{조정 \; 전 \; 전환가격 \times (기발행주식수 + 신발행주식수 \times (1주당발행가/시가))}{(기발행주식수 + 신발행주식수)}$$

(위 식에서 '시가'는 '회사'의 주식이 상장되기 전까지는 본
조 2호 내지 4호의 규정에 의한 '전환가격'으로 한다.)

5. 합병, 자본의 감소, 주식분할 및 병합 등에 의하여 전환가
격의 조정이 필요한 경우에는 당해 합병 또는 자본의 감
소 직전에 전환사채가 전액 주식으로 전환되었더라면 전
환사채권자가 가질 수 있었던 주식 수를 그 가치 또는 그
이상으로 보장하는 방법으로 전환가격을 조정한다.

6. 위 5호의 산식 중 '기발행주식 수'는 전환가격 조정사유
발생일의 직전일 현재 주식 수로 하며, 조정 후 전환가격
의 원단위 미만은 절사한다. 위 5호의 산식 중 '시가'는
당해 발행가액 산정의 기준이 되는 증권거래법과 '유가증
권의 발행 및 공시 등에 관한 규정'에 따른 이론권리락주
가 (유상증자 시) 또는 조정사유 발생전일을 기산일로 하
여 계산한 기준주가를 말한다.

일정한 사유가 발생할 경우에 전환사채의 주식전환가격에 관한 합
의를 변경하거나 조정하는 내용의 규정은 반드시 필요하다. 실제 사

용되는 창투사 계약서에는 '변경'과 '조정'의 의미구별을 하지 않고 모두 '조정'으로 통칭하기도 한다.

그렇지만 굳이 구분하자면, 전환가격 조정은 전반적인 회사재무구조변화 등의 외부적 요인에 따라 모든 주주들에게 공통적으로 발생하는 상황에 기인하여 이루어지는 현상에 해당한다고 말할 수 있는데(유상증자, 준비금의 자본전입, 주식배당, 합병, 자본감소, 주식분할 및 병합, 전환사채발행 등의 사유), 이 경우 전환가격의 조정은 업계 공통의 일정한 산식에 따라 이루어진다.

한편, 전환가격의 변경은 투자회사와 회사의 특별한 합의에 의하여서만 정당성이 부여되는 것으로서, 투자계약당시에는 확실하지 않은 어떤 조건을 예정하여 그에 따라 전환가격을 달리하기로 하는 일종의 계약변경행위인 것이다. 따라서 변경사유는 향후 매출액이나 순이익 목표달성 정도, 기업공개를 위한 공모 시 결정되는 공모가, 상장 후의 거래량가중산술평균으로 산출된 주가 등이 기준이 되며, 산출공식이 있는 것이 아니라, 사안별로 투자계약에서 전환가격을 정하게 된다.

전환가격을 조정하든 변경하든 그 목적은 전환사채 투자자인 투자회사의 이익을 다른 주주나 전환사채권자의 이익에 비하여 상대적으로 보호하는 데 첫 번째 목적이 있다. 그다음에는 투자 시에 기업가치 평가에 관하여 회사 쪽에서 제시하였던 목표의 과장분을 사후적으로 삭감하는 데 두 번째 의미가 있다.

즉 투자자인 투자회사는 회사의 투자일이 속한 다음 해의 매출액을 100억 원, 순익 10억 원으로 예상하고 기업가치를 계산하여, 예컨대 전환가격 5,000원/주 조건으로 투자하고자 하는데, 대상회사에서는 매출액 200억 원, 순익 20억 원을 예상한다고 자신하며, 협상할 때 기업가치를 창투사의 산출치보다 두 배를 부르는 경우도 있다. 이런 경우, 협상 결과 절충에 의해 매출액 150억 원, 순익 15억 원 정도로 계산하여 기업가치 및 주식가치를 정하여 전환가격(7,500원/주)을 정하고 투자를 하되, 계약서상 매출액이 100억 원 이하이거나 순이익이 10억 원 이하일 때에는 전환가격을 5,000원/주로 하향변경하기로 하는 약정을 두는 것이다.

또 투자회사의 투자가 있은 후, 1년 뒤에 회사사정이 열악해져서 제삼자로부터 종전보다 훨씬 낮은 가격으로 신주발행을 하는 경우가 있을 수 있다. 이런 경우 그야말로 '시장에서의 기업가치'가 낮아진 것으로 파악함이 타당하다. 이런 경우 투자회사는 전환가격을 새로운 낮은 신주발행가액만큼으로 낮추고자 할 것이다. 투자 당시 무리한 기업매출 및 순익목표를 강변하여 투자회사로부터 높은 전환가격조건의 투자유치를 했던 회사임원들은 이런 상황이 생겼을 때, 도의적 차원에서라도 책임을 져야 할 것이나, 아무래도 계약으로 정해 두지 않았다면 그러한 특별한 조치를 취해 주기가 곤란하다. 다른 이해관계자들 특히 기존 주주들의 눈치를 볼 수밖에 없기 때문이다.

따라서 투자계약서상 전환가격의 변경이 규정되어 있었고, 이에 따라 전환가격이 크게 낮아지는 변경이 이루어졌다고 한다면, 누구도 이러한 상황에 대하여 형평 문제를 거론하거나 투자회사가 '기업가치 평가예측 오류의 책임을 나중에 회사에 떠넘기려 한다'는 식의 비판을 할 수는 없을 것이다.

특별히 덧붙여 설명해 두어야 할 사항이 있다. 전환가격은 '투자회사 측의 리스크헤징차원에서 낮아질 수 있게 규정되는 경우'만 있는 것이 아니라, 오히려 '높아질 수 있게 규정되는 경우'도 있다는 것이다. 이렇게 하는 경우는 회사의 매출 및 순익을 높이도록 자극하는 적극적 유인책인데, 전환가격이 좀 더 높아지더라도 회사 자체가 건실화되는 것이 투자자 입장에서도 환영할 만한 일이므로, 이러한 전환가격 상향조정이라는 양보적 조항을 두는 것도 나쁘지 않은 일이다. 그러한 상향조정규정이 없는 경우보다 더 유리한 결과를 가져올 수만 있다면 말이다. 그리고 이러한 전환가격상향조정 조항을 둠으로써, 일단 투자계약 시에는 투자회사가 요구하는 대로 전환가격을 낮게(보수적으로) 정하는 것이 가능해질 수 있으니, 투자조건 타협을 촉진하기 위하여도 활용할 수 있는 유용한 도구이다.

3.11 잉여금 배당제한

예시>

잉여금의 사용제한:
회사는 본건 사채의 발행일 당시 회사가 보유하고 있는 잉여금을 인수인의 전환권 행사 시까지 인수인의 사전 서면동의 없이 현금 배당하지 않는다.

해설>

회사가 사채발행일 당시 보유하고 있던 잉여금을 투자자를 제외한 기존 주주들에게 배당하는 것은 회사의 책임재산을 줄이고 결국 창투사에 대한 원리금상환가능성을 줄이는 것이 되므로, 전환사채권자의 입장에서는 회사가 이 부분의 자금을 계속 회사에 유보하며 존치시키기를 바란다.

그러나 기본적으로 사채발행일 현재의 잉여금은 기존 주주들의 몫이기 때문에, 사채권자 입장에서 사후적으로 강제할 수 있는 성격의 것이 아니고, 오직 투자계약 당시에 주주들의 위임을 받은 이사회가 회사의 자금유치에 더 좋은 조건을 제시하기 위해 주주들의 뜻을 대리하여 양보한다는 의미가 있는 것이다.

이러한 내용은 일정률의 배당이 정해져 있는 우선주주들의 입장과는 대립하는 것이다. 그러한 우선주의 주주가 창투사의 경우라면 이러한 전환사채발행에 관해 투자계약서에 의거한 사전 동의를 함으로써 절차적으로나 실질적으로 해소될 수 있는 문제이지만, 다른 우선주주들에게는 불만스러운 조치로 인식될 수 있다.

이로 인한 분쟁의 가능성을 예방하기 위해서는 회사가 전환사채발행 시 이러한 잉여금배당제한 조항이 있음을 기존 우선주주들에게 사전에 모두 알려서 양해를 받든지 아니면 금번전환사채를 인수하도록 기회를 주고 불참 시 기존우선주주로서의 권리내용의 약화를 감수하도록 알리는 것이 최선일 것이다. 그러나 현실적으로 이렇게까지 회사가 주주를 배려하리라고 기대하는 것은 무리인 것 같다. 그러므로 대표이사의 결정으로(또는 이사회의 승인으로) 이러한 잉여금배당제한 내용이 포함된 전환사채계약을 맺는 것은 우선주주들을 포함하는 전체 주주들을 위해서도 이익이 된다는 차원에서, 즉 회사 전체를 위해 불가피한 것이라는 차원에서, 경영자로서의 판단을 내린 것으로 해석하는 것이 차선인 것으로 생각된다. 그리하여 설령 소송 등의 사태가 발생하더라도 회사의 경영자는 '경영판단'의 논리로 자신을 방어하게 될 것이다.

한편 이러한 전환사채권자를 위한 목적은 당연히 '전환청구 전'까지만 보장하는 것으로 충분히 달성된다.

3.12 자금사용계획

제 * 조 (자금사용계획): '발행회사'는 본건 사채 발행자금을 ○○ 목적에 사용한다.

해설>

회사가 투자회사로부터 투자금을 유치하여 무엇에 사용할 예정인가 하는 것을 '계약서'에까지 명시케 하는 것은, 회사가 투자회사에 투자요청 및 기업소개를 할 때 제시했던 약속에 대한 책임을 지우기 위한 기초설정의 의미가 있다. 투자를 받을 때까지는 연구 개발자금 및 공장증설, 인재채용 등에 활용하여 건전하게 사용하겠다고 하다가, 정작 투자금을 받은 후에는 대표이사 가수금 변제나 기존 융자자로부터의 차입금 변제에 소진해 버린다면, 투자회사가 바라는 투자효과를 거둘 수 없게 되기 때문이다. 따라서 최소한 '연구개발자금, 시설자금, 운영자금' 정도로라도 기재를 하게 하는 것이 필요하고, 이를 지키지 않은 것이 사후에 드러난다면, 계약 위반 사유로 인정하여 손해배상청구의 기초로 삼을 수 있다.

3.13 기업공개의무

예시>

해설>

투자회사가 전환사채방식으로 투자하는 경우에도 주식으로 투자
한 경우와 마찬가지로 회사가 기업공개를 하기를 기대한다. 이는 물
론 단지 유동성을 확보하기 위한 목적이 아니고, 회사 자체가 기업공
개요건에 합치할 정도로 건전한 내용에 상당한 규모를 갖춘 회사로
성장하기를 바라는 차원에서의 규정이다.

따라서 기업공개를 하지 않고 전환사채원리금을 만기상환 해 버린
다고 해도 사채권자로 남아 있던 투자회사로서는 어떤 손해배상청구
를 하거나 할 문제는 아니라고 보겠으나, 전환에 의해 주주로 지위를
바꾼 경우에는 투자회사에 대하여 회사가 기업공개시한을 지킬 의무
가 있다고 해석함이 옳다.

3.14 사업수행 저해사실 통고

예시>

제 * 조(사업수행 저해사실의 통고) 을은 다음 각 호의 경우에는 지체 없이 그 사실을 갑에게 서면 통고한다.
1. 법령, 기타 규정의 위반으로 인하여 정부, 관계기관, 기타 단체로부터 제재조치를 받은 때
2. 제삼자와 소송관계에 있을 때
3. 이 계약에 의한 계획사업수행 또는 채무이행에 지장을 초래할 우려가 있는 사태가 발생한 때

해설>

전환사채의 투자 후 혹은 주식전환후에도 창투사는 회사의 주요 상황에 대해 성실히 보고받고 필요시 사전 동의 또는 사전 협의를 하기 원하게 된다. 이러한 사전 동의 및 협의 이외에 따로 사업수행에 문제가 될 만한 상황이 발생하면 즉시 그 사실을 투자회사에 알리도록 하는 의무를 계약서에 명시함으로써 회사의 의무를 명확히 하고 투자회사는 적절하고 신속한 대응을 할 수 있도록 한다.

3.15 주식전환 후의 권리의무관계

예시>

제 * 조 (주식전환시 이행 사항)
인수인이 전환사채의 전환권 행사에 의해 주주가 된 경우 회사는
다음의 사항을 따른다.
　(1) 인수인은 회사의 채무에 대해 어떠한 경우라도 보증의무를
　　　부담하지 않는다.
　(2) 본 계약의 각 조항은 그 성질에 상반되지 아니한 한 본 조
　　　의 경우에도 적용하기로 한다.

해설>

전환사채가 주식으로 전환된 후에는 투자회사와 회사 간의 계약관
계의 유지를 위하여, 전환사채계약서가 주식인수계약서로서의 역할
을 할 수 있도록 사전에 정해 두는 것이 편리하다. 이와 관련하여 사
용할 수 있는 조항의 예를 인용한다.

3.16 전환주식의 내용

전환 후에 어떤 주식으로 전환될지에 대해서 언급한다. 대개는 기
명식 보통주식으로의 전환을 택하지만, 상환권과 전환권이 있는 우선
주로의 전환을 정할 수도 있다. 그 주식에 대해 투자자가 어떤 권리,
의무를 가지고 있는 지에 대해 구체적으로 언급되지 않는 경우가 많
은데 전환 후의 주식에 대해 주주로서 어떤 계약관계로 계약을 지속

할 것인지에 대해 상세히 규정하는 것도 의미가 있다.

3.17 전환된 주식에의 배당

예시>

제 * 조 (본건 전환주식에 대한 배당)
1. 회사는 주주총회의 승인이 있은 날로부터 2월 이내에 인수
   인에게 인수인이 보유하고 있는 본건 전환주식에 대한 배당
   을 지급한다. 다만 주주총회에서 배당지급시기를 따로 정한
   경우에는 그 기일에 지급한다.
2. 현금배당을 할 경우에 회사가 전항의 기한까지 배당금을 지
   급하지 아니하는 때에는 그 기한 만료일의 익일로부터 실제
   지급일까지 경과기간에 대한 연 20%의 지연손해금을 인수
   인에게 가산하여 지급한다.

해설>

전환사채가 일단 전환되면 보통주, 우선주 또는 상환전환우선주
등 미리 정해진 주식으로 전환된다. 대개는 상법과 정관에 의거하여
주주총회 결의에 따라 주식의 배당조건이 결정되지만, 특별히 계약서
상으로 전환청구를 통하여 발행된 주식의 배당에 관한 조건과 배당
금 지급시기, 특히 배당금 지급지연 시의 지연배상 문제 등에 관하여
정하여 둔다면 그 또한 의미 있는 일이다.

3.18 기한 전 합의상환

예시>

해설>

기한 전 상환은 회사가 계약관계사항을 위반하여 기한의 이익을 상실한 경우 이외에도 기한 내에 당사자 간의 합의하에 사채원금의 일부 또는 전부를 상환할 수 있으며, 이자는 정산해야 한다.

기한의 이익을 상실케 할 사유가 발생한 경우에도, 미리 계약된 이율의 이자금을 부가하여 원리금을 납부하면 되지만, 기한 전 상환일 경우에 따로 이자율을 정하지 않은 경우에는 이자율에 대한 논란이 생길 우려가 있으므로, 기한 전 상환에 대한 별도의 조건을 삽입하는 것이 좋다.

투자회사 입장에서는 기한 전 상환을 별도로 중요한 조항으로 강조할 일은 아니고, 기한이익의 상실 조항에서 당사자 간의 합의에 따른 기한 전 상환 경우를 다루는 것으로 족하다고 판단한다.

3.19 회계법인 지정

예시>

제 * 조 (회계 및 업무감사)
  1. 회사는 본 유상증자가 발생하는 회계연도부터 기업공개를
     위한 제반 준비절차로 인수인이 동의하는 공신력 있는 회계
     법인을 외부감사인으로 지정해야 한다.
  2. 인수인은 회사의 관리를 위하여 필요할 경우 회사의 회계
     및 업무 전반에 대하여 감사를 실시할 수 있으며, 회사는
     감사자료의 제공 등 감사의 실시에 따른 인수인의 정당한
     요구에 성실히 협조하여야 한다.
  3. 제2항에 의하여 회계 및 업무감사를 실시함으로써 발생되는
     제 비용은 회사가 부담한다.

해설>

외부감사인 선정에 대한 부분은 투자회사가 지정하거나 또는 회사
의 지정에 동의하는 등의 방식으로 규정되는 사항이다. 투자자는 투
자 이후 회사의 정확한 회계감사를 통하여 회사의 재무상황을 이해
할 수 있고 나아가서는 IPO절차상 문제가 없도록 하기 위하여, 상당
한 규모와 경험을 가진 회계법인이 외부감사를 맡길 원하는 것이 일
반적이다. 투자 시 아직 외부감사를 받은 적이 없는 경우이거나 외부
감사를 받았지만 투자자의 판단으로 보다 신뢰할 수 있고 IPO절차상
유리한 회계법인이 있다면 그런 회계법인이 외부감사를 맡도록 교체
하는 것도 바람직한 일이다.

다음은 회계법인 선정에 투자자가 동의를 하도록 계약서에 명시하

는 조항의 예이다. 또한, 투자 이후 회사에 대해 회계실사 등을 통하여 정확한 정보를 얻을 필요가 발생할 경우 투자자는 회사의 비용으로 이러한 회계실사를 받으며 회사가 성실히 협조해야 할 의무를 계약서에 명시하여 두어야 한다.

기업공개와 관련하여, 근래 만들어진 지정감사인제도[7]의 경우 금감원이 지정한 회계법인의 감사를 받아야 하므로 이 조항의 적용 예외가 되는 것으로 해석해야 할 것이다.

3.20 직원, 전문가 파견

예시>

(직원의 파견)
1. 회사의 경영 상태, 재산 및 계획사업 수행에 대한 관리의 필요성이 있다고 인정되는 경우, 인수인은 인수인의 직원 또는 인수인이 지명하는 자를 회사에 파견하여 인수인이 요구하는 직무를 수행하거나 관리하게 할 수 있으며, 이에 대하여 회사는 이의를 제기하지 못한다.
2. 제1항의 직원파견에 따른 제 조건은 인수인과 회사가 협의하여 별도로 정하는 바에 따르는 것으로 하되, 직원 파견과 관련하여 발생되는 비용은 회사가 부담한다.

---

7) 감사인 지정이란 외감법 대상 법인 중 금감위에 신고를 늦게 하거나 강제 지정조치를 받은 회사를 증선위가 따로 모아 회계 법인에 할당해 주는 제도다. 감사인 지정에서 제외되는 해당 회계법인은 정해진 수의 회사를 감사하지 못하게 돼 그만큼 수입이 줄어들게 된다.

이것은 주식인수계약서의 그것과 같은 본질의 사항이므로, 해당부분을 참고하기 바란다.

인수인에 의한 인력파견은 회사의 경영관리 측면에서 필요할 수 있다. 이사의 경우에는 사외이사라 하더라도 이사회 일원으로서 회사 경영에 관여하는 이사로서의 책임 및 의무에 따른 소송 및 손해배상으로부터 자유롭지 않지만, 직원의 경우에는 약정에 따라 면책범위를 조절할 수 있을 것이다. 그러므로 구체적으로 직원파견 시에 회사와의 별도 약정을 통하여, 업무수행이나 관리행위와 관련하여 고의 또는 중과실이 없는 한 책임을 지지 않도록 하는 것이 바람직하겠고, 보수 등의 회사 쪽의 비용부담을 사전에 정하는 것이 필수적이다.

3.21 사채권 발행 교부

예시>

(전환사채 발행)
1. 회사는 사채증권을 발행하여 인수인이 납입하는 사채인수대금과 교환하여 인수인에 교부한다.
2. 제1호의 규정에 의하여 발행된 증권에는 다음 사항을 기재한다.
   ⅰ) 사채증권 표시
   ⅱ) 제11조의 사채발행 조건의 사항

(채권 또는 주권의 오염, 훼손 및 상실)
1. 인수인 소유 회사 발행의 채권 또는 주권이 그 동일성을 식별하기 곤란하게 오염 또는 훼손된 경우, 인수인이 그 채권 또는

주권의 종류, 번호와 오염 훼손된 사유를 기재하여 서면으로 회사에 제출하고 새 채권 또는 주권의 교부를 청구하면, 회사는 이의 없이 재교부한다.

2. 인수인 소유 회사 발행의 채권 또는 주권을 도난, 멸실 또는 분실한 경우 인수인이 공시 최고 절차에 의한 제권판결[8]을 받은 후 판결서 등본을 제출하고 재발행을 청구하면, 회사는 이의 없이 재교부한다.

해설>

회사는 사채조건이 명시된 사채증권을 발행하여 인수인에게 교부하며, 사채권이 오염, 훼손 또는 상실되었을 경우 서면으로 사유를 기재, 제출하면 재교부하며, 도난 분실된 경우, 법적절차를 거쳐 등본을 제출하여 재교부를 받는다.

3.22 사채원부 작성 비치

예시>

회사(을)는 다음 사항을 기재한 본건 사채원부를 작성 비치하고 인수인(갑)의 요구가 있는 때에는 열람에 응하여야 한다.

1. 사채권자의 성명과 주소
2. 사채의 번호
3. 사채의 총액

---

8) 어음이나 수표를 분실한 사람의 신청에 의해 그 어음이나 수표를 주운 사람의 권리 없음과 신청인이 정당한 권리자임을 법원이 선고하는 것과 같이 신청인의 신청에 의해 신청인의 이익으로 권리를 바꾸는 것을 제권판결이라고 한다.

4. 각 사채의 금액
5. 사채의 이율
6. 사채의 상환과 이자지급의 방법 및 기한
7. 각 사채의 납입금액과 납입연월일
8. 사채권의 발행연월일
9. 각 사채의 취득연월일

해설>

회사는 사채원부를 작성 비치하여 창투사가 열람을 요구할 경우에 언제라도 열람을 응하여야 한다는 내용을 계약서에 명시한다. 아래에 사채원부 작성 비치에 관한 조항의 예를 인용한다.

3.23 백지어음 제공

예시>

1. '을'은 '갑'이 '을'이 발행한 전환사채를 인수할 때에는 액면과 지급기일이 백지로 된 <u>은행도약속어음</u>을 발행하여 보충권과 함께 '갑'에게 제공하기로 한다.
2. '갑'이 필요하다고 인정하는 경우에는 '을'이 백지어음을 보충하여 행사 할 수 있다.

해설>

투자회사는 회사 전환사채를 인수할 때에는 회사에 액면과 지급기일이 백지로 된 은행도약속어음9)과 이에 대한 보충권을 함께 회사로부터 제공받는다는 내용을 계약서에 명시한다. 위의 회사 은행도약속어음은 회사가 은행과 어음거래약정을 한 경우에 해당되며, 최근에는 중소벤처기업들이 부도발생 가능성 등을 최소화하기 위하여 어음거래를 자제하고 있으므로 동 내용에 대한 활용가능성은 제한적일 수밖에 없다.

3.24 담보

예시>

1. 회사(을)가 인수인(갑)에게 이미 제공하였거나 또는 장래에 제공하는 모든 담보는 그 담보설정계약에서 정한 피담보채무 외에 본 계약에 의한 회사의 모든 채무도 아울러 담보한다.
2. 회사가 본 계약에 따라 인수인에게 제공하는 담보는 회사의 인수인에 대한 과거의 기존채무 및 장래에 발생할 모든 거래상의 채무도 아울러 담보한다.

---

9) 백지(白地)어음이란 기명날인 또는 서명 외에 어음 요건의 전부 또는 일부를 기재하지 않아도 후일의 보충에 의하여 완전한 어음으로 될 것이 예정되어 유통되는 미완성어음을 말한다. 즉 백지어음은 금액, 만기, 수취인, 발행지, 발행일 등 어음요건의 일부 또는 전부를 후에 취득자로 하여금 보충하게 할 목적으로 공백으로 남긴 채, 기명날인하여 유통시킨 어음이다. 완성한 어음이 요건을 결여하고 있으면 어음으로서 무효이나, 백지어음은 미완성된 어음이므로 결여되어 있는 요건이 '보충'되면 완전한 어음으로서 서명자는 보충된 문안에 따라 어음상의 책임을 지는 것이다. 따라서 백지어음은 백지부분이 기재되어야(이것을 보충이라고 한다) 비로소 완전한 어음이 된다. 보충이 있기까지는 미완성한 어음에 불과하기 때문에 백지어음인 채로 어음금을 청구할 수는 없다. 백지부분이 보충되면 완전한 어음이 되고 발행인과 배서인은 어음금의 지급의무가 생긴다. 백지부분을 보충할 수 있는 권한을 '보충권'이라고 부른다. 백지어음은 주로 돈을 빌려 줄 때 담보용(견질용)으로 받는다. 일반적으로 금융기관에서는 기업대출 시 여신거래약정서 이외에 액면과 지급기일이 기재되지 않은 백지어음을 추가로 징구해 왔다. 그러나 2003년 3월 금융감독권은 이와 같은 백지어음 징구관행은 보충권이 남용될 소지가 있는 금융소비자에게는 불리한 대출관행이라 보고 각 은행에 기업대출 백지어음 징구관행을 폐지하도록 요구했다.

투자회사가 신용인 아닌 담보부 전환사채를 인수할 경우에 회사가 제공하는 담보와 채무범위에 관한 내용을 계약서에 명시한다.

3.25 담보권의 임의실행

예시>

담보는 법정절차에 의하지 아니하고 인수인이 일반적으로 적당하다고 인정하는 방법, 시기, 가격 등에 의하여 처분 또는 환가하고 그 처분대금에서 제 비용을 뺀 잔액을 인수인의 채권변제에 충당한 후 부족액이 있으면 회사가 즉시 변제한다.

해설>

담보부전환사채를 인수한 투자회사가 담보권실행에 있어서 법정절차에 의하지 아니하고 투자회사가 정하는 방법에 의하여 처분, 환가, 충당하는 내용을 계약서에 명시한다.

3.26 충당순서

예시>

전항의 처분대금이 인수인의 회사에 대한 채권전부를 소멸시키기에 부족한 때에는 그 변제충당의 순서, 방법은 회사가 정하는 바에 의한다.

투자회사는 담보권 실행 처분대금이 투자회사의 회사에 대한 채권 전부를 소멸시키기에 부족한 때에는 그 변제충당의 순서, 방법은 투자회사가 정한다는 내용을 계약서에 명시한다. 만일 동 내용을 계약서에 명시하지 않으면 상법과 민법에 의거한 충당[10]순서에 따라 충당하게 된다. 아래에 충당순서에 관한 조항의 예를 인용한다.

3.27 보험

예시>

1. 회사는 인수인이 정하는 바에 따라 담보물을 보험에 가입시키며 해당 보험계약에 기인한 권리를 인수인에게 양도하거나 질권을 설정해 준다.
2. 회사는 전항의 보험가입에 따르는 일체의 비용을 부담하고 보험증권 및 보험료납입영수증을 인수인에게 제출한다.
3. 인수인이 위 제3항의 보험가입에 따른 보험료를 대납하였을 경우에는 회사는 대납일로부터 상환일까지 대납금에 대하여 시중은행 대출금연체이자율에 의한 손해금을 가산하여 상환한다.

해설>

투자회사는 투자회사가 정하는 바에 따라 전환사채관련 물적 담보물을 화재 등으로 담보물가치 손실 가능성이 있는 물적 담보물을 손

---

10) **변제충당**이란 채무자가 동일한 채권자에 대하여 동종의 목적을 갖는 수개의 채무를 부담한 경우 또는 1개의 채무의 변제로서 수개의 급부를 하지 않으면 안 될 경우, 및 채무자가 1개 또는 수개의 채무에 대하여 원금 외에 이자 및 비용을 지급할 경우, 변제로서 제공한 급부가 채무 전부를 소멸시키는 데 부족한 경우에는 그 급부를 어느 채무 또는 어느 급부의 변제에 충당할 것인가를 정하는 것을 말한다.

해보험에 가입시키며 보험금에 대한 권리를 투자회사가 취득하는 내용을 계약서에 명시한다. 아래에 보험에 관한 조항의 예를 인용한다.

3.28 상계

예시>

사채의 원금 또는 이자의 상환기한이 도래하였거나 제__조의 규정에 의하여 을의 채무가 기한의 이익을 상실한 경우에, 을의 갑에 대한 채권이 있으면 그 기한의 도래 여부에 불구하고 갑이 상계할 수 있다.

해설>

회사에 투자회사에 대한 채권이 있는 경우, 사채의 원금 또는 이자의 상환기한이 도래하였거나, 회사의 채무가 기한의 이익을 상실한 때에는 투자회사가 그 기한의 도래 여부에 불구하고 상계[11]할 수 있다는 뜻을 계약서에 명시한다. 아래 상계에 관한 조항의 예를 인용한다.

---

11) 대출을 받아 기존에 있던 대출을 갚는 것이다. 즉 대환대출을 말한다.

3.29 인수인 지분매수권

예시>

1. 인수인은 투자금의 회수를 위하여 아래에서 정하는 바에 따라 인수인이 소유하는 본건 전환사채(전환권 행사로 전환된 주식 포함) 및 동 주식에 대한 유, 무상증자 또는 주식배당 등으로 인하여 인수인이 소유하게 된 일체의 주식(이하 '본건 주식 등'이라 한다)을 처분할 수 있다.

   1) 인수인이 본건 주식 등의 일부 또는 전부를 제삼자에게 처분하고자 하는 경우, 이해관계인에게 그 지분비율(이해관계인의 지분비율은 각 이해관계인이 소유하고 있는 회사 발행주식을 모두 합한 주식 수에 대해 각 이해관계인이 소유하고 있는 주식 수의 비율을 말한다)에 따른 우선매수권을 부여한다. 이를 위해 인수인은 이해관계인에게 처분하고자 하는 처분주식 수와 처분가격을 서면으로 통지하여야 한다. 이해관계인은 위 서면통지를 받은 날로부터 [7]일 이내에 매수의사를 인수인에게 서면통지 할 수 있다. 이해관계인의 매수통지의사가 전부 인수인에게 도달하는 경우 대상 주식에 대한 매매계약이 체결된 것으로 보며, 인수인과 이해관계인은 이로부터 [10]일 이내에 주식매매계약을 이행하여야 한다. 이해관계인의 일부만이 매수의사를 통지한 경우에 있어서의 대상주식의 매도 여부는 인수인이 그 전적인 재량에 의해 결정한다. 이해관계인이 위 서면통지에 대하여 거절의 의사를 표시하거나 위 서면통지를 받은 날로부터 [7]일 이내에 별도의 의사를 표시하지 아니한 경우, 인수인은 처분대상 주식을 처분할 수 있다.

   2) 이해관계인이 제1호에 따른 본건 주식 등의 매매대금을 그 지급일에 지급하지 아니하는 경우에는 지급일 다음 날로부

터 실제 지급하는 날까지 주식매매대금에 대하여 연 복리
(20)%의 이율에 의한 지연배상금을 지급하여야 한다.
2. 인수인은 다음 각 호의 1에 해당하는 경우에는 전항에 상관없
이 회사의 주식을 처분 할 수 있다.
   1) 회사가 '기업공개'되었을 때
   2) 회사의 주주가 인수인 소유의 주식을 매입할 의사를 표하
      고 인수인이 이에 동의한 때
   3) 회사가 정상가동 상태에 있고 인수인이 투자목적을 달성하
      였다고 인정할 때

해설>

전환사채로 투자하였던 투자회사가 사채를 전환 청구하여 얻게 된
주식의 일부 또는 전부를 제삼자에게 처분하고자 하는 경우, 이해관
계인에게 우선매수권을 부여한다는 내용을 계약서에 명시한다. 이는
주식이 기존주주 이외의 자에게 나가는 것을 꺼리고 경영권 안정을
추구하는 회사 경영진(이해관계인)을 위하여 우선매수권을 주는 데
가장 큰 의의가 있다. 따라서 해당이해관계인 측에서 원할 경우에 넣
어 주도록 한다. 그리고 기업공개가 된 경우 등에는 이러한 우선매수
권을 부여할 필요가 없을 것이다. 아래에 인수인지분매수권에 관한
조항의 예를 인용한다.

3.30 자산우선매수권

예시>

1. 회사가 주요자산의 전부 또는 일부를 매각 또는 양도하고자 하는 경우, 인수인은 회사가 매각하고자 하는 주요자산의 전부 또는 일부에 대해 제삼자에 우선매수권을 가진다. 이를 위해 이해관계인은 인수인에게 처분하고자 하는 주요자산의 내역, 처분가격과 양수예정자 등 상세한 예정처분내용을 서면으로 통지하여야 한다. 인수인은 위 서면통지를 받은 날로부터 [<u>30</u>]일 이내에 매수의사를 이해관계인에게 서면통지 할 수 있다. 인수인의 매수통지의사가 이해관계인에게 도달하는 경우 대상 자산에 대한 매매계약이 체결된 것으로 보며, 인수인과 이해관계인은 이로부터 [<u>10</u>]일 이내에 자산양도계약을 이행하여야 한다. 인수인이 이해관계인의 서면통지에 대하여 매수거절의 의사를 표시하거나 위 서면통지를 받은 날로부터 [<u>30</u>]일 이내에 처분에 대한 부동의 의사를 표시하는 등 별도의 의사를 표시하지 아니한 경우, 이해관계인은 대상 자산을 처분할 수 있다.
2. 제1항에 따라 자산을 매각하는 경우, 이해관계인은 자산을 처분할 수 있는 날로부터 [<u>60</u>]일 이내에 제1항의 서면통지에 기재된 것 이상의 가격 또는 제삼자에게 유리하지 않은 조건으로 처분할 수 있다. 서면통지에 기재된 것보다 낮은 가격 또는 제삼자에게 유리한 조건으로 대상 자산을 처분하고자 하거나 처분할 수 있는 날로부터 [<u>60</u>]일을 넘기는 경우는 다시 제1항에 따른 절차를 거쳐야 한다.

해설>

회사가 주요자산의 전부 또는 일부를 매각 또는 양도하고자 하는 경우, 투자회사는 회사가 매각하고자 하는 주요자산의 전부 또는 일

부에 대해 제삼자에 우선매수권을 가진다는 내용을 계약서에 명시한
다. 투자자로서 투자금회수에 사실상 우선적인 효과가 있을 것이다.
자산매각대금과 사채원리금을 상계할 수 있을 것이기 때문이다. 아래
에 자산우선매수권에 관한 조항의 예를 인용한다.

3.31 인수인주식 매수의무

예시>

1. 다음 각 호의 사유 발생 시 병은 연대하여 갑의 주식을 매수하
   여야 한다.
   1) 회계장부상 을의 이일을 허위기재하거나 은폐한 때
   2) 을의 자산을 사업목적 외의 용도에 사용하거나 유출시킨 때
   3) 이 계약에서 정하고 있는 어느 규정에라도 위반한 때
2. 갑은 제1항 각 호에 해당되는 경우 을에게 갑의 주식을 매수
   할 것을 청구할 수 있다.
3. 제2항의 경우에 을에게 매수요구통지를 한 날로부터 1개월 이
   내에 갑의 주식을 매수하여야 한다.
4. 을이 제3항의 주식매수의무를 이행하지 아니하는 때에는 갑이
   을에게 주식매수요구통지를 한 날로부터 1개월이 경과하는 날
   그 익일에 갑과 을 사이에 주식매매계약이 체결된 것으로 본다.
   이 경우 을은 주식대금을 갑에게 지체 없이 지급하여야 한다.
5. 을의 매수의무주식의 매수가격은 갑이 지정한 감정기관의 평
   가액(제226조제1항1호 및 2호의 경우 평가는 각 사유의 발생
   전 을의 자산을 기준으로 한다). 다만 동 감정기관의 평가액이
   갑의 당초 주식인수가격에 미달하는 경우 갑의 당초 인수가격
   에 투자일로부터 실제 매수일까지 연 10%의 율에 의한 금액
   을 가산한 금액으로 한다.

투자회사는 회사가 회계분식, 투자자산 용도 외 사용, 계약내용 위반 시 회사 이해관계인은 매수의무를 가진다는 내용을 계약서에 명시한다. 아래에 인수인주식 매수의무에 관한 조항의 예를 인용한다.

3.32 퇴사 금지

예시>

본 계약의 이해관계인은 인수인의 인수대금 납입 후 (만 3년) 이내에 퇴사할 경우, 퇴사 당시 보유주식 중 (80%)를 인수인에게 액면가나 취득가 중 낮은 가격으로 인수인의 매수 여부 선택에 따라 매도할 의무를 진다.

해설>

계약서상 이해관계인(대주주, 주요 인력)의 퇴사를 제한하는 내용으로 겸업, 신회사 설립금지, 퇴사 제한 등 다양한 경우를 규정할 수 있다. 이해관계인의 퇴사 시 손해배상 등 강력한 제재 규정이나 이해관계인의 주식을 저렴하게 우선매수할 수 있는 권리 등 다양한 penalty를 고려할 수 있다. 우선주 계약서의 경우에 '퇴사금지'에 관해 기술한 부분도 참조하기 바란다. 이하는 이러한 규정의 한 예이다.

3.33 통지

계약에 따른 통지 방법, 통지 대상, 통지 일자 등을 규정하는 내용이다. 신주인수계약서의 경우와 마찬가지라 할 것이므로 자세한 설명을 생략하니, 해당부분을 참조.

3.34 계약 유효기간

예시>

1. 본 계약의 유효기간은 '갑'이 투자금을 완전히 회수하는 시기까지로 하되, '갑'이 투자로 인하여 다른 청구권이 존재하는 한 계속하여 이 계약은 유효한 것으로 한다.
2. '갑'의 전환청구로 전환사채가 주식으로 전환된 경우에도 별도의 계약서가 체결되지 않는 한 본 계약을 주식인수계약서로 갈음한다.

해설>

계약의 유효기간을 기재(투자금의 전부 또는 대부분을 회수하는 시점, 코스닥 상장 후 1년 경과시점 등)하되 투자로 인한 다른 청구권이 존재하는 한, 계약이 유효하다는 내용을 기재한다.

한편, 전환사채가 주식으로 전환될 경우 별도의 계약이 없는 한 본 계약이 주식인수계약서로 갈음될 수 있다는 내용을 기재하여 두는 것이 투자회사의 입장에서 매우 바람직하다. 이하는 이러한 규정의 한 예이다.

3.35 권리의무양도 제한

예시>

해설>

회사 및 이해관계인이 권리 및 의무를 제삼자에게 양도하기 위해
서는 인수인의 사전 (서면)동의가 필요하다는 규정을 넣어 두면, 인수
인의 동의 없이 권리의무가 양도됨으로써 계약당사자관계가 복잡해
지는 것을 예방할 수 있다. 이하는 이러한 조항의 한 예이다.

3.36 권리포기의 부인

예시>

인수인이 서면으로 명확하게 그러한 의사를 표시하지 않는 한, 어
떠한 조치(이행청구의 지연이나 해태, 이행청구를 하지 않거나 기
타 이행에 필요한 행위를 하지 않는 것)도 인수인이 본 계약상 권
리를 포기한 것으로 간주되지 않으며, 인수인이 본 계약상 인정되
는 어떠한 권리를 실행하지 않고 있더라도 당해 권리를 포기한
것으로 간주되지 않는다. 또한 인수인이 특정한 권리를 실행하지
않더라도, 그 이외의 다른 권리를 행사할 수 있으며 그 권리행사
에 아무런 지장을 받지 아니한다.

해설>

　인수인의 권리를 공고히 하기 위한 확인적 의미에서, 서면으로 '권리를 포기한다'는 의사표시가 없는 한, 인수인의 권리가 유효하다는 취지의 내용을 넣어 두는 것은 바람직하다. 다만 이러한 조항이 어떠한 권리를 추가로 발생시키는 것은 아니지만, 상대방의 억지 주장을 예방할 수 있다는 점에서는 투자회사를 위한 방어수단의 의미가 있다.

Part
04

별첨

1. 주식인수계약서

예시>

주식인수계약서(안)

년　　월　　일

벤처캐피털	투자기업
——————————	——————————
대표이사	대표이사
——————————	——————————
(주소)	(주소)
——————————	——————————

신주인수계약서

본 계약은 [   ]에 주소를 두고 있는 벤처캐피털(이하 '인수인')과 [   ]에 주소를 두고 있는 [   ](이하 '회사') 및 아래에 정의된 회사의 대주주, 주요 경영인 또는 주요 연구개발자인 이해관계인(이하 '이해관계인') 사이에 200 . . .에 체결되었다.

제1조(계약의 목적)

본 계약은 회사가 발행하는 신주를 인수인이 인수함에 있어 회사와 이해관계인 및 인수인 사이에 발생하는 권리의무를 확정하고, 주식인수 후 회사의 사업운영에 관한 제반사항을 규정하는 것을 목적으로 한다.

제2조(이해관계인)

1. 본 계약에서 이해관계인이라 함은 주식인수 당시 인수인이 회사를 사실상 지배하고 있다고 인정하는 자연인 또는 법인으로서 회사의 발행주식 총액의 [10]% 이상을 소유한 대주주, 주요 경영인, 주요 연구개발자 또는 기타 회사의 실질적인 지배권을 가지고 있는 자 중 아래에 열거된 자를 말한다.

성 명:

주 소:

2. 제1항에서 정의된 이해관계인은 본 계약의 각 조항을 승인하고 본 계약상 회사의 의무 이행을 연대하여 이행한다.

제3조(주식의 인수)

1. 회사는 본 계약에 따라 다음과 같이 신주를 발행하며 인수인은 회사로부터 동 주식을 인수한다.

    (1) 발행할 주식의 총수(수권주식 수): [   ]주

    (2) 기발행주식 총수: [기명식 보통주   ]주

    (3) 1주의 액면가액:

    (4) 금회의 신주발행 내역

        가. 주금납입일:

        나. 주식의 종류: 본 계약에 따라 회사가 발행하는 신주(이하 '본건 신주')는 우선주로서 그 우선적인 내용은 제3조의 1 내지 7과 같다.

        다. 본건 신주의 총수량: [   ]주

        라. 인수인에게 배정할 본건 신주의 총수량:

        마. 인수인의 주당 인수가액:

        바. 인수인의 총 인수가액(이하 '투자금액'):

2. 본 계약에 따른 주금납입일(이하 '납입일')은 200 . . .로 정한다.

회사는 납입일로부터 5영업일 전에 주금납입을 위한 은행지점
의 별단계좌를 서면으로 통지하여야 하고, 인수인은 회사주식의
인수대금 전액을 회사가 통지한 은행지점 별단계좌에 송금하여
야 한다.

3. 회사는 납입일 익일(이하 '발행일'이라 한다)에 본건 주식을 발
행하고 자본증자 등기를 완료한다.

4. 회사는 발행일에 다음 각 호의 서류를 인수인에게 교부하여야
한다.
   (1) 본 계약에 의한 인수주식을 표창하는 주권 또는 회사의 주
       권이 미발행된 경우 인수인의 주주로서의 권리를 표창하는
       제반 증서
   (2) 주식인수대금 납입영수증
   (3) 기타 본 계약상의 주식인수를 적법, 유효하게 하는 것으로
       서 인수인이 요청하는 자료

5. 회사 및 이해관계인은 본건 신주 중 인수인이 인수한 주식을 제
외한 나머지 주식(이하 '잔여주식')의 인수를 담보한다.

제3조의1(본건 신주의 내용)

1. 본건 신주는 이익배당, 잔여재산분배에 있어 보통주에 대하여
   우선권이 있고, 전환 및 상환에 관하여 특수한 정함이 있는 전

환주식이며, 의결권이 있는 우선주식이다.

2. 회사는 본건 신주의 적법한 발행을 위하여 상법 등 관계법령이 규정하는 주주총회의 결의, 정관변경 등 제반 절차를 이행하여야 한다.

제3조의2(본건 신주의 의결권)

1. 본건 신주는 일 주당 의결권 한 표를 갖게 된다. 본건 신주의 주주는 회사의 주주총회의 의결에 회부된 모든 사항에 대하여 보통주식의 주주와 동일한 의결권을 갖는다. 단 제3조의4에서 정한 전환조건에 따라 전환비율이 변동되어 보통주로 전환되는 경우에는 전환 후의 보통주식은 일 주당 의결권 한 표를 갖게 된다.

2. 본건 신주에 불리한 주주총회 결의가 있는 때에는 전체 주주총회와 별도로 그 안건에 대하여 본건 신주의 종류주주총회 결의를 거쳐야 한다.

제3조의3(본건 신주에 대한 배당)

본건 신주는 참가적, 누적적 우선주로서 인수인은 본건 신주를 보유하는 동안 투자금액 기준 연[   ]%에 해당하는 금액을 누적적으로 우선배당받게 되고, 우선배당 후 잔여재원으로 보통주에 대하여 배당할 때 보통주식과 동일한 배당률로 참가하여 배당을 받는다.

제3조의4(본건 신주의 전환)

1. 인수인은 본건 신주의 최초발행일 익일로부터 언제든지 보유하고 있는 본건 신주의 전부 또는 일부를 보통주로 전환할 수 있는 권리를 갖는다.

2. 전환비율

   (1) 원칙적으로 본건 신주 1주당 보통주 1주로 하되, 인수인과 회사가 합의하여 전환비율을 따로 정할 수 있다.
   (2) 회사는 인수인의 사전 서면동의 없이 인수인이 전환청구를 하기 전에 인수인의 주당 인수가액 이하의 발행가액으로 유상증자 또는 주식관련사채를 발행하지 않기로 한다.
   (3) 회사가 인수인의 동의를 얻어 인수인이 전환청구를 하기 전에 인수인의 주당 인수가액 이하의 발행가액으로 유상증자 또는 주식관련사채를 발행할 경우에 전환비율을 본건 신주 1주당 {(인수인의 주당 취득가액)/(인수인의 주당 인수가액 이하의 발행가액)}에 의해 산정된 보통주의 수로 조정한다. 다만 본 호에 의한 전환비율의 조정은 유상증자 또는 주식관련사채의 발행가액이 인수인의 주당 취득가액 및 이미 발생한 조정에서의 발행가액 이하인 경우에만 적용된다.
   (4) 회사의 주식을 분할 또는 병합하는 경우 전환비율은 그 분할 및 병합의 비율에 따라 조정된다.

3. 기타 전환주식의 발행, 전환의 청구, 기타 전환에 관한 사항은
   상법 제346조 내지 제351조의 규정을 따른다. 다만 전환권을 행
   사한 주식의 이익이나 이자의 배당에 관해서는 그 청구를 한 때
   가 속하는 영업 연도 말에 전환된 것으로 본다.

제3조의5(본건 신주의 회사청산시의 우선권)

1. 회사가 타인에게 인수합병(신설합병 포함)되거나 회사의 주요사
   업 또는 주요자산이 매각되는 경우 인수인은 투자금액의 [ ]배
   에 해당되는 금액과 미지급된 배당금을 합한 금액의 한도에서
   보통주를 보유한 주주에 우선하여 재산의 분배를 받는 권리를
   갖는다.

2. 회사가 1호 이외의 사유로 청산될 때 인수인은 잔여재산분배에
   대하여 투자금액과 미지급된 배당금을 합한 금액의 한도에서 보
   통주를 보유한 주주에 우선하여 잔여재산의 분배를 받을 권리를
   갖는다.

3. 본건 신주를 보유한 주주에 대한 재산분배 후 잔여재산이 있는
   경우 본건 신주의 주주는 보통주주와 같은 조건으로 잔여재산
   분배에 참여할 수 있다.

4. 회사가 주요자산의 일부 또는 전부를 매각 또는 양도하고자 하
   는 경우, 인수인은 회사가 매각하고자 하는 주요자산에 대해 제

삼자에 우선하여 매수할 권리가 있다. 이를 위하여 회사는 인수인에게 매각하고자 하는 자산의 내역 및 양도가격을 서면으로 통지하여야 한다. 인수인이 위 서면통지에 대하여 매수거절의 의사를 표시하거나 위 서면통지를 받은 날로부터 14일 이내에 매수의 의사를 표시하지 아니한 경우, 회사는 매각 대상 자산을 제삼자에게 매각할 수 있다. 다만 회사는 제삼자에게 위 서면통지에 기재된 조건보다 낮은 가격 또는 제삼자에게 유리한 조건으로 매각할 수 없다.

제3조의6(본건 신주의 상환)

1. 회사는 회사의 이익으로 본건 신주를 다음의 절차에 따라 상환하여야 한다. 다만 상환주식의 상환은 회사에 배당 가능한 이익이 있을 때에만 가능하며, 상환청구가 있었음에도 상환되지 아니하거나 우선배당을 받지 못한 경우에는 상환기간은 상환 및 배당이 완료될 때까지 연장되는 것으로 한다.

   (1) 상환기간: 회사의 주식이 [   ]년 [ ]월 [ ]일까지 증권거래소시장에 상장 또는 코스닥시장에 등록되지 못할 경우, 회사는 [   ]년부터 인수인의 상환요구가 있는 경우 아래와 같은 일정 및 비율에 따라 본건 신주의 전부 또는 일부를 상환하여야 한다. 최초상환청구일이 속하는 사업 연도(이하 '최초상환청구연도')의 개시일로부터 종료일까지 투자금액의 30%에 해당하는 주식 수

최초상환청구일이 속하는 사업 연도(이하 '최초상환청구연도')의 개시일로부터 종료일까지	투자금액의 30%에 해당하는 주식 수
'최초상환청구연도'의 종료일로부터 1년 이내	투자금액의 60%에 해당하는 주식 수에서 이미 상환된 금액에 해당하는 주식 수를 공제한 주식 수
'최초상환청구연도'의 종료일로부터 1년 경과 후 2년 이내	투자금액의 100%에 해당하는 주식 수에서 이미 상환된 금액에 해당하는 주식 수를 공제한 주식 수

(2) 상환방법: 인수인은 1개월 이상의 기간을 두고 상환일자를 정하여 회사에 통보하여야 하며, 회사는 인수인이 정한 상환일자에 현금으로 상환하여야 한다.

(3) 상환가액: 인수인의 투자원금의 [ ]배 이내에서 인수인이 정한 금액에 미지급배당금을 합한 금액으로 한다.

2. 회사의 주식이 본건 신주 상환 도중에 증권거래소시장에 상장 또는 코스닥시장에 등록될 경우 미상환 잔존주식 수에 대하여 1항에 따른 회사의 상환의무는 없는 것으로 한다.

제3조의7(본건 신주의 신주인수권)

본건 신주는 신주인수권이 있으며 무상증자의 경우에는 같은 종류의 우선주로, 유상증자의 경우에는 회사가 발행키로 한 주식으로 배정받을 권리가 있다.

제4조(회사에 관한 진술 및 보증)

1. 회사 및 이해관계인은 본건 신주의 발행과 관련하여 다음과 같이 진술, 보증하며, 그 내용은 본 계약 체결일 현재뿐만 아니라 납입일 및 발행일 현재에도 모두 진실하고 정확함을 보장한다.

    (1) 회사는 대한민국 법률에 따라 적법하게 설립되어 유효하게 존속 중인 회사로서 회사의 자산을 적법하게 소유하고 회사 운영에 필요한 제반 인허가를 취득하여 상법 등 관계법령 및 정상적인 상관행에 따라 회사의 사업을 운영하고 있다.

    (2) 회사는 정관 및 내부규칙의 변경, 이사회의 승인을 비롯하여 본 계약의 체결 및 유지를 위하여 회사가 이행하여야 하는 모든 조치를 취하였으며, 파산, 지급불능, 회사정리, 지급유예 및 채권자의 권리에 부정적 영향을 미치는 사실은 없다.

    (3) 회사는 본 계약을 체결하고 본 계약에 따른 의무를 이행하는 데 필요한 법률적, 사실적인 모든 권한을 가지고 있다.

    (4) 본 계약에 의한 회사의 의무는 적법, 유효하고 회사에 대하여 집행 가능한 법적 의무를 구성한다.

    (5) 회사의 기발행주식은 본 계약의 체결일자를 기준으로 주당 액면가가 금 [   ]원인 보통주 [   ]주이고, 그 이외의 발행주식은 존재하지 아니한다. 또한 회사가 발행한 전환사채 중 본 계약 체결일 현재를 기준으로 주식으로 전환되지 않은 전환사채, 신주인수권부사채, 행사 가능한 주식매입선택권(스톡옵션), 주식배당 기타 장래 회사의 지배구조에 영향을 줄 수

있는 제반 권리의 주요내용은 별첨부록에 기재된 바와 같다.

(6) 인수인이 본 계약에 따라 인수하는 주식은 적법하며 유효하게 발행되었다.

(7) 본 계약의 체결 및 신주의 발행은 법률이나 규정 기타 관계 법령을 위반하지 아니하며, 회사 정관에 부합하고, 회사가 당사자인 계약 또는 기타 의무의 위반을 가져오지 아니한다.

(8) 회사의 사업에 중요한 영향을 미치는 것으로 본 계약 체결일 현재 인수인에게 서면으로 통지된 사실 이외에 진행되거나 발생이 예상되는 소송, 중재 또는 행정절차 기타 분쟁은 없다.

(9) 회사가 인수인에게 제공한 회사의 재무제표는 한국에서 통용되는 기업회계기준을 포함하여 일반적으로 인정되는 회계원칙 및 관행에 따라 작성되었으며, 회사의 재무 상태를 충실하게 반영하고 있다.

(10) 첨부한 별첨부록에 기재한 사항을 제외하고, 회사가 부담하는 주요한 법규상 또는 사실상의 의무, 부담은 존재하지 않으며 [ ]년 [ ]월 [ ]일 이후에, 회사의 재무 상태, 자산 및 부채, 영업에 불리한 영향을 미칠 수 있는 중대한 변경이나 변동사항은 없다.

(11) 회사는 재산 및 기타 유무형의 자산에 관하여 적법한 권리를 보유하고 있고, 제삼자의 권리를 침해하거나 침해받고 있지 않다.

(12) 회사는 특허권, 상표, 의장, 실용신안권 기타 지적재산권과 관련하여 회사의 사업을 운영하기 위하여 필요하거나 현재 사용하고 있는 지적재산권에 대하여 적법한 권리를 보유하고 있으며, 회사의 지적재산권은 제삼자의 권리를 침해하지

아니한다.

(13) 회사는 국세, 지방세 등 모든 납세의무를 이행하였고 미납된 세금은 없다.

(14) 회사는 통상적인 사업에 의하지 아니하고 차입 등의 방법으로 금 [   ]원을 초과하는 부채를 발생시키지 아니하였다. 아울러, 통상적인 사업경로에 따른 제품의 판매 등을 제외하고 회사의 자산이나 권리를 매매, 교환 또는 기타 방식으로 처분하지 아니하였다.

(15) 회사는 회사의 업무내용, 시설, 자산, 임차물 및 장비 등과 관련하여 환경 및 노동 관련 법률, 규정 또는 규칙을 준수하였다.

(16) 회사가 인수인에게 제공한 사업계획서 등 일체의 서면, 서류, 정보 기타 자료는 모든 면에서 진실하고 거짓이 없으며, 기타 인수인의 합리적인 투자결정시 요구되는 정보를 제공하였다.

(17) 회사는 별첨부록 이외에 직, 간접적으로 소유, 경영 또는 지배하는 자회사나 기타 계열사, 합작회사, 동업관계 기타 유사한 거래관계는 존재하지 않는다.

(18) 회사는 별첨부록 이외에 주주, 이사, 감사, 기타 직원 및 그 관계인과의 거래관계는 존재하지 않는다.

(19) 회사는 전, 현직임직원의 업무수행과정에서 취득하는 특허, 실용신안, 의장, 노하우 기타 지적재산권이 회사에 귀속되도록 하기 위하여 필요한 약정을 체결하였다.

(20) 회사는 회사 운영과 관련하여 필요한 제반 보험에 가입되어 있다.

2. 위 진술, 보증 사항들은 본 계약의 중대한 내용을 이루며 회사
   및 이해관계인이 인수인에 대하여 법적 책임을 지는 약정으로
   서의 효력을 가진다.

3. 회사 및 이해관계인은 위 기재의 진술 및 보장이 허위이거나 부
   정확한 경우 이로 인하여 인수인이 입게 되는 모든 손해, 손실
   및 지출한 비용을 배상하여야 한다.

4. 회사 및 이해관계인은 위 기재의 진술 및 보장에 영향을 미칠 사
   유가 발생한 경우에는 즉시 인수인에게 이를 통지하여야 하며,
   인수인의 요청에 따라 적절한 대응조치를 취하여야 한다.

제5조(이해관계인의 진술 및 보증)

이해관계인은 인수인에 대하여 다음과 같이 진술, 보증을 하며, 그
내용은 본 계약 체결일 현재뿐만 아니라 납입일 및 발행일 현재에도
모두 진실하고 정확함을 보증한다.

1. 이해관계인은 회사의 보통주 [   ]주 (본 계약 체결일 현재 발행
   주식 총수의 [   ]%)를 자신의 명의 및 계산으로 소유하고 있다.

2. 별첨부록은 이해관계인과 증권거래법상의 특수 관계에 있는 주주
   들의 이름, 관계 및 그 소유 주식 수를 정확하게 표현하고 있다.

3. 이해관계인이 본 계약을 체결하고 그 내용을 이행함에 있어 법
   령, 명령, 판결이나 또는 이해관계인이 당사자인 계약에 따른 제
   한은 존재하지 아니한다.

4. 위 진술, 보증 사항들은 이해관계인이 인수인에 대하여 법적 책
   임을 지는 약정으로서의 효력을 가지며 이해관계인은 위 기재의
   진술 및 보장이 허위이거나 부정확한 경우 이로 인하여 인수인
   이 입게 되는 모든 손해, 손실 및 지출한 비용을 배상하여야 한다.

5. 이해관계인은 위 기재의 진술 및 보장에 영향을 미칠 사유가 발
   생한 경우에는 즉시 인수인에 이를 통지하여야 하며, 인수인의
   요청에 따라 적절한 대응조치를 취하여야 한다.

제6조(인수인의 진술 및 보증)

인수인은 회사에 계약체결일자 및 인수종결일에 다음 각 호의 사
항을 진술하고 보증한다.

1. 인수인은 대한민국의 법률에 따라 적법하게 설립되어 유효하게
   존속하고 있다. 인수인은 본 계약을 체결하고 이행하는 데 필요
   한 모든 법적 권한을 가지고 있다.

2. 본 계약에 의한 인수인의 의무는 적법, 유효하고 인수인에 대하
   여 집행 가능한 법적 의무를 구성한다.

3. 인수인은 본 계약의 체결에 필요한 인수인 측 제반 조치를 취하
   였다.

4. 인수인은 본 계약의 체결과 관련하여 관계법령을 위반하지 아니
   하며, 인수인의 정관 등에 위배되지 아니하고, 인수인이 당사자
   로 있는 계약의 위반이나 채무불이행을 가져오지 아니한다.

5. 인수인은 본 계약에 의한 신주인수는 회사에 대한 투자목적에
   따라 스스로의 출연으로 신주를 인수하는 것이다.

제7조(회사의 약정사항)

본 계약과 관련하여 회사는 다음 사항을 약정한다.

1. 회사는 본 계약의 성실한 이행을 위하여 합리적인 기간 내에 회
   사의 정관 및 내부규칙 등 회사운영에 관한 규정 중 본 계약에
   반하는 부분에 대한 개정, 주주총회 결의, 이사회결의 등 필요한
   절차를 거쳐야 하며, 변경된 사항 중 등기를 필요로 하는 사항에
   대해서는 즉시 변경등기를 하여야 한다. 회사는 제3조제1항의
   소정의 납입일 3일 전까지 주주총회 의사록, 이사회의사록 및
   개정된 정관 및 법인등기부등본을 인수인에게 교부하여야 한다.

2. 회사는 본 계약 체결 이후 납입일 이전까지 관계법령과 정상적
   인 상관행에 따라 통상적인 방법으로 영업을 영위하고 회사관련

정보에 대한 합리적인 접근을 허용하며 회사의 사업이나 경영에 부정적인 영향을 미치거나 중요한 사항에 대해서는 즉시 통보한다. 회사는 본 계약 체결 이후 납입일까지 인수인에게 발행되는 신주 이외의 주식을 발행하여서는 아니 된다.

3. 회사는 납입일 이전에 인수인에게 제출된 사업계획서상 기술인력으로 규정된 인원이 회사의 임원 또는 근로자로서 계속 근무하도록 최선을 다하여야 한다.

4. 회사는 인수인의 사전 서면동의가 없는 한, 의결권의 행사, 배당이나 잔여재산분배에 있어서 본건 주식보다 우선하는 종류의 주식을 발행하지 않아야 한다.

5. 회사는 향후 신주식의 발행에 있어 본 계약에 따른 인수인의 주식인수가격보다 낮은 가격으로 신주식을 발행할 경우 인수인의 사전 서면동의를 얻어야 한다.

6. 회사는 가능한 조속한 기간 내에 회사의 주식을 국내 증권거래소, 코스닥 또는 해외공개시장(이하 '인정된 증권거래소') 등에 상장 또는 등록하도록 하여야 한다.

7. 회사는 인수인의 사전 서면동의 없이 보유하는 기술의 일부 또는 전부를 제삼자에게 양도, 이전, 제공하거나 기타 처분행위를 할 수 없다.

8. 회사는 회사의 주요 임직원으로서 인수인이 지정하는 자에 대하여
   인수인을 보험수익자로 하는 상해보험에 회사의 비용으로 가입한다.

9. 회사는 특별한 사유가 없는 한 인수인이 지정하는 회계법인의
   회계감사를 받는다.

제8조(이해관계인의 약정사항)

본 계약과 관련하여 이해관계인은 다음 사항을 약정한다.

1. 이해관계인은 회사가 본 계약에 따른 조건으로 본건 주식을 발
   행하기 위하여 정관개정, 주주총회결의, 이사회결의 등 필요한
   절차를 진행하는 데 협조한다.

2. 이해관계인은 회사의 발전 및 가치증진을 위하여 최대한 협조하
   여야 한다.

3. 이해관계인은 향후 회사와의 일체의 거래를 객관적이고 공정한
   조건으로 수행할 것을 약정한다.

4. 이해관계인은 소유한 주식을 인수인의 사전 동의 없이 제삼자에
   게 양도, 증여, 담보제공 등 처분행위를 하지 못한다.

5. 이해관계인이 회사의 주식을 제삼자에게 매각하는 경우에 인수

인은 인수인이 소유한 회사의 주식을 동일한 조건으로 동일인에게 매각할 것을 청구할 수 있으며 이 경우 인수인 소유의 주식을 우선 매각할 수 있도록 한다.

6. 이해관계인 및 그 특수 관계인(증권거래법에 따른 개념임)이 회사와 거래 시 인수인의 사전 동의를 받아야 한다.

7. 이해관계인은 인수인의 사전 동의 없이는 회사가 보유하고 있는 기술 또는 회사로부터 취득한 know-how, 정보, 지식 등 유무형의 재산적 가치가 있는 자산을 제삼자에게 제공하거나, 회사가 경영하는 사업에 직접 또는 간접으로 중대한 영향을 미치는 사업에 법적 또는 실질적인 경영진, 기술고문 또는 직원으로 참여할 수 없다.

8. 이해관계인은 인수인의 사전 서면동의 없이는 현재 회사가 보유하고 있는 기술 및 향후 회사가 개발(외부기관에 의뢰하여 개발하는 경우 포함)하거나 도입하는 기술의 일부 또는 전부에 관한 사업에 대하여 신회사 설립, 경쟁업종 종사, 경쟁사 주식취득 등 달리 이해관계가 있는 업종에 관계할 수 없다. 이러한 제한은 이해관계인이 회사에 근무하는 기간은 물론이고 회사를 퇴직한 경우 퇴직 시점부터 3년간 유효하다.

9. 제2조제1항의 이해관계인에 해당하는 주요 경영인 또는 주요 연구개발자 중 아래에 열거된 사람은 납입일 후 만 [3]년 이내에

퇴사할 경우, 퇴사 당시 보유주식 중 [80]%를 내부 주주들에게
액면가로 매도하여야 하며 이 경우 내부주주는 동 매도에 대해
응하지 않을 수 있다.

성 명:
주 소:

다만 주식을 보유하지 않은 아래 주요 경영인 또는 주요 연구개발
자는 ① 발행일로부터 [3]년이 경과한 날 ② 회사의 주식이 인정된 증
권거래소에 상장되는 날 또는 ③ 다른 회사에 인수 합병되는 날 중
먼저 도래하는 날까지 퇴사하지 못한다.

성 명:
주 소:

제9조(투자금의 용도보장 및 관련 자료 보관)

회사와 이해관계인은 인수인으로부터 납입받은 투자금액을 회사
가 인수인에게 제시한 사업계획서에 기재된 용도에 사용하여야 하고,
사용과 관련한 상세한 기록과 증빙자료 등 관련 자료를 보관하여야
한다. 이와 관련하여 회사는 투자금액의 용도를 변경하고자 하는 경
우에는 인수인의 사전 서면승인을 얻어야 한다.

제10조(인수인의 경영참여권)

1. 회사의 이사회는 [   ]인으로 구성되며, 인수인의 사전 서면동의 없이 이사의 수를 증가시키지 않는다. 회사는 [2개월]마다 최소한 1회의 이사회를 개최한다. 인수인은 1인의 이사를 파견할 권리를 갖는다. 대주주 및 회사는 납입일 후 3개월 이내에 인수인이 지명한 자가 이사로 선임될 수 있도록 주주총회를 개최하고 의결권을 행사하는 등 모든 조치를 취한다.

2. 회사와 이해관계인은 임원을 선임, 변경, 해임하려는 경우 인수인에게 사전 통지하고 그 동의를 얻어야 한다.

3. 회사는 다음 각 호의 사항에 관하여 그 발생 15일 전까지 인수인에게 서면통지 하여 서면동의를 받아야 하고, 그 결과를 발생 후 3일 내에 인수인에게 서면통지 하여야 한다.

   (1) 주주총회 및 이사회 안건
   (2) 정관의 변경, 자본금의 증감이나 잉여금의 처분
   (3) 주식에 관련된 사항
   (4) 중요한 자산(기술 포함)에 대한 매각, 임대, 기타 방법으로 처분하는 행위
   (5) 사업의 전부 또는 일부의 중단, 포기
   (6) 합병, 분할, 법인의 설립, 제삼자에의 출자, 회사정리, 파산신청, 부도 기타 회사의 경영에 중대한 영향을 미치는 사항

(7) 주요자산의 취득

(8) 자산재평가

(9) 제휴사, 관계회사, 계열사 및 기타 법인, 단체에 대한 투자

(10) 금[   ]원을 초과하거나 회사의 부담을 중요하게 증대시키
는 채무의 부담

(11) 주요 주주의 지분변동

4. 회사는 인수인의 요청에 따라 다음 각 호의 사항을 인수인에게
보고하거나 제출하여야 한다.

(1) 사업계획서, 결산재무제표, 감사보고서 및 사업실적 보고서

(2) 제삼자에 대한 투자, 중요고정자산의 취득 또는 처분, 중요한
권리의 취득 또는 양도, 재해 등에 따른 손해

(3) 중요한 사업계획의 변경

(4) 중요한 소송 등 분쟁의 진행과정

(5) 주주의 변동사항

(6) 기술인력의 채용, 퇴직상황

(7) 기타 인수인이 요청하는 사항

5. 인수인은 필요한 경우에 회사의 회계 및 업무전반에 대하여 경
영진단을 실시할 수 있으며, 회사는 이에 성실히 협조하여야 한
다. 경영진단에 소요되는 비용은 회사가 부담한다. 인수인은 경
영진단 실시결과에 따라 회사에 그 시정을 요청할 수 있고, 이
경우 회사는 그 사항을 즉시 시정하고 그 결과를 인수인에게 통

지하여야 한다.

6. 인수인은 필요한 경우에 회사의 재산 및 경영 상태와 사업의 수
행정도를 확인할 수 있으며, 필요하면 자신의 임직원 외에 공인
회계사, 변호사 등 전문가의 도움을 받을 수 있다. 이에 소요되
는 비용(인건비를 포함한다)은 특별한 사유가 없는 한 회사가 부
담한다.

제11조(계약의 선행조건)

본 계약은 납입일 현재 다음 각 호의 조건이 충족되는 것을 그 이
행 및 효력발생의 선행조건으로 한다.

1. 회사 및 인수인은 본 계약에 따라 납입일 이전에 이행하거나 준
수하여야 할 모든 약정, 합의 및 조건을 이행하고 준수하여야 한다.

2. 본 계약에서 인정하는 경우를 제외하고 회사 및 인수자가 본 계
약에서 행한 진술 및 보증이 마치 납입일에 행하여진 것처럼 납
입일 현재 모든 중요한 점에서 진실하고 정확하여야 한다.

3. 본 계약에서 인수인이 인수하기로 예정된 주식의 발행을 금지하
거나 제한하는 소송 또는 기타 절차가 법원이나 정부기관에서
진행 중이거나 진행될 우려가 없어야 하며, 위와 같은 소송이나
절차로 이어질 조사가 진행 중이거나 진행될 우려가 없어야 한다.

4. 본 계약의 체결 및 이행과 관련하여 회사가 법률상, 계약상 획득하여야 할 정부의 인허가, 제삼자의 동의 등을 모든 점에서 종료하였다.

제12조(배당)

1. 회사는 주주총회의 승인이 있은 날로부터 2개월 이내에 인수인에게 배당을 지급한다. 다만 주주총회에서 배당지급시기를 따로 정한 경우에는 그 기일에 지급한다.

2. 현금배당을 할 경우에 회사가 전항의 기한까지 배당금을 지급하지 아니하는 때에는 그 기한 만료일의 익일로부터 실제 지급일까지 경과기간에 대한 연 20%의 지연손해금을 인수인에게 가산하여 지급한다.

제13조(해지)

1. 다음 각 호의 1에 해당하는 경우에 회사와 인수인의 해지의 의사표시에 의하여 본 계약은 해지된다.

  (1) 당사자 상호 간의 합의에 의한 경우
  (2) 본 계약의 의무를 중대하게 위반하고 상대방으로부터 그 시정을 요구받았음에도 [   ]일 이상 시정되지 않은 경우
  (3) 회사가 인수인에게 제출한 사업계획서상의 기재사항을 중대하게 위반하고 그 시정을 요구받았음에도 [   ]일 이상 시정되

지 않은 경우

   (4) 당사자가 합리적으로 통제할 수 없는 불가항력적 사유가 이
루어져 납입일이 1개월 이상 지연되는 경우

2. 제1항에 의하여 본 계약이 해지되는 경우, 해지의 효력발생일로
부터 본 계약은 즉시 효력을 상실한다. 다만 해지일 이전에 발생
한 손해배상 기타 책임이나 채무는 면제되지 아니한다.

3. 잔여주식에 대한 주금이 납입일에 납입되지 아니하는 때에는 본
계약은 자동으로 해지되며 이 경우 회사 및 이해관계인은 연대
하여 인수인이 납입한 투자금액 및 이에 대한 지급되는 날까지
의 10%의 비율에 의한 금원을 손해배상금으로 지급하여야 한다.

제14조(주식의 매수의무)

1. 인수인은 회사에 다음 각 호의 1에 해당하는 사유가 발견되거나
발생하는 경우 본건 신주 및 동 주식에 대한 유무상증자 또는 주
식배당 등으로 인하여 인수인이 소유하게 된 주식(이하 '매수대
상주식')의 전부 또는 일부에 대하여 회사 또는 이해관계인에게
매수를 청구할 수 있고 이 경우 회사 또는 이해관계인은 인수인
의 청구에 따라 이를 연대하여 매수하여야 한다.

   (1) 제4조, 제5조, 제7조, 제8조의 약정사항을 위반한 경우
   (2) 회사 및 이해관계인이 본 계약에 의한 자료제출의무, 보고의

무, 회계감사 수감의무, 협의 및 동의 절차 준수의무, 상환의
무 등 각종의무를 이행하지 않거나 제출한 서류가 허위거나
인수인의 투자의사결정과 관계되는 중요한 자료를 누락 또는
은폐시킨 경우

   (3) 주금의 납입가장 등 명목여하를 불문하고 중요자산을 사업목
적 외의 용도에 사용하거나 유출시킨 경우

   (4) 인수인이 지정한 공인회계사 또는 회계법인으로부터 회계실
사를 거부하는 경우, 회계법인의 의견거절, 부적정 의견 또는
감사거절의 경우 및 회계장부에 조작이 있는 경우

   (5) 회사 또는 이해관계인이 주가조작에 관련된 경우

2. 제1항에 의한 인수인의 주식매수청구는 회사 또는 이해관계인
에 대하여 매수대상주식의 수량, 매수금액, 지급조건 등을 기재
한 서면으로 하며, 인수인의 매수청구가 도달한 시점에 당해 주
식에 대한 매매계약이 체결된 것으로 본다.

3. 제1항에 의하여 인수인이 회사 또는 이해관계인에게 주식매수
청구를 하는 경우 회사 또는 이해관계인은 매수청구를 받은 날
로부터 1년 이내에서 인수인이 정하는 기한 내에 그 주식에 대
한 매수대금을 인수인의 주식이전의 대가로 인수인에게 지급하
여야 한다. 인수인과 회사 또는 이해관계인이 지급조건에 대하
여 별도의 합의를 한 경우에는 그 합의에 따른다.

4. 매수대상주식에 대한 매수가격은 인수인의 투자금액 및 이에 대

한 연 IRR 30%의 비율로 계산한 매수대금 지급일까지의 투자수익을 합한 금액으로 한다. 다만 인수인은 회사의 사정을 감안하여 매수대금을 조정할 수 있다.

5. 제3항에 의하여 합의했거나 인수인이 정한 기한 내에 회사 또는 이해관계인이 주식매수 대금을 인수인에 지급하지 아니하는 경우에는 회사 또는 이해관계인은 그다음 날로부터 실제 지급하는 날까지 위 주식매수대금에 대하여 연복리 20%의 이율에 의한 지연배상금을 지급하여야 한다.

6. 제1항에 의하여 인수인이 회사 또는 이해관계인에게 주식매수 청구권을 행사한 경우 회사 또는 이해관계인은 제삼자를 지정하여 매수대상주식을 매수하게 할 수 있다. 다만 이 경우 회사 또는 이해관계인은 지정된 제3매수인의 의무이행을 연대보증 한다.

7. 본 조에 의한 주식매수청구는 인수인의 회사 및 이해관계인에 대한 손해배상의 청구에 영향을 미치지 아니하고, 인수인은 제15조에 따라 손해배상을 청구할 수 있다.

제15조(손해배상)

1. 당사자는 본 계약의 진술과 보증, 약정사항, 기타 의무사항을 위반한 경우로 인하여 상대방에게 발생한 손해를 배상할 의무가 있다. 다만 당사자가 합리적으로 통제할 수 없는 사유로서 불가

항력적 사유에 의한 계약위반의 경우에는 그러하지 아니하다.

2. 회사와 이해관계인은 다음 각 호의 경우에 연대하여 인수인에게
   손해배상금으로 투자금액의 3배에 상당하는 금액을 지급하여야
   한다. 다만 인수인에게 발생한 손해가 위 금액을 초과하는 경우
   인수인은 그 금액을 증명하여 그 지급을 청구할 수 있다.

   (1) 이해관계인의 배임 및 횡령
   (2) 제14조1항 각 호

3. 제2항에 의한 손해배상금 청구는 서면으로 하며 회사 또는 이해
   관계인은 인수인이 지정하는 기한 내에 이를 지급하여야 한다.

제16조(윤리경영의무)

1. 회사 및 이해관계인은 인수인이 별도로 제시하는 윤리경영규정
   을 준수하여야 한다.

2. 인수인은 회사 및 이해관계인의 위 규정준수 여부에 대하여 정
   기적으로 점검할 수 있다.

3. 위 규정을 위반한 회사의 임직원에 대하여 인수인은 징계를 요
   구할 수 있다.

4. 회사는 위 규정을 위반한 임직원에 대하여 파면 등 중징계를 할 수 있도록 회사의 자체징계규정을 정비하여야 한다.

제17조(분쟁 해결)

본 계약에 따라 발생한 모든 분쟁에 대해서는 서울지방법원을 그 관할법원으로 한다.

제18조(준거법)

본 계약은 대한민국 법률에 따라 규율되고 해석된다.

제19조(통지)

본 계약에 따른 통지는 서면으로 다음의 주소 및 번호를 수취인으로 하여 인편, 팩스 또는 등기우편으로 발송한다.

회사에 대한 통지
    주소:
    전화번호:
    팩스번호:

이해관계인에 대한 통지
    주소:

전화번호:

팩스번호:

인수인에 대한 통지

주소:

전화번호:

팩스번호:

제20조(비밀유지)

본 계약과 관련하여 당사자가 상대방 당사자에게 제공하는 모든 정보는 다음의 각항에 해당하는 경우를 제외하고 제공받은 당사자가 제삼자를 위하여 외부로 유출하거나 다른 목적으로 사용하지 아니한다. 다만 당사자가 별도로 합의하는 경우에는 그에 따른다.

1. 제공받은 당사자가 제공 당시 이미 알고 있는 정보
2. 제공받은 당사자가 다른 출처로부터 적법하게 지득한 정보
3. 현재 공지의 사실에 속하는 정보
4. 제공한 당사자가 비밀유지에 관한 권리를 포기한 정보
5. 법원이나 정부기관이 적법 또는 정당하게 공개 또는 제공을 명령하거나 요구한 정보

제21조(기타)

1. 본 계약은 당사자가 서면으로 적법하게 체결한 문서에 의해서만 개정하거나 수정할 수 있다.

2. 별첨부록에 첨부된 1.~7.은 본 계약서와 함께 본 계약의 약정으로 구성한다.

3. 본 계약은 계약 당사자들의 서명날인과 동시에 그 효력이 발생한다.

4. 본 계약의 당사자는 서명날인 후 즉시 공증을 필하여야 하며 공증료 및 제 경비는 회사가 부담한다.

본 계약을 증명하기 위하여 당사자들은 대표자 또는 적법하게 본 계약 체결에 관한 권리를 위임받은 자로 하여금 본 계약서에 서명날인 하는 방법으로 본 계약을 체결하고 당사자들은 [ ]통의 계약서를 작성하여 각각 1통씩 보관한다.

년   월   일

[인수인]

    회 사 명:

    대표이사:

    주   소:

[회 사]

　　　　회 사 명:

　　　　대표이사:

　　　　주　　소:

[이해관계인]

　　　　성　　명:

　　　　주　　소:

별첨 부록

별첨 1) 주주명부

별첨 2) 재무제표(B/S, P/L)

별첨 3) 제4조제1항제5호, 제10호 관련 장래 회사의 지배구조에 영
　　　　향을 줄 수 있는 제반권리의 내용

별첨 4) 제4조제1항제17호 관련

별첨 5) 제4조제1항제18호 관련

별첨 6) 제7조제1항 관련 개정 정관, 내부규칙 및 상업등기부등본

별첨 7) 제7조제1항 관련 주주총회의사록 및 이사회의사록

2. 전환사채인수계약서

예시>

전환사채인수계약서(안)

년 월 일

투자회사	회사
____________	____________
대표이사	대표이사
____________	____________
(주소)	(주소)
____________	____________

전환사채인수계약서

본 계약은 [   ]년 [   ]월 [   ]일자 [주식회사   ]의 이사회 결의 [또는 주주총회 결의]에 의하여 발행하는 동사의 제[   ]회 사모전환사채 권면총액 금 [(   )]원의 인수에 관한 사항을 정하기 위하여 [   ]에 주소를 두고 있는 벤처캐피털(이하 '인수인') 과 [   ]에 주소를 두고 있는 [   ](이하 '회사') 및 아래에 정의된 회사의 대주주, 주요 경영인 또는 주요 연구개발자인 이해관계인(이하 '이해관계인') 사이에 [   ]년 [   ]월 [   ]일에 체결되었다.

제1조(계약의 목적)

본 계약은 회사가 권면총액 금 [(   )]원의 전환사채(이하 '본건 사채')를 사모의 방법으로 발행하고 '인수인'이 이를 인수함에 있어서 필요한 사항을 정하기 위하여 체결하는 것이다.

제2조(이해관계인)

1. 본 계약에서 이해관계인이라 함은 주식인수 당시 인수인이 회사를 사실상 지배하고 있다고 인정하는 자연인 또는 법인으로서 회사의 발행주식 총액의 [10]% 이상을 소유한 대주주, 주요 경영인, 주요 연구개발자 또는 기타 회사의 실질적인 지배권을 가지

고 있는 자 중 아래의 열거된 자를 말한다.

성 명:
주 소:

성 명:
주 소:

2. 제1항에서 정의된 이해관계인은 본 계약의 각 조항을 승인하고
본 계약상 회사의 의무 이행을 연대하여 이행한다.

제3조(사채발행 및 인수금액)

1. 회사는 [   ]년 [   ]월 [   ]일(이하 '납입일')에 본 계약에서 정하는
바에 따라 본건 사채를 발행한다.

2. 인수인은 본 계약에서 정한 바에 따라 납입일에 본건사채를 인
수하며 동 인수금액의 총액은 금 [(   )]원(이하 '투자금
액'이라고 한다)으로 한다.

3. 인수인은 납입일에 투자금액을 회사에 납입한다. 투자금액의 구
체적인 지급방법은 회사와 인수인이 협의하여 정한다.

4. 회사는 인수인이 요구하는 경우 위 제3항에 의한 인수인의 투자

금액 납입과 상환으로 본건 사채를 공사채등록법령 및 증권거래법에 의하여 증권예탁원 명의로 등록 발행한다. 이 경우 회사는 증권예탁원으로부터 '등록필증'을 받아 인수인에게 교부하고 본 계약 제5조 및 제6조는 적용하지 않는다.

제4조(사채발행조건)

본 계약 제3조에 의하여 회사가 발행하는 본건 사채의 발행조건과 전환에 관한 사항은 다음 각항과 같다.

1. 일반적 사항

  (1) 발행인의 상호: [주식회사   ]
  (2) 사채의 명칭: 제[ ]회 사모 전환사채
  (3) 사채의 종류: 무기명식 이권부 전환사채
  (4) 사채의 발행금액

      가. 사채의 권면총액: 금 [(   )]원정

      나. 사채의 발행가액의 총액: 금 [(   )]원정

  (5) 사채의 권면금액과 권종: 금 [ ]억 원 권(No.   )

      금 [ ]천만 원 권(No.   )

  (6) 사채의 분할 및 병합 금지: 본건 사채는 무기명식으로만 발행

      하며 그 분할 및 병합은 인정하지 아니한다.

  (7) 사채의 발행가액: 사채의 권면금액의 [100]%

  (8) 사채의 이율: 사채발행일 익일로부터 [   ]년 [ ]월 [ ]일(이하

'만기일'이라고 한다)까지 연 [   ]%로 한다. 다만 만기일까지 전환 청구되지 않은 사채권에 대한 만기보장수익률은 연복리 [   ]%로 한다.

(9) 원리금 지급장소:

(10) 사채원금 및 이자지급의 방법과 기한: 별첨1. 상환계획표와 같다.

2. 전환에 관한 사항

인수인은 전환청구에 의하여 본건 사채를 아래의 전환조건에 따라 회사의 주식으로 전환할 수 있다.

(1) 전환비율: 사채권면 금액의 100%로 한다.

(2) 전환가격: 주당금 [(   )]원으로 한다.

   (주당 액면금액 금[   ]원 기준)

(3) 전환주식 수: 사채권면 금액에 전환비율을 곱한 금액을 전환가격으로 나눈 주식 수를 전환주식 수로 한다. 1주 미만의 단수주에 해당하는 금액은 전환주권 교부 시 현금으로 지급하며, 단수주 대금의 해당기간 이자는 지급하지 아니한다. 단 사채권면 금액의 일부에 대한 전환은 청구할 수 없다.

(4) 전환에 따라 발행할 주식의 종류: 인수인의 전환청구에 따라 회사가 발행하는 신주(이하 '본건 전환주식')는 우선주로서 그 우선적인 내용은 제4조의1 내지 7과 같다.

(5) 전환청구 기간: 사채발행일로부터 본 조 제1항제8호에 규정한 만기일까지로 한다.

(6) 전환청구 절차: 인수인은 상법 제515조에 따라 전환청구를 한다. 다만 제3조제4항에 의해 회사가 본건 사채를 등록 발행한 경우에는 증권예탁원 소정 양식인 전환신청서를 작성하여 전환청구를 하되, 증권예탁원의 규정 개정 등 관련 법규 변경으로 전환청구절차가 변경된 경우에는 그에 따르며 회사는 즉시 이러한 변경사실을 인수인에게 통지한다.

(7) 전환의 효력발생: 주식의 전환은 그 청구를 한 때에 효력이 생긴다. 다만 이익이나 이자의 배당에 관해서는 그 청구를 한 때가 속하는 영업 연도의 말에 전환된 것으로 본다.

(8) 전환가격의 조정:

    가. 인수인이 전환청구를 하기 전에 회사가 전환가격을 하회하는 발행가액으로 유상증자, 무상증자, 준비금의 자본전입 등을 함으로써 주식을 발행하는 경우와 전환가격을 하회하는 가격을 정하여 전환사채를 발행하는 경우에는, 회사는 인수인과 협의하여 다음과 같이 전환가격을 조정한다. 단 유무상증자를 병행 실시하는 경우 유상증자의 1주당 발행가액이 조정 전 전환가격을 상회하는 때에는 유상증자에 의한 신주발행에 대해서는 다음과 같은 전환가격 조정을 적용하지 아니하고, 무상증자에 의한 신주발행에 대해서만 이를 적용한다.

조정후 전환가격(원단위 미만은 절사한다)

$$= \frac{\text{조정전 전환가격} \times \text{기발행 주식수} + 1\text{주당 발행가액} \times \text{신발행 주식수}}{\text{기발행주식수} + \text{신발행주식수}}$$

나. 합병, 자본의 감소, 주식분할 및 병합 등에 의하여 전환가격의 조정이 필요한 경우에는 회사와 인수인간 협의에 의하여 전환가격을 조정한다.

(9) 기타 전환에 관한 사항

가. 유, 무상증자의 승인: 인수인의 전환권 행사 이전에 회사가 유, 무상증자를 실시하고자 할 때에는 인수인과 사전에 협의하여야 한다. 특히, 본건 사채에 관한 전환권 행사이전에 유, 무상증자를 실시함으로써 본 항 제8호 가.목에서 정하는 방식에 의하여 산정한 조정 후 전환가격이 액면가액 미만이 될 경우에는 회사는 당해 유, 무상증자를 실시하지 아니한다.

나. 미발행 수권주식의 유보: 본 항 제5호에서 정하는 본건사채의 전환청구기간 만료 시까지 회사가 발행할 수권주식의 총 수에 사채 전환으로 발행 가능한 주식 수를 유보한다.

다. 전환청구에 의한 증자 등기: 회사는 전환청구일이 속하는 달의 말일로부터 2주 이내에 상법에 의한 증자 등기를 행한다.

라. 전환주권의 교부방법: 회사는 전환청구로 발행되는 주식에

관한 주권을 전환청구일로부터 1개월 이내에 인수인 또는
인수인이 정하는 자에게 교부한다.

마. 잉여금의 사용제한: 회사는 본건 사채의 발행일 당시 회사
가 보유하고 있는 잉여금을 인수인의 전환권 행사 시까지
인수인의 사전 서면동의 없이 현금배당하지 않는다.

제4조의1(본건 전환주식의 내용)

1. 본건 전환주식은 이익배당, 잔여재산분배에 있어 보통주에 대하
여 우선권이 있고, 전환 및 상환에 관하여 특수한 정함이 있는
전환주식이며, 의결권이 있는 우선주식이다.
2. 회사는 본건 전환주식의 적법한 발행을 위하여 상법 등 관계법
령이 규정하는 주주총회의 결의, 정관변경 등 제반 절차를 이행
하여야 한다.

제4조의2(본건 전환주식의 의결권)

3. 본건 전환주식은 일 주당 의결권 한 표를 갖게 된다. 본건 전환
주식의 주주는 회사의 주주총회의 의결에 회부된 모든 사항에
대하여 보통주식의 주주와 동일한 의결권을 갖는다. 단 제4조의
4에서 정한 전환조건에 따라 전환비율이 변동되어 보통주로 전
환되는 경우에는 전환 후의 보통주식은 일 주당 의결권 한 표를
갖게 된다.
4. 본건 전환주식에 불리한 주주총회 결의가 있는 때에는 전체 주

주총회와 별도로 그 안건에 대하여 본건 전환주식의 종류주주총
회 결의를 거쳐야 한다.

제4조의3(본건 전환주식에 대한 배당)

본건 전환주식은 참가적, 누적적 우선주로서 인수인은 본건 전환
주식을 보유하는 동안 투자금액 기준 연 [   ]%에 해당하는 금액을 누
적적으로 우선배당받게 되고, 우선배당 후 잔여재원으로 보통주에 대
하여 배당할 때 보통주식과 동일한 배당률로 참가하여 배당을 받는다.

제4조의4(본건 전환주식의 전환)

4. 인수인은 본건 전환주식의 최초발행일 익일로부터 언제든지 보
   유하고 있는 본건 전환주식의 전부 또는 일부를 보통주로 전환
   할 수 있는 권리를 갖는다.

5. 전환비율

(1) 원칙적으로 본건 전환주식 1주당 보통주 1주로 하되, 인수인과
    회사가 합의하여 전환비율을 따로 정할 수 있다.
(2) 회사는 인수인의 사전 서면동의 없이 인수인이 전환청구를 하
    기 전에 인수인의 주당 인수가액 이하의 발행가액으로 유상증
    자 또는 주식관련사채를 발행하지 않기로 한다.
(3) 회사가 인수인의 동의를 얻어 인수인이 전환청구를 하기 전에

인수인의 주당 인수가액 이하의 발행가액으로 유상증자 또는
주식관련사채를 발행할 경우에 전환비율을 본건 전환주식 1주
당 {(인수인의 주당 취득가액)/(인수인의 주당 인수가액 이하의
발행가액)}에 의해 산정된 보통주의 수로 조정한다. 다만 본 호
에 의한 전환비율의 조정은 유상증자 또는 주식관련 사채의 발
행가액이 인수인의 주당 취득가액 및 이미 발생한 조정에서의
발행가액 이하인 경우에만 적용된다.

(4) 회사의 주식을 분할 또는 병합하는 경우 전환비율은 그 분할 및
병합의 비율에 따라 조정된다.

6. 기타 전환주식의 발행, 전환의 청구, 기타 전환에 관한 사항은
상법 제346조 내지 제351조의 규정을 따른다. 다만 전환권을 행
사한 주식의 이익이나 이자의 배당에 관해서는 그 청구를 한 때
가 속하는 영업 연도 말에 전환된 것으로 본다.

제4조의5(본건 전환주식의 회사청산 시의 우선권)

1. 회사가 타인에게 인수합병(신설합병 포함)되거나 회사의 주요사
업 또는 주요자산이 매각되는 경우 인수인은 투자금액의 [   ]배
에 해당되는 금액과 미지급된 배당금을 합한 금액의 한도에서
보통주를 보유한 주주에 우선하여 재산의 분배를 받는 권리를
갖는다.

2. 회사가 1호 이외의 사유로 청산될 때 인수인은 잔여재산분배에

대하여 투자금액과 미지급된 배당금을 합한 금액의 한도에서 보통주를 보유한 주주에 우선하여 잔여재산의 분배를 받을 권리를 갖는다.

3. 본건 전환주식을 보유한 주주에 대한 재산분배 후 잔여재산이 있는 경우 본건 전환주식의 주주는 보통주주와 같은 조건으로 잔여재산분배에 참여할 수 있다.

4. 회사가 주요자산의 일부 또는 전부를 매각 또는 양도하고자 하는 경우, 인수인은 회사가 매각하고자 하는 주요자산에 대해 제삼자에게 우선하여 매수할 권리가 있다. 이를 위하여 회사는 인수인에게 매각하고자 하는 자산의 내역 및 양도가격을 서면으로 통지하여야 한다. 인수인이 위 서면통지에 대하여 매수거절의 의사를 표시하거나 위 서면통지를 받은 날로부터 14일 이내에 매수의 의사를 표시하지 아니한 경우, 회사는 매각 대상 자산을 제삼자에게 매각할 수 있다. 다만 회사는 제삼자에게 위 서면통지에 기재된 조건보다 낮은 가격 또는 제삼자에게 유리한 조건으로 매각할 수 없다.

제4조의6(본건 전환주식의 상환)

1. 회사는 회사의 이익으로 본건 전환주식을 다음의 절차에 따라 상환하여야 한다. 다만 상환주식의 상환은 회사에 배당 가능한 이익이 있을 때에만 가능하며, 상환청구가 있었음에도 상환되지 아니하거나 우선배당을 받지 못한 경우에는 상환기간은 상환

및 배당이 완료될 때까지 연장되는 것으로 한다.

(1) 상환기간: 회사의 주식이 [   ]년 [   ]월 [   ]일까지 증권거래소시장에 상장 또는 코스닥시장에 등록되지 못할 경우, 회사는 [   ]년부터 인수인의 상환요구가 있는 경우 아래와 같은 일정 및 비율에 따라 본건 전환주식의 전부 또는 일부를 상환하여야 한다.

최초상환청구일이 속하는 사업 연도(이하 '최초상환청구연도'라 한다)의 개시일로부터 종료일까지 투자금액의 30%에 해당하는 주식 수

최초상환청구일이 속하는 사업연도(이하 '최초상환청구연도'라 한다)의 개시일로부터 종료일까지	투자금액의 30%에 해당하는 주식 수
'최초상환청구연도'의 종료일로부터 1년 이내	투자금액의 60%에 해당하는 주식 수에서 이미 상환된 금액에 해당하는 주식 수를 공제한 주식 수
'최초상환청구연도'의 종료일로부터 1년 경과 후 2년 이내	투자금액의 100%에 해당하는 주식 수에서 이미 상환된 금액에 해당하는 주식 수를 공제한 주식 수

(2) 상환방법: 인수인은 1개월 이상의 기간을 두고 상환일자를 정하여 회사에 통보하여야 하며, 회사는 인수인이 정한 상환일자에 현금으로 상환하여야 한다.

(3) 상환가액: 인수인의 투자원금의 [   ]배 이내에서 인수인이 정한 금액에 미지급배당금을 합한 금액으로 한다.

2. 회사의 주식이 본건 전환주식 상환 도중에 증권거래소시장에 상

장 또는 코스닥시장에 등록될 경우 미상환 잔존주식 수에 대하
여 1항에 따른 회사의 상환의무는 없는 것으로 한다.

제4조의7(본건 전환주식의 신주인수권)

본건 전환주식은 신주인수권이 있으며 무상증자의 경우에는 같은
종류의 우선주로, 유상증자의 경우에는 회사가 발행키로 한 주식으로
배정받을 권리가 있다

제5조(사채권의 기재사항)

본건 사채의 증권에는 다음 각항의 사항을 기재한다.

1. 채권의 번호
2. 사채를 주식으로 전환할 수 있다는 문언
3. 회사의 명칭
4. 사채의 총액
5. 각 채권의 금액
6. 사채의 이율
7. 사채의 상환방법 및 기한
8. 이자지급의 방법 및 기일
9. 사채권자명
10. 전환의 조건
11. 전환으로 인하여 발행할 주식의 종류 및 내용

12. 전환을 청구할 수 있는 기간

13. 사채발행일

14. 회사의 대표자 기명날인

제6조(가증권 및 본증권의 발행)

1. 회사는 사채가증권을 발행하여 인수인이 납입하는 투자금액과 상환으로 인수인에게 교부할 수 있다.

2. 제1항의 규정에 의한 사채가증권에는 다음 각 호의 사항을 기재 한다.
   (1) 사채가증권의 표시
   (2) 사채발행조건, 상환조건
   (3) 사채본증권과의 상환교부방법

3. 회사는 지체 없이 사채본증권을 발행하여 인수인에게 사채가증 권과 상환 교부하여야 한다.

제7조(사채원부)

회사는 다음 사항을 기재한 본건 사채원부를 작성 비치하고 인수 인의 요구가 있는 때에는 열람에 응하여야 한다.

10. 사채권자의 성명과 주소

11. 사채의 번호

12. 사채의 총액

13. 각 사채의 금액

14. 사채의 이율

15. 사채의 상환과 이자지급의 방법 및 기한

16. 각 사채의 납입금액과 납입연월일

17. 사채권의 발행연월일

18. 각 사채의 취득연월일

제8조(사채의 발행관련 필요조치)

1. 회사는 본건 사채를 발행함에 있어서 상법 등 관련 법령 및 그 정관에 위배되지 아니하도록 이사회의 결의, 주주총회 결의, 정관변경, 등기 등 필요한 제반조치를 취하여야 한다.

2. 본건 사채 발행과 직접적으로 관련하여 발생되는 제 비용(인수인을 위한 변호사 비용 포함)은 회사가 부담한다.

제9조(투자금의 용도보장 및 관련 자료 보관)

회사와 이해관계인은 인수인으로부터 납입받은 투자금액을 회사가 인수인에게 제시한 사업계획서에 기재된 용도에 사용하여야 하고, 사용과 관련한 상세한 기록과 증빙자료 등 관련 자료를 보관하여야

한다. 이와 관련하여 회사는 투자금액의 용도를 변경하고자 하는 경
우에는 인수인의 사전 서면승인을 얻어야 한다.

제10조(회사에 관한 진술 및 보증)

3. 회사 및 이해관계인은 본건 사채의 발행과 관련하여 다음과 같
   이 진술, 보증하며, 그 내용은 본 계약 체결일 현재뿐만 아니라
   납입일 및 발행일 현재에도 모두 진실하고 정확함을 보장한다.

   (1) 회사는 대한민국 법률에 따라 적법하게 설립되어 유효하게
       존속 중인 회사로서 회사의 자산을 적법하게 소유하고 회사
       운영에 필요한 제반 인허가를 취득하여 상법 등 관계법령 및
       정상적인 상관행에 따라 회사의 사업을 운영하고 있다.
   (2) 회사는 정관 및 내부규칙의 변경, 이사회의 승인을 비롯하여
       본 계약의 체결 및 유지를 위하여 회사가 이행하여야 하는
       모든 조치를 취하였으며, 파산, 지급불능, 회사정리, 지급유예
       및 채권자의 권리에 부정적 영향을 미치는 사실은 없다.
   (3) 회사는 본 계약을 체결하고 본 계약에 따른 의무를 이행하는
       데 필요한 법률적, 사실적인 모든 권한을 가지고 있다.
   (4) 본 계약에 의한 회사의 의무는 적법, 유효하고 회사에 대하여
       집행 가능한 법적 의무를 구성한다.
   (5) 회사의 기발행주식은 본 계약의 체결일자를 기준으로 주당
       액면가가 금 [   ]원인 보통주 [   ]주이고, 그 이외의
       발행주식은 존재하지 아니한다. 또한 회사가 발행한 전환사

채 중 본 계약 체결일 현재를 기준으로 주식으로 전환되지 않은 전환사채, 신주인수권부사채, 행사 가능한 주식매입선택권(스톡 옵션), 주식배당 기타 장래 회사의 지배구조에 영향을 줄 수 있는 제반 권리의 주요내용은 별첨부록에 기재된 바와 같다.

(6) 인수인이 본 계약에 따라 인수하는 사채는 적법하며 유효하게 발행되었다.

(7) 본 계약의 체결 및 사채의 발행은 법률이나 규정 기타 관계법령을 위반하지 아니하며, 회사 정관에 부합하고, 회사가 당사자인 계약 또는 기타 의무의 위반을 가져오지 아니한다.

(8) 회사의 사업에 중요한 영향을 미치는 것으로 본 계약 체결일 현재 인수인에게 서면으로 통지된 사실 이외에 진행되거나 발생이 예상되는 소송, 중재 또는 행정절차 기타 분쟁은 없다.

(9) 회사가 인수인에게 제공한 회사의 재무제표는 한국에서 통용되는 기업회계기준을 포함하여 일반적으로 인정되는 회계원칙 및 관행에 따라 작성되었으며, 회사의 재무 상태를 충실하게 반영하고 있다.

(10) 첨부한 별첨부록에 기재한 사항을 제외하고, 회사가 부담하는 주요한 법규상 또는 사실상의 의무, 부담은 존재하지 않으며 [   ]년 [   ]월 [   ]일 이후에, 회사의 재무 상태, 자산 및 부채, 영업에 불리한 영향을 미칠 수 있는 중대한 변경이나 변동사항은 없다.

(11) 회사는 재산 및 기타 유무형의 자산에 관하여 적법한 권리를 보유하고 있고, 제삼자의 권리를 침해하거나 침해받고

있지 않다.

(12) 회사는 특허권, 상표, 의장, 실용신안권 기타 지적재산권과 관련하여 회사의 사업을 운영하기 위하여 필요하거나 현재 사용하고 있는 지적재산권에 대하여 적법한 권리를 보유하고 있으며, 회사의 지적재산권은 제삼자의 권리를 침해하지 아니한다.

(13) 회사는 국세, 지방세 등 모든 납세의무를 이행하였고 미납된 세금은 없다.

(14) 회사는 통상적인 사업에 의하지 아니하고 차입 등의 방법으로 금 [   ]원을 초과하는 부채를 발생시키지 아니하였다. 아울러, 통상적인 사업경로에 따른 제품의 판매 등을 제외하고 회사의 자산이나 권리를 매매, 교환 또는 기타 방식으로 처분하지 아니하였다.

(15) 회사는 회사의 업무내용, 시설, 자산, 임차물 및 장비 등과 관련하여 환경 및 노동 관련 법률, 규정 또는 규칙을 준수하였다.

(16) 회사가 인수인에게 제공한 사업계획서 등 일체의 서면, 서류, 정보 기타 자료는 모든 면에서 진실하고 거짓이 없으며, 기타 인수인의 합리적인 투자결정 시 요구되는 정보를 제공하였다.

(17) 회사는 별첨부록 이외에 직, 간접적으로 소유, 경영 또는 지배하는 자회사나 기타 계열사, 합작회사, 동업관계 기타 유사한 거래관계는 존재하지 않는다.

(18) 회사는 별첨부록 이외에 주주, 이사, 감사, 기타 직원 및 그

관계인과의 거래관계는 존재하지 않는다.

(19) 회사는 전, 현직임직원의 업무수행과정에서 취득하는 특허, 실용신안, 의장, 노하우 기타 지적재산권이 회사에 귀속되도록 하기 위하여 필요한 약정을 체결하였다.

(20) 회사는 회사 운영과 관련하여 필요한 제반 보험에 가입되어 있다.

2. 위 진술, 보증 사항들은 본 계약의 중대한 내용을 이루며 회사 및 이해관계인이 인수인에 대하여 법적 책임을 지는 약정으로서의 효력을 가진다.

3. 회사 및 이해관계인은 위 기재의 진술 및 보장이 허위이거나 부정확한 경우 이로 인하여 인수인이 입게 되는 모든 손해, 손실 및 지출한 비용을 배상하여야 한다.

4. 회사 및 이해관계인은 위 기재의 진술 및 보장에 영향을 미칠 사유가 발생한 경우에는 즉시 인수인에 이를 통지하여야 하며, 인수인의 요청에 따라 적절한 대응조치를 취하여야 한다.

제11조(이해관계인의 진술 및 보증)

이해관계인은 인수인에 대하여 다음과 같이 진술, 보증을 하며, 그 내용은 본 계약 체결일 현재뿐만 아니라 납입일 및 발행일 현재에도 모두 진실하고 정확함을 보증한다.

1. 이해관계인은 회사의 보통주 [   ]주(본 계약 체결일 현재 발행
   주식 총수의 [   ]%)를 자신의 명의 및 계산으로 소유하고 있다.

2. 별첨부록은 이해관계인과 증권거래법상의 특수 관계에 있는 주주
   들의 이름, 관계 및 그 소유 주식 수를 정확하게 표현하고 있다.

3. 이해관계인이 본 계약을 체결하고 그 내용을 이행함에 있어 법
   령, 명령, 판결이나 또는 이해관계인이 당사자인 계약에 따른 제
   한은 존재하지 아니한다.

4. 위 진술, 보증 사항들은 이해관계인이 인수인에 대하여 법적 책
   임을 지는 약정으로서의 효력을 가지며 이해관계인은 위 기재의
   진술 및 보장이 허위이거나 부정확한 경우 이로 인하여 인수인
   이 입게 되는 모든 손해, 손실 및 지출한 비용을 배상하여야 한다.

5. 이해관계인은 위 기재의 진술 및 보장에 영향을 미칠 사유가 발
   생한 경우에는 즉시 인수인에게 이를 통지하여야 하며, 인수인
   의 요청에 따라 적절한 대응조치를 취하여야 한다.

제12조(인수인의 진술 및 보증)

인수인은 회사에 계약체결일자 및 납입일에 다음 각 호의 사항을
진술하고 보증한다.

1. 인수인은 대한민국의 법률에 따라 적법하게 설립되어 유효하게
   존속하고 있다. 인수인은 본 계약을 체결하고 이행하는 데 필요
   한 모든 법적 권한을 가지고 있다.

2. 본 계약에 의한 인수인의 의무는 적법, 유효하고 인수인에 대하
   여 집행 가능한 법적 의무를 구성한다.

3. 인수인은 본 계약의 체결에 필요한 인수인 측 제반 조치를 취하
   였다.

4. 인수인은 본 계약의 체결과 관련하여 관계법령을 위반하지 아니
   하며, 인수인의 정관 등에 위배되지 아니하고, 인수인이 당사자
   로 있는 계약의 위반이나 채무불이행을 가져오지 아니한다.

5. 인수인은 본 계약에 의한 사채인수는 회사에 대한 투자목적에
   따라 스스로의 출연으로 사채를 인수하는 것이다.

제13조(회사의 약정사항)

본 계약과 관련하여 회사는 다음 사항을 약정한다.

1. 회사는 본 계약의 성실한 이행을 위하여 합리적인 기간 내에 회
   사의 정관 및 내부규칙 등 회사운영에 관한 규정 중 본 계약에
   반하는 부분에 대한 개정, 주주총회 결의, 이사회결의 등 필요한

절차를 거쳐야 하며, 변경된 사항 중 등기를 필요로 하는 사항에 대해서는 즉시 변경등기를 하여야 한다. 회사는 제3조 제1항의 소정의 납입일 3일 전까지 주주총회 의사록, 이사회의사록 및 개정된 정관 및 법인등기부등본을 인수인에게 교부하여야 한다.

2. 회사는 본 계약 체결 이후 납입일 이전까지 관계법령과 정상적인 상관행에 따라 통상적인 방법으로 영업을 영위하고 회사관련 정보에 대한 합리적인 접근을 허용하며 회사의 사업이나 경영에 부정적인 영향을 미치거나 중요한 사항에 대해서는 즉시 통보한다. 회사는 본 계약 체결 이후 납입일까지 인수인에게 발행되는 사채 이외의 사채를 발행하여서는 아니 된다.

3. 회사는 납입일 이전에 인수인에게 제출된 사업계획서상 기술인력으로 규정된 인원이 회사의 임원 또는 근로자로서 계속 근무하도록 최선을 다하여야 한다.

4. 회사는 인수인의 사전 서면동의가 없는 한, 의결권의 행사, 배당이나 잔여재산분배에 있어서 본건 주식보다 우선하는 종류의 주식을 발행하지 않아야 한다.

5. 회사는 향후 신주식의 발행에 있어 본 계약에 따른 인수인의 주식인수가격보다 낮은 가격으로 신주식을 발행할 경우 인수인의 사전 서면동의를 얻어야 한다.

6. 회사는 가능한 조속한 기간 내에 회사의 주식을 국내 증권거래
   소, 코스닥 또는 해외공개시장(이하 '인정된 증권거래소') 등에
   상장 또는 등록하도록 하여야 한다.

7. 회사는 인수인의 사전 서면동의 없이 보유하는 기술의 일부 또
   는 전부를 제삼자에게 양도, 이전, 제공하거나 기타 처분행위를
   할 수 없다.

8. 회사는 회사의 주요 임직원으로서 인수인이 지정하는 자에 대하
   여 인수인을 보험수익자로 하는 상해보험에 회사의 비용으로 가
   입한다.

9. 회사는 특별한 사유가 없는 한 인수인이 지정하는 회계법인의
   회계감사를 받는다.

제14조(이해관계인의 약정사항)

본 계약과 관련하여 이해관계인은 다음 사항을 약정한다.

1. 이해관계인은 회사가 본 계약에 따른 조건으로 본건 사채를 발
   행하기 위하여 정관개정, 주주총회결의, 이사회결의 등 필요한
   절차를 진행하는 데 협조한다.

2. 이해관계인은 회사의 발전 및 가치증진을 위하여 최대한 협조하

여야 한다.

3. 이해관계인은 향후 회사와의 일체의 거래를 객관적이고 공정한
   조건으로 수행할 것을 약정한다.

4. 이해관계인은 소유한 주식을 인수인의 사전 동의 없이 제삼자에
   게 양도, 증여, 담보제공 등 처분행위를 하지 못한다.

5. 이해관계인이 회사의 주식을 제삼자에게 매각하는 경우에 인수
   인은 인수인이 소유한 회사의 주식을 동일한 조건으로 동일인에
   게 매각할 것을 청구할 수 있으며 이 경우 인수인 소유의 주식
   을 우선 매각할 수 있도록 한다.

6. 이해관계인 및 그 특수 관계인(증권거래법에 따른 개념임)이 회
   사와 거래 시 인수인의 사전 동의를 받아야 한다.

7. 이해관계인은 인수인의 사전 동의 없이는 회사가 보유하고 있는
   기술 또는 회사로부터 취득한 know-how, 정보, 지식 등 유무형
   의 재산적 가치가 있는 자산을 제삼자에게 제공하거나, 회사가
   경영하는 사업에 직접 또는 간접으로 중대한 영향을 미치는 사
   업에 법적 또는 실질적인 경영진, 기술고문 또는 직원으로 참여
   할 수 없다.

8. 이해관계인은 인수인의 사전 서면동의 없이는 현재 회사가 보유

하고 있는 기술 및 향후 회사가 개발(외부기관에 의뢰하여 개발하는 경우 포함)하거나 도입하는 기술의 일부 또는 전부에 관한 사업에 대하여 신회사 설립, 경쟁업종 종사, 경쟁사 주식취득 등 달리 이해관계가 있는 업종에 관계할 수 없다. 이러한 제한은 이해관계인이 회사에 근무하는 기간은 물론이고 회사를 퇴직한 경우 퇴직 시점부터 3년간 유효하다.

9. 제3조1항의 이해관계인에 해당하는 주요 경영인 또는 주요 연구개발자 중 아래에 열거된 사람은 본 계약 제3조에 의한 인수인의 주금 납입 후 만 [3]년 이내에 퇴사할 경우, 퇴사 당시 보유주식 중 [80]%를 내부 주주들에게 액면가로 매도하여야 하며 이 경우 내부주주는 동 매도에 대해 응하지 않을 수 있다.

성 명:
주 소:

다만 주식을 보유하지 않은 아래 주요 경영인 또는 주요 연구개발자는 ① 발행일로부터 [3]년이 경과한 날 ② 회사의 주식이 인정된 증권거래소에 상장되는 날 또는 ③ 다른 회사에 인수 합병되는 날 중 먼저 도래하는 날까지 퇴사하지 못한다.

성 명:
주 소:

제15조(인수인의 경영참여권)

1. 회사의 이사회는 [   ]인으로 구성되며, 인수인의 사전 서면동의 없이 이사의 수를 증가시키지 않는다. 회사는 [2개월]마다 최소한 1회의 이사회를 개최한다. 인수인은 1인의 이사를 파견할 권리를 갖는다. 대주주 및 회사는 납입일 후 3개월 이내에 인수인이 지명한 자가 이사로 선임될 수 있도록 주주총회를 개최하고 의결권을 행사하는 등 모든 조치를 취한다.

2. 회사와 이해관계인은 임원을 선임, 변경, 해임하려는 경우 인수인에게 사전 통지하고 그 동의를 얻어야 한다.

3. 회사는 다음 각 호의 사항에 관하여 그 발생 15일 전까지 인수인에게 서면통지 하여 서면동의를 받아야 하고, 그 결과를 발생 후 3일 내에 인수인에게 서면통지 하여야 한다.

   (1) 주주총회 및 이사회 안건
   (2) 정관의 변경, 자본금의 증감이나 잉여금의 처분
   (3) 주식에 관련된 사항
   (4) 중요한 자산(기술 포함)에 대한 매각, 임대, 기타 방법으로 처분하는 행위
   (5) 사업의 전부 또는 일부의 중단, 포기
   (6) 합병, 분할, 법인의 설립, 제삼자에의 출자, 회사정리, 파산신청, 부도 기타 회사의 경영에 중대한 영향을 미치는 사항

(7) 주요자산의 취득

(8) 자산재평가

(9) 제휴사, 관계회사, 계열사 및 기타 법인, 단체에 대한 투자

(10) 금 [   ]원을 초과하거나 회사의 부담을 중요하게 증대시
    키는 채무의 부담

(11) 주요 주주의 지분변동

4. 회사는 인수인의 요청에 따라 다음 각 호의 사항을 인수인에게
   보고하거나 제출하여야 한다.

(1) 사업계획서, 결산재무제표, 감사보고서 및 사업실적 보고서

(2) 제삼자에 대한 투자, 중요고정자산의 취득 또는 처분, 중요한
    권리의 취득 또는 양도, 재해 등에 따른 손해

(3) 중요한 사업계획의 변경

(4) 중요한 소송 등 분쟁의 진행과정

(5) 주주의 변동사항

(6) 기술인력의 채용, 퇴직상황

(7) 기타 인수인이 요청하는 사항

5. 인수인은 필요한 경우에 회사의 회계 및 업무전반에 대하여 경
   영진단을 실시할 수 있으며, 회사는 이에 성실히 협조하여야 한
   다. 경영진단에 소요되는 비용은 회사가 부담한다. 인수인은 경
   영진단 실시결과에 따라 회사에 그 시정을 요청할 수 있고, 이
   경우 회사는 그 사항을 즉시 시정하고 그 결과를 인수인에게 통

지하여야 한다.

6. 인수인은 필요한 경우에 회사의 재산 및 경영 상태와 사업의 수행 정도를 확인할 수 있으며, 필요하면 자신의 임직원외에 공인회계사, 변호사 등 전문가의 도움을 받을 수 있다. 이에 소요되는 비용(인건비를 포함한다)은 특별한 사유가 없는 한 회사가 부담한다.

제16조(계약의 선행조건)

본 계약은 납입일 현재 다음 각 호의 조건이 충족되는 것을 그 이행 및 효력발생의 선행조건으로 한다.

1. 회사 및 인수인은 본 계약에 따라 납입일 이전에 이행하거나 준수하여야 할 모든 약정, 합의 및 조건을 이행하고 준수하여야 한다.

2. 본 계약에서 인정하는 경우를 제외하고 회사 및 인수자가 본 계약에서 행한 진술 및 보증이 마치 납입일에 행하여진 것처럼 납입일 현재 모든 중요한 점에서 진실하고 정확하여야 한다.

3. 본 계약에서 인수인이 인수하기로 예정된 사채의 발행을 금지하거나 제한하는 소송 또는 기타 절차가 법원이나 정부기관에서 진행 중이거나 진행될 우려가 없어야 하며, 위와 같은 소송이나 절차로 이어질 조사가 진행 중이거나 진행될 우려가 없어야 한다.

4. 본 계약의 체결 및 이행과 관련하여 회사가 법률상, 계약상 획득
하여야 할 정부의 인허가, 제삼자의 동의 등을 모든 점에서 종료
하였다.

제17조(담보)

1. 회사가 인수인에게 이미 제공하였거나 또는 장래에 제공하는 모
든 담보는 그 담보설정계약에서 정한 피담보채무 외에 본 계약
에 의한 회사의 모든 채무도 아울러 담보한다.

2. 회사가 본 계약에 따라 인수인에게 제공하는 담보는 회사의 인
수인에 대한 과거의 기존채무 및 장래에 발생할 모든 거래상의
채무도 아울러 담보한다.

3. 회사는 인수인이 정하는 바에 따라 담보물을 보험에 가입시키며
해당 보험계약에 기인한 권리를 인수인에게 양도하거나 질권을
설정해 준다.

4. 회사는 전항의 보험가입에 따르는 일체의 비용을 부담하고 보험
증권 및 보험료납입영수증을 인수인에게 제출한다.

5. 인수인이 위 제3항의 보험가입에 따른 보험료를 대납하였을 경
우에는 회사는 대납일로부터 상환일까지 대납금에 대하여 시중
은행 대출금연체이자율에 의한 손해금을 가산하여 상환한다.

6. 담보는 법정절차에 의하지 아니하고 인수인이 일반적으로 적당
   하다고 인정하는 방법, 시기, 가격 등에 의하여 처분 또는 환가
   하고 그 처분대금에서 제 비용을 뺀 잔액을 인수인의 채권변제
   에 충당한 후 부족액이 있으면 회사가 즉시 변제한다.

7. 전항의 처분대금이 인수인의 회사에 대한 채권전부를 소멸시키
   기에 부족한 때에는 그 변제충당의 순서, 방법은 회사가 정하는
   바에 의한다.

제18조(기한 이익의 상실)

1. 다음 각 호의 1에 해당하는 사유가 발생하는 경우에는 인수인은
   본건 사채 원리금의 일부 또는 전부에 대한 기한 전 상환을 회사
   에 요구할 수 있다. 회사는, 인수인이 달리 서면으로 상환기일의
   연장을 승인하지 않는 한, 요구받은 부분에 해당하는 원리금을
   즉시 상환하여야 한다.

   (1) 본건 사채의 원금 및 이자 지급이 그 지급기일에 이루어지지
       아니하는 경우
   (2) 제20조제1항 각 호의 사유가 발생한 경우
   (3) 회사가 본건 사채에 관한 것 이외의 채무를 불이행하여 그 기
       한의 이익을 상실하거나 강제집행이 개시될 수 있는 상황이 된
       경우
   (4) 상법 제517조 및 기타 법률에 의한 해산 사유가 발생한 경우

(5) 회사가 발행한 어음 또는 수표가 부도로 되거나 은행과의 거
래가 정지 또는 금지된 경우

(6) 회사정리법에 의한 회사정리절차, 화의법에 의한 화의절차,
파산법에 의한 파산절차, 기업구조조정 관계법령 및 협약에
의한 기업구조조정 또는 워크아웃절차 등(이하 '법정관리절
차 등'이라 한다)의 개시 신청을 회사가 제기하거나 제삼자
가 회사에 대하여 위와 같은 신청을 한 경우

(7) 회사의 재산에 대한 강제집행(가집행 선고에 의한 집행 포함)
이 착수되고 30일 이내에 이에 대한 집행정지 혹은 취소 신
청이 받아들여지지 아니한 경우

(8) 회사가 사업을 중단, 포기하거나 그 조업이 3개월 이상 중단
된 경우

(9) 거래은행이 회사의 경영 관리를 개시하거나 담보관리 또는
경영관리를 위하여 은행직원을 상주 파견한 경우

(10) 회사의 자산과 부채의 장부가격이 실제가격과 현저한 차이
가 있는 것이 발견되었을 경우

(11) 회사의 경영에 중대한 악영향을 미칠 상황이 발생하여 회사
가 정상적으로 영업을 계속하거나 채무를 이행할 능력이 없
다고 인수인이 그 합리적인 재량으로 판단하는 경우

2. 위 제1항 각 호에 해당하는 사실이 발생하는 경우 회사는 즉시
인수인에게 이를 통지하여야 한다.

3. 본 조 제1항의 기한 전 상환금액은, 회사가 인수인에게 실제 지

급하는 날까지의 본건 사채의 원리금과 이에 대한 기한 전 상환
기일 다음 날부터 실제 지급하는 날까지 연복리 [20]%의 이율을
적용하여 산출한 연체이자 및 인수인이 본 계약과 관련하여 지
출한 제반 비용을 합한 금액으로 한다.

제19조(본건 전환주식에 대한 배당)

1. 회사는 주주총회의 승인이 있은 날로부터 2개월 이내에 인수인
에게 인수인이 보유하고 있는 본건 전환주식에 대한 배당을 지
급한다. 다만 주주총회에서 배당지급시기를 따로 정한 경우에는
그 기일에 지급한다.

2. 현금배당을 할 경우에 회사가 전항의 기한까지 배당금을 지급하
지 아니하는 때에는 그 기한 만료일의 익일로부터 실제 지급일
까지 경과기간에 대한 연 20%의 지연손해금을 인수인에게 가산
하여 지급한다.

제20조(본건 전환주식의 매수의무)

1. 인수인은 회사에 다음 각 호의 1에 해당하는 사유가 발견되거나
발생하는 경우 본건 전환주식 및 동 주식에 대한 유무상증자 또
는 주식배당 등으로 인하여 인수인이 소유하게 된 주식(이하 '매
수대상주식')의 전부 또는 일부에 대하여 회사 또는 이해관계인
에게 매수를 청구할 수 있고 이 경우 회사 또는 이해관계인은 인

수인의 청구에 따라 이를 연대하여 매수하여야 한다.

(1) 제10조, 제11조, 제13조, 제14조의 약정사항을 위반한 경우

(2) 회사 및 이해관계인이 본 계약에 의한 자료제출의무, 보고의
무, 회계감사 수감의무, 협의 및 동의 절차 준수의무, 상환의무
등 각종의무를 이행하지 않거나 제출한 서류가 허위거나 인수
인의 투자의사결정과 관계되는 중요한 자료를 누락 또는 은폐
시킨 경우

(3) 주금의 납입가장 등 명목여하를 불문하고 중요자산을 사업목
적 외의 용도에 사용하거나 유출시킨 경우

(4) 인수인이 지정한 공인회계사 또는 회계법인으로부터 회계실
사를 거부하는 경우, 회계법인의 의견거절, 부적정 의견 또는
감사거절의 경우 및 회계장부에 조작이 있는 경우

(5) 회사 또는 이해관계인이 주가조작에 관련된 경우

2. 제1항에 의한 인수인의 주식매수청구는 회사 또는 이해관계인
에 대하여 매수대상주식의 수량, 매수금액, 지급조건 등을 기재
한 서면으로 하며, 인수인의 매수청구가 도달한 시점에 당해 주
식에 대한 매매계약이 체결된 것으로 본다.

3. 제1항에 의하여 인수인이 회사 또는 이해관계인에게 주식매수
청구를 하는 경우 회사 또는 이해관계인은 매수청구를 받은 날
로부터 1년 이내에서 인수인이 정하는 기한 내에 그 주식에 대
한 매수대금을 인수인의 주식이전의 대가로 인수인에게 지급하

여야 한다. 인수인과 회사 또는 이해관계인이 지급조건에 대하여 별도의 합의를 한 경우에는 그 합의에 따른다.

4. 매수대상주식에 대한 매수가격은 인수인의 투자금액 및 이에 대한 연 IRR 30%의 비율로 계산한 매수대금 지급일까지의 투자수익을 합한 금액으로 한다. 다만 인수인은 회사의 사정을 감안하여 매수대금을 조정할 수 있다.

5. 제3항에 의하여 합의했거나 인수인이 정한 기한 내에 회사 또는 이해관계인이 주식매수 대금을 인수인에게 지급하지 아니하는 경우에는 회사 또는 이해관계인은 그다음 날로부터 실제 지급하는 날까지 위 주식매수대금에 대하여 연복리 20%의 이율에 의한 지연배상금을 지급하여야 한다.

6. 제1항에 의하여 인수인이 회사 또는 이해관계인에게 주식매수청구권을 행사한 경우 회사 또는 이해관계인은 제삼자를 지정하여 매수대상주식을 매수하게 할 수 있다. 다만 이 경우 회사 또는 는 이해관계인은 지정된 제3매수인의 의무이행을 연대보증 한다.

7. 본 조에 의한 주식매수청구는 인수인의 회사 및 이해관계인에 대한 손해배상의 청구에 영향을 미치지 아니하고, 인수인은 제21조에 따라 손해배상을 청구할 수 있다.

제21조(손해배상)

1. 당사자는 계약서의 진술과 보증, 약정사항, 기타 의무사항을 위반한 경우로 인하여 상대방에게 발생한 손해를 배상할 의무가 있다. 다만 당사자가 합리적으로 통제할 수 없는 사유로서 불가항력적 사유에 의한 계약위반의 경우에는 그러하지 아니하다.

2. 회사와 이해관계인은 다음 각 호의 경우에 연대하여 인수인에게 손해배상금으로 투자금액의 3배에 상당하는 금액을 지급하여야 한다. 다만 인수인에게 발생한 손해가 위 금액을 초과하는 경우 인수인은 그 금액을 증명하여 그 지급을 청구할 수 있다.

   (1) 이해관계인의 배임 및 횡령
   (2) 제20조제1항 각 호

3. 제2항에 의한 손해배상금 청구는 서면으로 하며 회사 또는 이해관계인은 인수인이 지정하는 기한 내에 이를 지급하여야 한다.

제22조(윤리경영의무)

1. 회사 및 이해관계인은 인수인이 별도로 제시하는 윤리경영규정을 준수하여야 한다.

2. 인수인은 회사 및 이해관계인의 위 규정준수 여부에 대하여 정

기적으로 점검할 수 있다.

3. 위 규정을 위반한 회사의 임직원에 대하여 인수인은 징계를 요
구할 수 있다.

4. 회사는 위 규정을 위반한 임직원에 대하여 파면 등 중징계를 할
수 있도록 회사의 자체징계규정을 정비하여야 한다.

제23조(분쟁 해결)

본 계약에 따라 발생한 모든 분쟁에 대해서는 서울지방법원을 그
관할법원으로 한다.

제24조(준거법)

본 계약은 대한민국 법률에 따라 규율되고 해석된다.

제25조(통지)

본 계약에 따른 통지는 서면으로 다음의 주소 및 번호를 수취인으
로 하여 인편, 팩스 또는 등기우편으로 발송한다.

회사에 대한 통지

    주소:

    전화번호:

    팩스번호:

이해관계인에 대한 통지

    주소:

    전화번호:

    팩스번호:

인수인에 대한 통지

    주소:

    전화번호:

    팩스번호:

제26조(비밀유지)

본 계약과 관련하여 당사자가 상대방 당사자에게 제공하는 모든 정보는 다음의 각항에 해당하는 경우를 제외하고 제공받은 당사자가 제삼자를 위하여 외부로 유출하거나 다른 목적으로 사용하지 아니한다. 다만 당사자가 별도로 합의하는 경우에는 그에 따른다.

1. 제공받은 당사자가 제공 당시 이미 알고 있는 정보

2. 제공받은 당사자가 다른 출처로부터 적법하게 지득한 정보

3. 현재 공지의 사실에 속하는 정보

4. 제공한 당사자가 비밀유지에 관한 권리를 포기한 정보

5. 법원이나 정부기관이 적법 또는 정당하게 공개 또는 제공을 명
   령하거나 요구한 정보

제27조(기타)

1. 본 계약은 당사자가 서면으로 적법하게 체결한 문서에 의해서만
   개정하거나 수정할 수 있다.

2. 별첨부록에 첨부된 1.~8.은 본 계약서와 함께 본 계약의 약정으
   로 구성한다.

3. 본 계약은 계약 당사자들의 서명날인과 동시에 그 효력이 발생
   한다.

4. 본 계약의 당사자는 서명날인 후 즉시 공증을 필하여야 하며 공
   증료 및 제 경비는 회사가 부담한다.

본 계약을 증명하기 위하여 당사자들은 대표자 또는 적법하게 본

계약 체결에 관한 권리를 위임받은 자로 하여금 본 계약서에 서명날인 하는 방법으로 본 계약을 체결하고 당사자들은 [ ]통의 계약서를 작성하여 각각 1통씩 보관한다.

년　월　일

[인수인]
  회 사 명:　벤처캐피털
  대표이사:
  주　　소:

[회　사]
  회 사 명:　투자기업
  대표이사:
  주　　소:

[이해관계인]
  성　　명:
  주　　소:

별첨부록

별첨1) 상환계획표
별첨2) 주주명부
별첨3) 재무제표(B/S, P/L)

별첨4) 제10조제1항제5호, 제10호 관련 장래 회사의 지배구조에 영
향을 줄 수 있는 제반 권리의 내용
별첨5) 제10조제1항제17호 관련
별첨6) 제10조제1항제18호 관련
별첨7) 제13조제1항 관련 개정 정관, 내부규칙 및 상업등기부등본
별첨8) 제13조제1항 관련 주주총회의사록 및 이사회의사록

상 환 계 획 표

사채발행자:

(년 거치,   년 상환)   (단위: 원)

상환기일	원금	원금잔액	연이율	약정이자

3. 미국투자회사약정서

예시>

  아래의 문서들은 대부분의 벤처캐피털리스트들이 사용하는 많은 표준 상용어구들을 포함하였다는 점을 제외하고는 재무관계 업무에서 실제 사용하는 문서들의 예이다. 이 문서들을 읽고 나면 기업은 벤처캐피털리스트들로부터 받게 될 문서들에 대해 더욱 잘 대처하게 될 것이다. 아래의 모든 문서들은 가상의 기업과 인물들을 사용하였다. 부록 1에서 다룬 문서들은 아래와 같다.

1. Ace Electromagnetic Inc. 에 대한 대출 및 주식에 관한 옵션
2. 법적 문서 1: Ace Electromagnetic Inc. 에 대한 대출 동의서
3. 법적 문서 2: Ace Electromagnetic Inc. 에 대한 약속어음
4. 법적 문서 3: Ace Electromagnetic Inc. 에 대한 주식 구매 허가서
5. 법적 문서 4: Ace Electromagnetic Inc. 에 대한 주식 구매
6. 법적 문서 5: Ace Electromagnetic Inc. 에 대한 주식 구매 공시

약정서(Commitment Letter)

Venture Capital Corporation

1666K St., N.W., Suite 901

Washington, D.C. 20006

Mr. Josephm President

Ace Electromanetic Inc

1234 Main Street

Mclean, Virginia 22102

친애하는 기업가에게

벤처캐피털회사(이하, 벤처)의 경영진들은 귀사(Ace Electromagnetic Inc.)에 300만 달러를 융자하기로 의결하였습니다. 우리의 융자 승인은 귀사가 제시한 다음의 진술을 토대로 이루어졌음을 밝힙니다.

1.01 귀사는 버지니아 주에 위치한 전도유망한 법인체입니다. 귀사는 벤처에게 투자적격이라는 인증서와 법인 설립 허가서 복사본과 조직도 의사록을 제출하였습니다.

1.02 귀사의 주 사업 분야는 전자기 비품 제조업입니다.

1.03 사장님과 그 중역들, 관리자들에 대한 어떤 법적인 소송은 없었으며, 이들에 대한 개인적인 법정 소송 역시 없었습니다. 만일 미해결되었거나 예상되는 소송이 있다면, 귀사의 변호사는 벤처캐피털회사에 해당 소송의 성질에 대한 서신과 소송장 복사본을 제출하셔야 합니다. 귀사는 벤처캐피털회사에, 타사에 대해 작성한 모든 소송장 복사본을 제출하셔야 합니다.

1.04 귀사는 현재 모든 세금을 납부하고 있습니다. 이런 관점에서, 귀사는 벤처에게 지난 3년간의 납세 신고서 복사본을 제출하십시오.

1.05 귀사는 회계 연도 말을 기준으로 12개월간의 재무제표를 제출
하였습니다:

매출 185만 달러, 세 전 손실 2만 5,000달러, 자산 600만 달러,
부채 300만 달러, 그리고 순 자산 300만 달러

1.06 대출된 자금은 다음과 같이 지출되어야 할 것입니다.
a. 국립 중앙은행에 100만 달러 상환
b. 외상매입금에 100만 달러 불입
c. 수수료와 운영자본에 100만 달러 지출

1.07 벤처의 대부가 완료된 시기에 귀사는 대략 다음과 같은 자산
을 보유하게 됩니다.
a. 현금, 100만 달러
b. 외상매출금, 100만 달러
c. 기계 및 설비, 100만 달러
d. 토지 및 건물, 100만 달러
e. 기타 자산, 300만 달러

1.08 임대차 계약에 대해서, 귀사는 벤처에게 모든 주요한 임대차
계약 복사본을 제출하시기 바랍니다.

1.09 벤처에 제공한 정보는 올바른 것이며, 당신은 벤처에 제공한
계획이 합리적이라고 믿고 있습니다.

1.10 귀사는 해당 대출에 관련된 어떠한 거래 수수료, 법정 수수료, 그 외 어떠한 수수료도 벤처의 동의 없이 지불할 수 없습니다. 그리고 만일 이런 경우, 귀사는 벤처에게 배상을 해야 할 것입니다.

1.11 지난 10년 동안 귀사의 경영진 중 어떤 사람도 실질적인 범죄로 인해 체포되거나 유죄선고를 받지 않았습니다.

2. 대출에 대한 조건과 제반사항은 다음과 같습니다.

2.01 연이율 15%의 6년 기한의 300만 달러 대부는, 매월 1일 지급될 것입니다.

2.02 본 대출은 오직 36개월 동안 이자만을 지불하고, 37개월째를 시작으로 대부를 상각 할 만큼의 충분한 원금과 이자를 남은 36개월 이상 동안 상환해야 합니다. 6년째 말의 원금과 이자는 당연히 지급되어야 하며, 차입잔고 일괄 지불의 형태로 지불되어야 합니다.

2.03 대부금은 전 기간에 걸쳐 일괄 혹은 부분적으로 선납될 수 있습니다.

2.04 대부금에 대한 분할(take-down)은 결산 시 300만 달러가 될 것입니다.

2.05 이런 종류의 대부에 관련된 기타 조건들이 유효합니다.

2.06 이번 융자와 관련하여, 벤처캐피털회사는 결산 시 귀사의 주식을 구매할 수 있는 분할 옵션을 취득하게 됩니다. 벤처캐피털회사에 대한 옵션 비용은 100달러가 될 것입니다. 이 옵션들은, 벤처캐피털회사와 기타 투자회사들에 의해 행사될 때, 행사시점의 귀사 주식 35%를 제공합니다. 이 사용가격은 100달러이며 이 옵션들은 결산일로부터 10년 만기입니다. 벤처캐피털회사는 귀사에 의한 주식회수 분 중 일정 비율을 공유할 것입니다.

2.07 unlocking 제안이 있습니다. 이에 의해 만일 귀사를 인수하고자 하는 선의의 제안이 있고 벤처캐피털회사 역시 그 제안에 동의하고자 하지만, 귀사가 이를 거부할 경우, 당신은 동일한 조건에서의 벤처캐피털회사의 이익을 보장하거나 아니면 귀사를 매각해야 합니다.

2.08 put 옵션이 있습니다. 이에 의해 결산일로부터 5년 뒤 벤처캐피털회사는 귀사로 하여금 그 옵션들을 다음 사항을 최소로 하여(다음 사항 이상으로) 구매하도록 요구할 수 있습니다.

  A. 해당 연도 매출액이 10% 곱하기 가격수입/8이 벤처캐피털회사의 부채 곱하기 35%에 비해 적도록

  B. 10 곱하기 지난 해당 5년간의 현금흐름은 벤처캐피털회사의 부채 곱하기 35%보다 적도록

2.09 벤처캐피털회사는 귀사(혹은 그 경영진)가 귀사의 주식을 매
각하기 위해 등록하는 어떤 시기에도 보유지분을 동일하게
등록할 수 있는 충분한 ‘부가권리’를 가지며, 벤처 소유지분을
등록하는 비용을 지불해야 합니다.

3. 대부에 대한 저당은 다음과 같습니다.

3.01 귀사의 토지, 건물에 있어서 두 번째의 신용 증서는 벤처캐피
털회사가 받아들이는 조건에서 대략 100달러의 저당권을 담
보로 벤처캐피털회사에 종속시키는 것입니다.

3.02 귀사의 모든 유형, 무형 자산에 있어서 첫 번째 보장된 이익은
재고, 기계류, 설비, 가구, 비품, 미수금 계정을 포함하지만, 단
순히 이에 한정되지만은 않습니다.

3.03 귀사의 모든 주식에 관한 양도, 보증과 임대차 양도에 관련된
사항들은 위에 제시되어 있습니다.

3.04 개인 서명과 본인 및 배우자의 보증이 필요합니다.

3.05 벤처에게 양도하도록 되어 있는 대부금 범위까지의 손실 보상액
수취인을 벤처캐피털회사로 한 생명보험 증권에 가입하십시오

3.06 보험은 귀사가 홍수지역에 지정된 곳에 위치해 있을 경우, 홍

수 보험이 포함되어야 합니다. 모든 해당 보험은 벤처캐피털
회사로 양도되어야 하고 벤처캐피털회사는 그 이익만큼의 손
실 보상액의 수취인으로 기재되어야 합니다. 이런 관점에서
모든 사업보험, 재해보험 그리고 벤처캐피털회사가 인정할 정
도의 보험 담보 목록을 벤처캐피털회사에 제공해야 합니다.

4. 대부의 조건은 다음과 같습니다.

4.01 월말 45일 이내의 통상 사용되는 회계기준(손익계산서, 대차
　　　대조표를 포함)에 따른 월 1회의 year to date(년, 일) 재무제표
　　　를 벤처캐피털회사에 제출하셔야 합니다.

4.02 매 분기마다 벤처캐피털회사에 대부계약에 있어서 어떤 채무
　　　불이행도 발생하지 않았음을 보여 주는 증명서를 제출하십시오.

4.03 위의 증명서를 서면으로 요구할 경우, 벤처캐피털회사가 인정
　　　하는 회계법인으로부터 회계 연도 말 90일 이내의 연간 감사
　　　확인서를 제출하시기 바랍니다.

4.04 매 회계연도 말 이전에 벤처캐피털회사에 재무제표와 동일한
　　　형식으로 내년의 계획을 제출하십시오.

4.05 해당 계획이 실패한 30일 이내에 벤처캐피털회사에 국세청,
　　　무역 위원회(federal trade commission), 증권거래위원회와 같은

정부 기관에서 정리된 모든 서류 복사본을 제출하십시오.

4.06 벤처캐피털회사의 서면승인 없이 귀사의 경영에 있어서의 변화는 물론, 소유권자의 변경 역시 없을 것입니다.

4.07 귀사의 경영진은 벤처캐피털회사의 서면승인 없이 귀사에 있어서 소유 주식을 팔거나 양도하거나 이전할 수 없습니다.

4.08 귀사는 일반적 회계 기준에 의거 다음 사항들을 유지해야 합니다.
A. 일대일의 현재 비율
B. 연간 500만 달러 매출
C. 월별 30만 달러 매출
D. 50만 달러 혹은 그 이상의 순가치

4.09 귀사는 적어도 분기별 한 번씩 귀사 사무실에서 임원회의를 열어야 합니다. 벤처의 대변인이 중역직을 맡고 있지 않더라도 그는 귀사의 비용으로 개최되는 매 회의에 참석할 권한이 있고, 벤처캐피털회사는 적어도 매 회의 개최 2주 전에 그 사실을 통보받아야 합니다.

4.10 귀사는 벤처캐피털회사의 승인 없이 배당금을 지급할 수도, 통상 사업 과정분야가 아닌 회사의 어떤 자산도 매각할 수 없습니다.

4.11 귀사는 자본개선과 기타 유사 방법을 통해 10만 달러 이상으로 자금을 확장할 수 없습니다.

4.12 당신은 통상의 Washington, D.C, metropolitan 지역에 거주하게 됩니다.

4.13 귀사는 벤처캐피털회사의 서면동의 없이 연간 2만 5,000달러를 초과하는 인건비 인상을 해서는 안 됩니다. 만일 (1) 귀사가 벤처캐피털회사에 대해 혹은 어떤 상위 선취특권에 대해 지급을 하지 않음으로써 채무불이행 상태에 빠지거나, (2) 귀사가 어떤 분기라도 이윤을 창출하지 못한다면, 벤처캐피털회사의 서면동의 없이 귀사는 연간 총 2만 달러를 초과하는 인건비 인상을 할 수 없고, 이에 대한 지불 역시 할 수 없습니다.

4.14 귀사는 벤처캐피털회사의 동의 없이 연간 5만 달러를 초과하는 중개 수수료, 법정 수수료 혹은 컨설팅 수수료를 지불 할 수 없습니다.

4.15 이런 종류 대부의 다른 기준 조건들이 적용됩니다.

4.16 귀사는 모든 부동산 수수료와 기록 수수료를 지불해야 합니다. 이것들은 모두 변호사 비용을 포함한 것입니다. 귀사는 법적 문서를 작성하기 위해 변호사를 선임할 것입니다. 하지만 해당 변호사들은 벤처캐피털회사의 변호인단에 의해 검토를

받고 승인을 받아야 합니다. 벤처캐피털회사의 변호인단에 의한 단순검토에 대해서는 수수료를 부과하지 않을 것입니다. 하지만 그 이상의 일을 하게 될 경우, 해당 수수료가 부과될 것이고, 당신은 그것들을 지불해야 합니다.

4.17 이번 자금출자와 관련하여, 벤처캐피털회사는 2%(6만 달러)의 수수료를 받겠습니다. 이 약정서를 수락한 시점에서 귀사는 벤처캐피털회사에 1만 달러의 해당 수수료를 지불하고 그 잔여분은 마감 시에 지불해야 합니다. 벤처캐피털회사의 과오로 인해 마감이 행해지지 못한다면 그 수수료는 일시불 지급보다는 적은 금액으로 반환될 것입니다. 그렇게 하지 않는다면 수수료에 대한 권리를 상실하게 됩니다.

5. 이번 약정은 다음 사항을 전제로 하고 있습니다. 만일 다음 조건이 완료되지 못한다면, 이는 벤처캐피털회사의 약정을 무효로 만드는 것입니다.

5.01 귀사는 이 서신을 수락하고 15일 이내에 4.17에 제시된 수수료와 함께 당신이 직접 서명한 본 서신 복사본을 벤처캐피털회사에 보내 주셔야 합니다.

5.02 회계 연도 마감 전에 대부를 결산하십시오.

5.03 모든 법정 문서들은 벤처캐피털회사가 받아들일 만한 것이어

야 합니다.

5.04 결산 전까지 당신과 귀사의 신용평가가 상향되어야 하며 어떠
한 법적인 문제라도 발생해서는 안 됩니다.

5.05 벤처캐피털회사의 귀사방문은 호의적으로 이루어져야 합니다.

친애하는

A.V. 캐피털리스트

대표

벤처캐피털 기업

동의자: Ace Electromagnetic Inc.

by (날짜)

Joseph Entrepreneur, President

by (날짜)

Personally: Joseph Entrepreneur

법적 서류 1. 대부 계약서

워싱턴 D.C.에 위치한 벤처투자회사(이하 '투자회사')는 버지니아
주 법인 Ace Electromagnetic사(이하 '벤처기업')와 ○○일부로 총 300
만 달러 대출 계약을 체결한다.

벤처기업은 총 회사 보통주 중 35%에 대해서 주식 신주인수권 증

서를 발행한다.

벤처기업과 투자회사는 다음 사항에 동의한다.

1. 이해 관계자

이 계약은 구속력을 가지며, 벤처기업과 그 승계인, 벤처기업과 투자회사의 상기 서명된 주주 및 추가적인 어음·담보·주식 보유인의 이익에 대한 권리를 보장한다. 이에 의거하여 발행된 어음은 담보와 마찬가지로 다른 사람이 보유한다. 벤처기업과 다른 계약관계자 간에 차후 이루어지는 약정 수정에 관계없이 새로운 어음·담보 보유인에 대한 사항을 벤처기업이 통보받는 기일에 벤처기업과 새로운 계약관계자 간의 계약약정은 구속력이 생긴다.

2. 대금

벤처기업과 투자회사는 총 300만 달러를 차입 및 대출하여 대금은 약속어음 약정에 따라 상기 ○○일까지 상환한다.

3. 대금사용

벤처기업은 전미은행 신용계정 상환에 약 100만 달러, 외상매입금 상환에 100만 달러, 수수료 지불 및 운전 자본으로 100만 달러를 사용하여 오직 영리적인 전자기 연구사업에 자금을 조달하기 위해 대금을 사용한다.

4. 담보물

벤처회사에 지급된 최초 300만 달러에 추가로 지급되는 선수금이 담보물 판매로부터 이해관계자 지분 결정에 고려되지 않을 경우, 아래 담보물에 대한 어음과 보유인의 권리는 pari-passu 조항에 따라 보호될 것이다. 이 내용에 대해서는 2장에서 다룬다. 벤처기업이 계약을 체결하고 자산에 대한 권리를 취득할 때 기업은 주주들에게 선취특권을 부여한다. 또한 투자회사가 벤처기업, 벤처기업 지정 수취인, 기탁금 대리인에게 대금의 전체 또는 부분을 지급할 경우에도 선취특권이 부여된다. 다른 이해관계자가 이 계약에 따라 보유인이 되더라도 모든 선취특권에 대한 기록은 회사의 명의로 남게 되며 따라서 모든 보유인의 이익에 대한 수탁권리가 유지된다.

담보에 대한 사항은 다음과 같다.

A. 버지니아소재 벤처회사 부동산에 대한 제2담보는 각각의 계약조건을 기준으로 금융기관에 설정된 제1담보에 준한다.

B. 가구류, 비품류, 기계류, 설비류, 재고품, 계약권, 인가증, 벤처회사 소유 모든 유·무형동산에 대한 2차 선취특권은 금융기관으로부터의 대출 한도에 준한다.

C. 외상매출금 양도와 회사발행 유통주식 전체에 대한 보증은 각각의 계약 조건을 기준으로 신용계정 개설 은행에 준한다.

D. ABC생명보험회사에서 발행한 보험증권에 대한 담보물은 300만달러의 Mr joseph entrepreneur의 생명보험을 지정한다.

E. 각각의 계약조건을 기준으로 하여 각 개인은 Mr. Ms joseph entrepreneur을 보증한다.

5. 실태진술과 보증

벤처기업은 다음과 같이 실태진술 및 보증을 통해 투자회사와의 계약체결을 유도한다.

A. 투자회사에 사전 제시한 것과 같이 벤처기업은 정식 회사법인이며, 확실한 실체를 가지며, 버지니아 주 법인회사 조항과 정관을 따른다. 단 기업은 투자회사나 무이자 투자거래회사가 아니며, 이를 목적으로 하지 않는다.

B. 계약에 따라 계획한 사업 경영에 적합하며, 사업성격 또는 재산 소재지가 다음과 같은 사항을 요구하는 전 미주지역 내에서는 외자기업으로 충분한 조건을 갖추고 있다.

C. 계약 체결, 계약 금액 대출, 신주인수권 증서 발급 · 행사, 신주인수권 증서에 준한 주식 발행, 계약 규정 이행을 위해 권한을 위임받고 모든 관련 권한을 가진다. 이는 신주인수권 증서 발급 · 판매, 주권 유보, 신주인수권 증서 행사 및 이에 준한 발급 수행 · 집행에 필요한 모든 회사활동을 수행하는 데 요구된다.

D. 벤처기업의 모든 주식은 연방 및 주 증권법의 적용법규에 따라 정식 발행된다.

E. 사전에 제출된 벤처기업 임원진과 이사진 명단은 완전하고 정확한 것이다. 벤처기업, 임원진, 이사진, 주주 또는 계약서에 기술되거나 자금조달과 관련해서 투자회사에 이전 제공된 문서상의 보증인에 의해 작성된 모든 실태진술서는 정확한 것이며 현재시점으로 정정한다. 그리고 제공된 모든 계획안은 타당한 것이다.

F. 벤처기업은 부채가 자연발생적, 절대적, 우발적이거나 혹은 일정 거래 체결 시 발생되는 것이건 간에 어떠한 형태의 부채도 부담하고 있지 않으며 또한 이전 사건 상태에 따라 발생되는 부채 역시 없다. 과세 또는 정부 부과금, 과태료, 이자 혹은 벌금으

로 발생하는 부채 및 이와 관련하여 발생하는 부채는 전부 상기 부채에 포함된다. 그러나 여기에는 대출금을 사용함으로써 상환되는 부채와 당좌계정의 부채를 제외한다. 상환된 외상매입금과 부채는 사전 제출된 6월 이후 재무제표에서는 바뀌지 않는다. 벤처기업은 계약일자 또는 여기에서 언급되는 부채 이외의 부채 만기일까지 이에 대한 권한을 주장할 수 없다.

G. 벤처기업은 소송제기를 제외하고 정부기관에 의한 소송, 고소, 조사 또는 법적, 행정, 중재소송으로부터 위협받지 않으며 이를 위한 이해관계자 집단을 만들지 않는다.

H. 투자회사와의 지급계약 체결 후 벤처기업은 재무상태 및 기타 경영환경 또는 전체 사업전망에 있어 실질적으로 불리한 변화를 겪지 않는다. 또한 중요한 거래 체결, 절대적이거나 우발적인 부채 발생, 보험유무와 관계없이 지속적으로 발생하는 자산상 중요한 손실 또는 손해, 현재 및 계획된 사업과 경영활동에 따른 갈등 등을 겪지 않는다. 그리고 벤처기업 재무상태에 중요한 재산, 동산 및 부동산 판매, 임차, 포기, 자산처분에 따른 이익은 없다.

I. 벤처기업은 제출을 요구하는 연방정부, 주정부, 지방당국에 조세신고서를 정직하게 제출한다. 조세신고서 또는 세액에 준하는 지불기일이 도래할 때는 조세와 그에 따른 납입금을 기한 내 지불하거나 완전히 유보한다.

K. 소송제기 문제를 제외한, 벤처기업은 실질적이고 불리하게 적용되는 법규, 법령, 규칙, 규정, 조례의 의무위반에 규정된 채무 불이행 및 위약을 하지 않는다. 또한 각종 계약증서, 계약, 합의,

증서, 차용계약, 대출계약, 매매약정, 사채, 어음, 신용증서, 인가
증 그리고 이해관계자와 관계되고 한정범위를 규정하는 자산을
필요로 하는 모든 계약 또는 채무에 대한 위반을 하지 않는다.
이 계약의 이행과 신주인수권 증서 및 기타 증서의 발행·판매·
양도는 일체의 의무위반·채무불이행·위약을 배제한다. 또한 미
리 정관된 경우를 제외하고는 법원, 정부기관, 단체의 허가 및 승
인을 필요로 하지 않는다.

L. 회사는 벤처기업 투자법 개정 1958(이하 '법')과 미 중소기업청
의 규칙과 규정에 따라 정의된 벤처기업이다. 회사가 벤처기업
으로서의 자격을 제한하는, 표현되고 포함하는 어떠한 계약도
어떠한 조건도 혹은 회사와 다른 실체와의 사실 혹은 관련 진
술도 없다.

M. 벤처기업은 물론 회사의 임원, 이사진, 동업자 및 통제력을 가
진 사람들 모두, 법령하에 공표된 개정조례가 정의하는 바에 따
라 투자회사의 '제휴자'가 아니다. 또한 개정 1940년 투자회사
법령의 2(a)(3)항이 정의하는 바에 따라 투자회사 '관련인'도 아
니다.

N. 벤처기업 대부분은 사업에 적용되는 법률, 법령, 조례의 모든
사항을 따른다. 여기에는 연방 및 주 증권법, 지방자치법률, 지
방자치법령, 연방노동법률 및 조례, 연방 직업 안정 보건법 및
조례, 연방 퇴직연금 보호법, 연방·주·지방환경 보호 법류·
조례가 전부 포함된다.

O. 투자회사에 밝히지 않은 벤처기업 관련 중요 사항 누락은 없다.

P. 벤처기업은 주로 공업용 전자기 제조 사업에 종사하며 프랜차

이즈(franchise)는 아니다.

Q. 2003년 1월 31일까지 12개월 동안 벤처기업은 매출 85만 달러, 세 전 손실 2만 5,000달러, 자산 60만 달러, 부채 30만 달러, 순 재산 30만 달러를 보유한다.

R. 대금 지급 후 벤처기업은 외상매출금 10만 달러, 기계 및 설비 10만 달러, 토지 및 건물 10만 달러, 기타 자산 30만 달러의 자산을 보유한다.

S. 제공한 차용계약의 사본은 진실하며, 정확하다.

T. 과거 10년 동안 회사 임원·이사진 중 형사 구속되거나, 유죄판 결을 선고받은 사람이 없다.

6. 의무조항

신주인수권 증서가 실행되고 어음이 전액 상환 시까지, 벤처기업 은 다음과 같은 사항을 준수한다.

A. 어음 명시일에 원금과 이자 전액을 즉시 지불하며, 벤처기업협 회, 증권거래위원회, 기타관리기관에 의무제출한 자료를 준비· 보관하여 이를 채권자에게 수시 제공한다.

B. 매월 말일로부터 45일 이내에 해당 월 재무제표와 손익계산서 를 채권자에게 발송한다.

C. 각 회계 연도 말일로부터 60일 이내에 해당 연 최종 기말 재무 제표와 손익계산서를 채권자에게 발송할 것이다. 그리고 채권자 의 요구가 있을 경우 재무제표 및 손익계산서 작성에 일관성 있 게 적용되는 일반적으로 인정된 회계원칙에 따라 채권자가 인 정하는 독립 외부 회계법인에 의뢰하며 그 비용은 벤처기업이

부담한다.

D. 5만 달러 이상의 순재산 그리고 유동부채 이상의 유동자산(일반적으로 인정된 회계원칙에 따라 장부에 반영) 수준을 유지한다. 최소한 연매출액 50만 달러, 즉 일관성 있게 적용되는 일반적으로 인정된 회계 원칙에 따라 장부에 반영할 경우 매 분기 10만 5,000달러, 매월 3만 달러의 매출액을 유지한다.

E. 매 분기마다 주식매입권 증서, 어음, 계약서 또는 이에 의거하여, 채권자 부채보다 우선하는 부채에 대해서 계약 및 채무불이행이 없도록 한다는 회사대표 증명서를 채권자에게 제공한다. 만약 그와 같은 불이행이 발행할 경우, 불이행에 대한 사실 그대로, 회사대표 보고서를 채권자에게 제공한다.

F. 신주인수권 증서 보유 채권자의 권리 이행에 필요한 수준으로 미발행 수권보통주 비율을 유지한다.

G. 채권자가 주식매입권 증서를 손실 및 파손할 경우 이를 제한 없이 재발행 대체를 포함하여 주식매입권 증서하에 요구되는 모든 의무를 이행한다.

H. 정규 근무시간 동안 합리적인 기간에 대해 기록하고, 회계장부를 감사, 검토, 복사, 발췌하는 채권자, 대리인, 회계사의 권한 대리를 인정한다.

I. 회사가 소송당사자일 경우 수령증 인수일로부터 5일 이내에 우편 및 등기우편을 통해 판결에 대한 항고 및 항소원 사본 또는 송달된 소송서류 사본을 통고한다. 그리고 회사가 소송당사자가 아니지만 회사영업 활동 또는 보증인보장 담보물을 포함한 대출금 담보물에 중대한 영향을 줄 수 있는 소송에 대해서는 수령증

인수일로부터 5일 이내에 우편 및 등기우편을 통해 소송과 관련해서 회사가 보유한 모든 소송 서류 사본을 통고한다. 그리고 회사가 보유하고 있는 소송서류가 없을 경우 소송에 대해 알고 있는 사실에 대해 기술한 문서를 채권자에게 통고한다. 채권자가 부채계정의 수금을 목적으로 한 소송에 대해서는 현 조항에 따라 통고의 의무가 없다.

J. 각 회계 연도 말에 앞서, 상기 C항에서 사용한 것과 동일한 형식으로 차기 연도 추정 재무제표를 작성하여 채권자에게 제공한다.

K. 각 분기당 최소 1회 이상 이사회를 개최하며, 이사회 일정 공지는 최소한 2주 앞서 채권자에게 통보한다. 그리고 각 채권자가 지명하는 대리인의 이사회 참석을 허가하며, 그 비용은 회사가 부담한다.

L. 회사 자산에 대해 채권자에게 제시한 저당권자 조항에 따라, 채권자가 요구하는 적당 수량과 형태의 자산에 대해 보험을 든다. 상기보험에 있어 자산이 지정 범람원 내에 위치할 경우, 홍수보험이 추가된다. 그리고 결산에 앞서 보험계약 범위 내 존재하는 위험목록을 채권자에게 제공한다.

M. 회사와 연관된 결정에 대한 통지는 기재일로부터 5일 이내에 그 사본을 채권자에게 우편으로 제공한다.

N. 채권자의 행동에 상관없이 담보물의 관리, 감독, 유지, 지급준비에 필요한 모든 조처를 취하며 또한 이 점에 있어서는 채권자에 대한 의무를 지지 않는다.

O. 국세청, 연방 거래위원회, 증권거래 위원회를 모두 포함한 연방, 주, 지방정부기관에 제출한 모든 세무 신고서 및 서류 사본을

제출일로부터 30일 이내에 채권자에게 제공한다.

P. 계약서 원본 또는 원본대조사본 및 이와 관계된 모든 수정본을 보관하여 상기 하위조항 H에 의거한 감사가 가능하도록 한다.

7. 금지조항

어음상황 및 신주인수권 증서가 실행될 때까지, 벤처기업은 모든 채권자의 사전서면동의 없이 다음 사항을 행하지 않는다.

A. 신주발행권 증서에서 요구되는 부분 이외의 회사발행주식 지분을 허가, 발행, 재분류함으로써 회사 소유권, 조직, 관리, 사업 경영방식에 중대한 변화를 초래하는 주식에 대해서 현금배당 선언 및 지불을 하지 않는다.

B. 다른 회사법인, 회사, 기업실체와의 흡수 및 신설합병의 당사자가 되지 않는다.

C. 자금 개선 및 획득을 목적으로 한 경비지출은 회계 연도당 1만 달러를 초과하지 않는다.

D. 당 계약하에 채무불이행이 있을 경우, 직·간접적으로 임원, 이사진, 주주, 동업자 또는 사원에게 현금 또는 기타의 형태로 연간 5만 달러 또는 3만 달러를 초과하는 대출, 선불, 봉급, 인출, 보수, 상여금, 수수료를 포함하는 임금을 지불하지 않는다.

E. 정상적인 거래를 통해 판매되는 재고자산 이외에는 적법한 지분을 명의변경 하거나, 매도, 임차, 기타 형태로 양도하지 않는다. 체납이 없고 신용상 의문이 없는 추징금과 과세에 관한 선취특권 이외에는 회사자산상의 담보권, 저당권, 소유권, 분해권 또는 채권자의 선취특권에 선행 또는 후행하는 기타 토지부담을 허용하지 않는다.

F. 채권 지급유예 또는 실행유예 없이 20일 이상 미지급 및 미이행 상태로 남아 있는 경우, 회사와 관련되어 행해지는 모든 결정을 인정하지 않는다.

G. 회사 채무에 관한 별개의 대출계약으로 인해 선언되는 채무불이행을 초래하지 않는다.

H. 중개비, 법률비, 자문비 또는 이와 유사한 형태의 수수료를 연간 최대 5,000달러 이상 지불 및 발생시키지 않는다.

I. 영업 차입금 또는 일반적인 영업과정에서 정상적으로 발행하는 단기 운전자본 차입금 이상의 부채를 발생시키지 않는다.

J. 임차채무를 초래하거나, 영업수익 및 자산으로 추가적인 생명보험을 구입하지 않는다.

K. 정상적인 영업과정에서 취득한 금액의 납부 및 수표예금과 관련된 사항 이외에는 보증인이 되지 않으며, 타인, 회사법인, 기업실체의 어음 및 채무에 대해 의무를 지지 않는다.

8. 투자 관련 사항

신주인수권 증서를 인수하거나 또는 연방 및 주 증권법에 적용되는 관련 사항 외에 추가 판매 및 배당이 아닌 투자를 목적으로 자기 계좌에 대해 신주인수권 증서 또는 발행주식을 취득함으로써, 채권자는 증권법에서 '공인된 투자자'이며, 증권법에서 '공인된 사람'임을 주장, 증명, 서약한다. 신주인수권 증서의 전환권 행사에 따라, 신주 인수에 관한 주장, 증명, 서약이 부여된다고 간주한다.

9. 수수료, 비용, 보상

　벤처기업은 약정 조건에 따라 적당한 비용을 채권자에게 상환한다. 회사, 임원, 직원, 대리인에 의해 행해지는 거래상 지급청구 및 거래와 관련된 중개인, 사업중개인의 수수료 및 커미션의 결과 발생하거나, 이와 연관된 채무 및 손실분을 신주인수권 증서와 어음 보유인에게 지급, 배상, 유보한다. 그리고 이에 의거하여 거래 · 주식발행, 개정에 의해 지불해야 하는 인세 및 조세에 대해서도 보상한다. 벤처 신주인수권 증서는 그와 같은 수수료지불에 대한 계약을 하지 않는다.

10. unlocking

　계약일로부터 5년 후 시점에서 회사 또는 주주들이 자산 및 주식 지분 구매에 대한 제안을 받을 경우, 제안을 받은 당사자는 상기 제안서 수령일로부터 3일 이내에 제안서 사본과 신주인수권 증서 또는 발행주식 채권자에게 주어지는 정보와 같은 적절한 정보를 제출한다. 상기 제안서 수령일로부터 10일 이내에 각 신주인수권 증서 채권자는 제안자에게 제안 동의여부를 서면으로 알린다. 채권자가 그 제안에 동의할 경우 제안자는 그로부터 20일 이내 또는 제안서에서 일정을 규정하였다면 좀 더 빠른 시간 내에 그 제안을 수락하거나 기각할 것이다. 만약 제안자가 제안을 기각할 경우, 기각과 동시에 그와 같은 채권자가 제시받은 것과 동일한 조건 · 계약조항에 따라, 동의하는 채권자의 신주인수권 증서 또는 회기주식을 반드시 구매하도록 한다. 만약 신주인수권 증서 채권자가 동의여부를 적시에 전달하지 못할 경우, 회사는 이를 반대의사를 나타낸 것으로 해석한다.

11. 매출선택권

계약일로부터 최초 5년 및 마지막 10년에, 신주인수권 증서 채권자는 서면청구를 통해 다음 총액에 대해 35% 높은 가격으로 신주인수권 증서 또는 발행주식 구매를 요구한다.

(a) 청구일에 어음의 총원금 잔액을 제외한, 청구년 직전 회계 연도 회사매출 10%와 주가수익비율 12%의 곱.

(b) 청구일에 어음의 총원금 잔액을 제외한, 청구년 직전 회계 연도 회사 자금수지의 10배.

12. 채무불이행

A. 아래 열거한 사건이 어음 만기일에 앞서 발생할 경우, 발표 · 요구 · 항의 또는 기타 통보 없이도 채권자의 선택권에 의해 채무불이행이 선언된다. 상기 공지는 특별히 생략할 수 있다. 이와 같은 일이 발생할 경우 어음 채권자는 미지급된 어음 원금의 잔액과 추가로 경과이자 및 정당한 변호사 수수료를 포함한 관련 비용 전액을 지급받을 권리를 갖는다. 그리고 당 계약, 신주인수권 증서, 어음 또는 적용 법률에 따라 가능한 배상 권리가 주어진다.

① 신주인수권 증서 또는 어음에 대해 사전에 계획된 채무불이행 충당금이 존재할 경우

② 계약과 관계하여, 회사가 작성한 구체적인 실태진술서가 허위이며, 허위상태로 회사에 서면 공지 후 30일이 경과한 경우

③ 회사가 계약서의 계약의무를 이행하지 않고, 어음 채권자로부터 그에 따른 공지를 받은 날로부터 10일 이상 미이행상태가 계속될 경우

④ 회사가 채권자의 이익을 양도하는 경우, 만기일까지 부채 상환 능력이 없음을 서면으로 인정할 경우, 자발적으로 파산신청을 하는 경우, 파산, 지급불능 판결이 선고될 경우, 재편, 합의, 재조정, 파산, 해체 또는 당면 상황에 적절한 현재 또는 미래의 법령, 법률, 조례에 따른 배상을 목적으로 한 탄원 및 요구 신청이 있는 경우, 소송에서 회사에 반하는 청원서상의 중요 진술에 대해, 수락서를 수속하거나 이의를 제기하지 않을 경우, 회사 또는 실질적인 회사자산에 대해, 수탁자, 관재인, 청산인 지명을 목적 및 동의, 묵인하는 경우, 회사 및 임원, 대주주들은 회사의 해체 또는 파산 승인을 제안하는 조처를 취할 경우

⑤ 재편, 합의, 화의, 재조정, 파산, 해체 또는 해고, 회사경영과 잔존 사업에 영향을 주는 법원 명령 및 소송을 제외한 현재 또는 미래의 법령, 법률, 조례에 따른 배상을 목적으로 하는 회사정책에 반하는 조치 착수 후 60일이 경과할 경우, 법원 명령 및 소송의 연기가 기각되며, 기각된 조처들을 즉각 항소하지 않을 경우

⑥ 회사의 동의 및 묵인 없이, 회사 또는 취소된 지정을 제외한 실직적인 회사자산에 대해, 수탁자, 관재인, 청산인 지명 후 60일이 경과한 경우

⑦ 6절 E항에서 언급한 채무와 관련된 계약에 따라, 채무불이행이 선언될 경우

⑧ 회사 보증인 및 주주들이 사업 조건에 대해 채권자들로부터 동의를 구하지 못할 경우

B. 채권자와 다른 이해관계자 간의 거래가 없다는 것과 권리 및 배

상 집행에 있어서 채권자 부분의 집행 불가 및 지연이 계약서 및 기타 문서상의 채권자 권리 및 배상 포기로 작용된다. 권리 및 배상에 대한 단독 내지는 분할 행사가 없을 때, 이에 의하여 기타 권리 및 배상 집행의 포기 및 배제로 작용된다.

C. 변제기일에 상관없이, 어음 또는 만기일이 주어지는 부채에 대해 지급불능이 발생할 경우, 어음 채권자는 청구, 고시, 판매시간·장소공지 또는 특별히 보류될 경우 연기에 대한 공지 없이도 어음 담보물의 부분 또는 전체를 공매 또는 상대매매로 판매, 양도 인도할 권한을 갖는다. 판매 또는 우발적으로 발생한 비용을 공제한 후, 채권자는 처분수익의 잔여분을 아래 13절에 가정하는 것처럼 어음의 채무상환에 사용한다. 초과분이 있는 경우, 이를 회사에 반환한다. 회사는 매각과 상관없이 평가에 관한 모든 권리를 포기하며 매각 후에는 상환과 관련된 모든 권리를 포기한다. 회사는 어음명시 총부채액을 상환함으로써 담보물 경매 때까지 담보물을 다시 찾을 수 있는 권리를 갖는다.

D. 채권자는 소송 또는 다른 방법에 의해 수금, 전부 또는 일부 담보물의 현금화 또는 회사에 의한 양도와 관계없이, 회사 또는 제삼자와의 거래 시 회사 또는 양수인에 대한 사전통지나 동의 없이도 담보물 항목의 인도, 타협, 양도, 갱신, 기한연기, 교환, 대체에 추가적인 권한을 부여받는다. 담보물 항목 중 만기일까지 상환되지 않거나, 만기일이 된 항목이 있을 경우, 채권자는 해당 담보물 항목에 대해서 상기 C절에서 언급한 부채 지급불능 시 인정되는 경우와 동등한 권리와 권한을 가지게 된다. 특별히 제공되는 채권자의 권리, 배상, 특권, 권한은 서로 배타적

인 것이 아니라 누적적인 것이며, 일반법률 또는 형평법, 법규, 기타 법령에 의해 채권자에게 주어지는 모든 다른 권리, 배상, 특권, 권한에 추가되는 것이다.

E. 회사는 법원 및 어음 관련 비용 또는 타당한 변호사 수임료 및 비용, 어음 부채금액의 변제 또는 적절한 보험 유지를 포함한 담보물의 관리, 감독, 유지, 보안을 위해 채권자가 필요·적절하다고 생각하는 모든 비용을 전액 지불한다. 채권자는 이와 같은 비용 지급에 대한 권한을 가지고 있으며, 원금과 그와 같은 지불액을 포함하고, 기입된 어음가치에 이자를 부가하는 데 권한을 가진다.

F. 채권자와 양수인이 가지는 선취특권은 신주인수권 증서, 어음 또는 담보물 항목의 매각, 저당, 재저당으로 인해 침해받지 않는다. 또한 다음 항목을 포함하는 지불유예에 의해서도 침해받지 않는다.

① 지불유예 부분의 부채비용에 관하여 채권자가 인정하는 기한연기, 갱신, 수정

② 담보물에 대해서 채권자가 인정하는 인도, 타협, 양도, 갱신, 기한연기, 갱신, 교환, 교체

③ 어음배서인, 보증인, 연대보증인에 대해서 인정되는 지급유예, 신주인수권 증서, 어음, 담보·보증물 또는 판매·양도·이전·보증·재보증 문서에 대해서, 구매자, 양주인, 저당권자가 마치 채권자를 대신하여 원래부터 지명된 것처럼 하여, 계약에 의해 채권자에게 주어지는 모든 권한과 권리를 행사할 수 있는 권한이 즉시 주어진다.

13. 통보

신주인수권 증서 및 어음 계약에 따라 모든 공고 및 정보는 우편으로 송달된다.

벤처캐피털: 1666 Tyson Blvd Suite 600

Mclean, Va 22102

벤처기업: Ace Electromagnetic, Incorporated

1234 main street Mclean, Virginia 22102

또는 특정 당사자에 의해 특정 시점에서 지명한 주소로 다른 당사자에게 서면으로 전달한다.

14. 완전합의

신주인수권 증서, 어음 그리고 여기에서 언급된 계약 및 문서는 이 계약에 대한 관련 당사자들의 완전합의와 의견일치를 말해 준다. 이에 의하여 기존 합의사항은 종결된다. 계약 조항은 구두로는 변경할 수 없으며, 조항 변경은 당사자가 서명한 서면 증서에 의해서만 가능하다.

15. 통제법안

이 계약은 워싱턴 D.C. 법규에 따라 해석되며, 이에 의해 적용된다.

16. 표제

이 계약과 신주인수권 증서, 어음의 조항 및 하위조항에 있는 표제는 편의상 붙여진 것이며, 이 계약, 신주인수권 증서, 어음의 일부를 이루는 것으로 간주하지 않기로 한다.

증인: 서명자 서명 후 그 위에 서명연일을 날인한다.

Ace Electromagnetic, inc

Venture Capital Fund

By :

josepf Entrepreneur

President

A. Venture Capitalist President

Attest

john smith

Assistant Secretary

Agreed

Mr. josepf Entrepreneur

Mrs. josepf Entrepreneur

법적 서류 2
약속어음

일금: 300만 달러 워싱턴 D.C.

수취 가격을 대가로 하여, 아래 서명날인 된 버지니아 주 에이스 전자기 상사(이하 회사)는 컬럼비아 시의 벤처캐피털회사(이하 소유권자)의 요구 시 소유권자의 사무실이나 서면으로 제시하는 장소에서 원금 300만 달러와 이자를 지불할 것을 약속한다.

이자: 융자일로부터 상환일까지 발생되는 이자는 연리 15%로 정한다.

지불: 어음발행일 이후로 매달 1일에 이자 지불이 이루어져야 한다. 처음 36개월 동안은 이자만 지불하고, 이후는 만기 상환까지 이자와 원금을 분할 지불해야 한다.

만기: 모든 부채에 대해서 처음 상환기일 이후 만 6년을 지불 만기로 한다.

기한 전 지불: 어떤 중도상환 수수료 없이도 원금과 이자의 할부 지불이 만기 이전에 이루어질 수 있다. 이러한 기한 전 지불은 만기에서 역순으로 미결제된 원금부터 적용되어야 한다.

채무불이행과 조기 실현

A. 아래 나열된 일들이 만기 이전에 발생된다면 소유권자는 제시, 요구, 거절증서, 나아가 어떤 종류의 통고(여기서 이런 것들은 포기를 의미한다) 없이도 채무불이행 선언을 선택할 수 있다. 이때 소유권자는 미지급된 원금과 이자 발생분 전부 변호사 수임료를 포함한 제 비용을 지급받을 권리를 부여받아야 하며 대부 계약이나 법률 적용에 의해서 유효한 여러 구제 방법을 보증

받아야 한다.

① 기한에 채무의 일부가 상환되지 않았을 경우

② 제시된 대부 계약에 포함된 어떠한 채무불이행이 발생하는 경우

B. 소유권자와 다른 당사자 간의 거래 중단이나 이와 관련해서 권리 행사와 구제 방법 실현에서 수취인의 몫에 관한 불이행 혹은 지불 지연 등이 있을 시 어음이나 다른 근거 증서에 따라 소유권자의 권리나 구제를 포기하는 것으로 간주한다. 이에 의거해서 하나 혹은 일부의 권리 행사나 구제 실현이 다른 것을 포기하게 하거나 그 실행을 불가능케 해서는 안 된다.

C. 조기 실현이나 다른 이유로든지 여하간 기한에 부채 일부 혹은 전부의 미상환을 근거로 해서 수취인은 청구, 광고 혹은 매매일과 장소에 대한 통지 혹은 여기서 포기되는 것으로 이해되는 어떤 중지에 대한 통고 없이 담보물의 일부 혹은 전부를 대중 혹은 개인에게 매매, 양도, 이전할 수 있는 권한을 부여받는다. 판매액과 이에 부수적으로 발생되는 제반 비용을 공제하고 소유권자는 수익의 잔여분을 부채 상환 목적에만 사용해야 한다. 가능하다면 초과분은 회사로 귀속시키는 것이 합당하다. 이와 관련해서 회사는 매매전후의 사정에 관해서나 매매 후의 상황에 대해서 그 권한을 포기한다. 회사는 담보물이 환가처분(foreclosure sale)될 때까지 총부채의 상환으로 담보물을 회복할 수 있는 권리를 가져야 한다.

D. 소유권자는 소송이나 혹은 여타에 의해서 담보의 일부 혹은 전부를 직접 징수 혹은 징수케 하거나 현금화하는 권한을 또한 어떠한 사전 통보 혹은 어떠한 회사의 동의 혹은 어떠한 양수인

없이 회사 혹은 제삼자와의 거래에서 특정 담보 물건에 대해 권리 포기, 화해, 양보, 갱신, 연장, 교환, 대용할 권한을 부여받는다. 이는 담보 물건이 기한 내 상환되지 않거나 그 채무의 일부 혹은 전부에 대해 만기에 상관없이 채무불이행이 되면 언제라도 소유권자에게 채무의 일부 혹은 전부가 기한 내에 미상환되는 경우 이 항과 관련해서 승인된 것과 동일한 권리, 권한이 부여되어야 한다. 여기서 특별히 규정된 회사의 권리, 구제, 특권, 권한 등은 배타적이지 않고 오히려 각각은 중복 적용되어야 하며 게다가 여타의 법으로 소유권자를 위해 지금 혹은 차후로 존재할 다른 모든 권리, 구제, 특권, 권한 등이 동일하게 적용되어야 한다.

E. 회사는 담보물을 관리, 감독, 유지, 보안하기 위해서 필요한 모든 절차를 밟아야 한다. 회사는 법원 및 어음 관련 비용 또는 타당한 변호사 수임료 및 비용, 어음 부채금액의 변제 또는 적절한 보험 유지를 포함한 담보물의 관리, 감독, 유지, 보안을 위해 채권자가 필요·적절하다고 생각하는 모든 비용을 전액 지불한다. 채권자는 이와 같은 비용 지급에 대한 권한을 가지고 있으며, 원금에 그와 같은 지불액을 포함하고, 기입된 어음가치에 이자를 부가할 수 있는 권한을 가진다.

F. 채권자와 양수인이 가지는 담보권은 신주인수권 증서, 어음 또는 담보물 항목의 매각, 저당, 재저당으로 인해 침해받지 않는다. 또한 다음 항목을 포함하는 지불유예에 의해서도 침해받지 않는다.

① 지불유예 부분의 부채비용에 관하여 채권자가 인정하는 기한연

기, 갱신, 수정

② 담보물에 대해서 채권자가 인정하는 인도, 타협, 양도, 갱신, 기
   한연장, 교환, 교체

③ 어음배서인, 보증인, 연대보증인에 대해서 인정되는 지급유예,
   신주인수권 증서, 어음, 담보 · 보증물 또는 판매 · 양도 · 이전 ·
   보증 · 재보증 문서에 대해서, 구매자, 양수인, 저당권자가 마치
   채권자를 대신하여 원래부터 지명된 것처럼 하여, 계약에 의해
   채권자에게 주어지는 모든 권한과 권리를 행사할 수 있는 권한
   이 즉시 주어진다.

정의: 여기서 부채는 이 약속어음에 의해 입증되는 것으로 불확정
적으로 만기가 도래했거나 다가오는 또 이전 혹은 현재 혹은 앞으로
체결되는 원금, 이자, 비용을 포함하는 채무를 의미한다. 약속어음에
서 말하는 담보란 아래 서명되거나 이와 관련된 이에 의해서 직 · 간
접으로 이전, 현재 혹은 앞으로를 막론하고 저당 또는 부채 일부나
전부에 대한 담보로서 대가성이 있는 어떠한 자금, 보증 혹은 재산권
을 의미한다.

이 약속어음을 실행하기 위해 입회하에 상기일에 서명날인 한다.

날인: 에이스 전자기 주식회사

사장 기업가 요셉

증인: 론 스미스

비서

여기서 말하는 증권은 공모를 제외한 거래에서 요구되고, 이러한

증권은 위에서 언급한 법령에 의해 등록되거나 예외가 되지 않고는
매매나 이전될 수 없다.

법적 서류 3. 신주인수권 증서

버지니아 주 맥린 시 에이스 전자주식회사

신주인수권 증서

1. 양도

버지니아 주 에이스 전자기 주식회사(이하 회사)는 수취 가격을 대
가로 하여 아래의 조건에 따라 컬럼비아 시의 벤처캐피털이나 그 등
록된 양수인(이하 소유권자)에게 회사 보통주의 전액납입제로 주식
수량만큼 인수하는 권리를 양도하여 소유권자가 회사 유통주의 35%
를 보유케 한다. 현재 기준으로 그 수량은 1,724주이다.

2. 만료

이 증서를 행사하는 권리는 이후 10년을 만기로 한다.

3. 행사 가격

이 증서의 행사 가격은 100달러로 한다.

4. 상환 효과

위 규정에 관계없이 이 증거에 의거하여 기발행된 보통주 소유분

의 일부를 회사가 회수하거나 제삼자가 매입하는 경우, 소유권자는 획득할 수 있는 지분 수만큼 받는 것으로 기재되어 미발생한 가격으로 상환 혹은 매입하게 되는 효과를 가진다.

5. 행사 절차

이 증서는 별첨 1에서 기록된 회사의 본점에서 이를 제시하고 법화 혹은 자기앞수표나 보증수표로 매입 가격을 제시함으로 실행될 수 있다. 전후에 제시하는 것처럼 이행 혹은 지불을 동반하는 일종의 이 증서에 대한 포기가 이루어지는 날을 행사일이라고 언급한다. 회사는 즉시 그 비용을 들여서(발행수수료 지불 포함) 정확한 양의 주식을 발행 교부해야 하고, 이러한 주식이 실제로 지연 발생될지라도 행사일의 업무 개시 날짜로 사실상 발행된 것으로 간주되어야 한다.

6. 회사 혹은 자산의 매매, 교환

이 증서에 의거하여 주식이 발행되기 이전에 회사가 그 자산의 대부분을 매매 혹은 교환하거나, 회사 보통주 지분을 소유권자가 아닌 다른 제삼자에게 매매 혹은 교환하는 경우에 소유권자는 옵션 조건으로 위의 매매나 교환 이전에 증서가 실행되었을 경우 받을 수 있었던 현금이나 재산을 주식 대용으로 수취할 수 있어야 한다.

7. 증서나 지분의 매매

회사는 다음에서 말하는 것을 감당하기 위해서 앞서 얘기한 주식의 등록설명서나 자격증명과 같은 전환권의 행사에 따라 발행되는 주식의 일부 혹은 전부를 증빙하는 서류들을 준비해야 한다.

8. 이전

이 증서는 그 취지대로 회사 장부에 기록되어 본점에 위치되어야 하고, 이 장부에서 소유권자에 의해 충분히 서면 고지되고, 정식으로 권한을 부여받은 변호사에 의해 그리고 이전 조항에 따라서만 이전되어야 한다. 회사는 이런 조항을 위배하는 이전을 막기 위해서 명의개서 대리인에게 적절한 정지 명령을 내릴 수 있다.

9. 증서의 교체

소유권자의 요구가 있거나 이 증서의 손실, 도난, 파손, 훼손이 회사가 합리적으로 만족할 만한 증거가 있는 경우나, 회사가 정할 수 있는 합리적인 양만큼 보증하는 손해배상 계약의 교부 시 요구에 의해서(손실, 도난, 파손의 경우) 회사는 비용을 부담하여 원본을 대신하는 새로운 증서를 발행한다.

10. 대부 계약

이 증서는 오늘 날짜가 적힌 회사와 소유권자 간의 대부 계약서상의 조건을 따르고, 그 사본이 버지니아 주 맥린 시에 위치한 회사 본점에 보관되어 정규 영업시간에 검토될 수 있게 한다.

11. unlocking

소유권자 혹은 기명된 양수인은 상기 언급된 대부 계약서상에 명시된 정도의 열람권을 소유해야 한다.

12. put

오늘을 기준으로 5년 이후 10년 이내에 소유권자는 서면 요청으로 회사로 하여금 다음 제시한 것 중 더 높은 가격을 이 증서와 관련하여 발행된 주식을 매입하도록 요구할 수 있다.

(a) 요청 직전 회계 연도의 회사 매출의 10% × 주가 수익률 ÷ 8, 요청 날짜의 어음 총 잔액 혹은

(b) 요청 직전 회계 연도 자금수지의 10배, 요청된 날짜의 어음 총 잔액

13. 등록

증권법에 따라 언제라도 회사가 어느 등급의 주식에 대한 공모 혹은 회사의 채무 증서에 관해서 등록설명서를 작성 제출하는 경우에, 회사는 이와 관련하여 소유권자에게 30일 이내에 서면 통보해야 하고, 소유권자의 서면 요청 시 한 번에 매도될 수 있는 소유권자의 지분 수량을 이 등록설명서에 포함시키고 그에 대한 통지에 대해서 설명해야 한다.

즉 회사는 여기에 언급된 소유권자의 지분 매도가 어느 기간을 기준으로 해서나 혹은 다른 기준으로 이루어지도록 허용함으로써 이러한 통보 혹은 등록설명서와 취지서가 증권법에 의해 유효적절하도록 할 것.

어느 경우라도 이러한 첨가가 소유권자의 비용이 아닌 회사만의 비용이어야 할 것.

회사가 서면 통보 발송 후 30일 이내에 소유권자로부터 서면 요청을 받지 못한 경우에 이를 소유권자가 등록설명서나 취지서에 자기

지분을 포함시킬 의도가 없다고 하는 것과 동일한 효력, 효과가 있는 것으로 취급할 것.

앞서 언급한 내용은 임직원, 주식 옵션 혹은 다른 수익 계획에 포함되는, 회사주식과 연관된 등록설명서에는 적용되지 않을 것.

어떠한 통보나 등록설명서 혹은 어떠한 통보나 등록설명서의 이후 수정안 혹은 이와 연관되어 제출되는 유사 문서와 관련해서 회사는 증권법이나 버지니아와 컬럼비아 특별구의 청공법(blue sky laws)에 따라 여기서 언급되는 증권들이 이러한 통보나 등록설명서 혹은 앞서 말한 것에 연관된 어떠한 수정안이 효력을 발휘하게 되는 기일까지 공모나 매매에 있어서 자격을 갖추도록 합리적인 절차를 밟을 것.

회사는 어떠한 통보, 등록설명서, 효력 발생 이후의 수정안, 취지서 등을 존속시켜야 하는 기간 동안 이런 것들이 통용되도록 하거나 혹은 모집안내서나 앞서 언급한 것들의 여타의 수정에 대해서 이에 의거하여 유효하도록 할 것.

제출과 관련하여 회사가 모든 비용과 이에 발생하는 전문가 수임료와, 작성하고 언급한 것처럼 유효적절하게 유지하는 모든 비용을 부담하고 또한 투자설명서, 모집안내서 및 부속설명서 혹은 수정된 투자설명서의 예비안과 최종안을 합당한 수만큼 복사해서 소유권자에게 제공할 것.

회사가 소유권자의 지분 매도와 관련해서 어떠한 투자설명서와 모집안내서의 사용에 동의할 것.

어떠한 등록설명서나 이 계약에 의거한 통보나 소유권자의 지분을 포함하는, 여기에 언급된 문서 등이 제출된 경우 소유권자는 어떠한 손실, 클레임, 손해, 채무 혹은 어떠한 잘못된 진술에 기초해서 생기

는 사건 혹은 여기서 진술되도록 요구되는 중요 사실에 대한 누락 혹
은 특히 이러한 등록설명서에서 사용되기 위해 소유권자에 의해 제
시되거나 제시되도록 요구되는 진술들이 오도되지 않도록 할 필요에
있어서, 회사와 각 임직원 그리고 앞서 언급한 등록설명서에 서명했
던 중역들, 가능하다면 증권법에서 의미하는 회사를 통제하는 각 사
람들과 회사에 대한 각 인수자와 가능한 증권법에서 말하는 이런 인
수자들을 통제하는 각 사람들까지도 보증할 것.

14. 회사 조항

이 증서가 행사되거나 자격이 소멸될 때까지 회사는 다음 사항을
서약한다.

A. 회사 보통주의 미발행 수권주 1,724주 혹은 소유권자의 권리를
   만족시키는 추가적인 주식 수를 유지할 것.

B. 소유권자로부터 서면으로 허가받지 않고는 현금 혹은 현물로
   어떠한 배당도 하지 않을 것.

C. 소유권자에게 아래와 같이 포함하고 서술하는 연결 재무제표를
   제공할 것.

   (1) 직전 월 마감 후 45일 내에 해당 기간의 대차대조표와 손익계
       산서를 포함하는 월별 재무제표의 제공

   (2) 소유권자의 서면 요청 시, 각 회계 연도 마감 이후 60일 내에
       버지니아 맥린에서 인가를 얻은 독립 회계 법인이 인증하고
       소유권자가 입증하며 어떠한 보고서 혹은 이런 재무제표와
       관련하여 회계사가 제공하는 의견과 회사가 작성 제공하는
       다른 모든 재무 관련 보고서 사본을 포함하는 당해 연도 회

사의 대차대조표와 손익계산서의 제공

D. 회사의 대표이사는 소유권자에게 보내지는 각각의 재무제표에 이와 관련해서 어떠한 과실도 없음을 인증하고, 과실이 있는 경우 그에 대해 의견 진술을 제시할 것.

E. 보관되어야 하는 장부와 보고서를 버지니아 맥린의 본점에 존속시키고 주어지거나 작성된 이 증서, 어음, 대부 계약에 관련된 통지서, 제시서, 요구서, 지급 통지서 등을 보관할 것.

F. 일반적으로 인정된 회계기준에 따라서 회계장부를 작성할 것.

G. 소유권자가 합리적인 기간에 지정 대리인을 통하여 회사 자산 일부를 방문 시찰하거나 장부와 보고서를 검토하고 회사 임직원과 업무, 재정, 회계에 대해 토론하고 동일하게 조언을 듣는 것을 허가할 것.

15. 투자 조항

소유권자는 이 증서가 행사될 때 얻을 수 있는 주식이 투자 목적으로 획득되고, 주법이나 연방법 혹은 규정 등을 위배하여 배포하지 않을 것을 허락하고 서약한다.

16. 법적 구속

이 증서의 해석은 컬럼비아 특별구의 법률에 따른다.

이상의 증빙으로 에이스 전자기 주식회사는 2003년 1월 31일자로 비서를 증인으로 하여 회사 직인을 날인하고 회사와 대표이사 이름으로 이 증서에 서명한다.

법적 서류 4. 주식 매입 계약

우편번호 22102

버지니아 맥린 123가

에이젝스 컴퓨터 유전학 회사

2006

워싱턴 D.C. 125가

벤처캐피털

귀하

주식매입 계약

귀하는 우리에게 액면가 1달러인(이하 주식) 우리 회사의 미발행 수권 보통주 25만 주(이하 주식 지분)를 주당 10달러로 매입하는 조건을 제시했었다. 이와 관련해서 우리는 아래와 같이 계약을 추인한다.

1. 실태 진술과 보증

('에이젝스' 혹은 '우리')는 컬럼비아 특별구 법에 의해 완전한 자격을 갖추고 정식으로 조직된 법인체이고, 우리가 계속 수행해 온 사업 성격에 자격을 요구하는 관할 주인 플로리다와 캘리포니아 법에 의해 기업으로서 사업을 진행할 정당한 자격 요건을 갖추고 있다.

1.1 에이젝스의 수권 자본 주식 수는 단일 등급으로 백만 주이고, 현재 기준으로 972,515주가 유통 중이고 7,800주는 에이젝스와 관련 회사의 주요 임원이 소유하는 옵션에 따라서 발행될

예정이다. 다른 지분은 (1) 스톡옵션으로 예정되어 있고 (2) 귀하에 의해 매입될 것이다.

1.2 에이젝스는 현재 자회사를 보유하거나 설립할 의도를 갖지 않는다.

1.3 귀하에게 당기 말 연결 재무제표를 제공했으며, 이런 재무제표들은 완벽하고 정확하며 현재일 기준의 연결 재무상태와 이에 포함하는 기간 동안의 연결 영업실적들을 타당하게 제시한다. 여기에 포함되는 어떠한 주석이나 각주에 구속되는 이러한 재무제표들은 기간 내내 일관된 기준을 적용하는 일반적으로 인정된 회계기준에 따라서 작성되었다.
당기 말 이후 에이젝스의 연결 재무상태나 영업실적에 어떠한 불리한 변동도 없었고 영업 과정에 어떠한 변화도 존재하지 않는다.

1.4 에이젝스가 인지하는 어떠한 소송 혹은 소송 절차에 연루되지 않았고 이전에 어느 법원, 기관 혹은 에이젝스를 피소한 조직도 없었다.

1.5 이 계약과 이에 따른 주식의 발행과 매도는 이서 적격자를 통해 정식으로 권리를 부여받고 회사 결의를 요구한다.
즉 발행과 매도와 회사가 수락하는 조항들이 정관, 내규, 에이젝스가 당사자가 되거나 연관되는 날인증서나 계약 혹은 어떠한 제정법, 법률, 규정 혹은 에이젝스에 적용되는 어떠한 법원이나 기관의 명령에 위배됨이 없도록 한다.

그리고 여기 제시된 것처럼 발행, 매도되는 주식은 정식으로 유효하게 권한을 부여받고 발행되는 전액납입제 주식이어야 한다.

2. 서약. 우리는 다음과 같이 서약하고 동의한다.

2.1 귀하가 주식을 매입하기 전에 증권법의 목록에 명시된 것처럼 귀하와 귀하의 대리인, 변호사에게 동일 정보를 열람할 수 있도록 하고, 이 거래의 진행 도중에도 그런 정보의 정확성을 확인하기 위해 회사나 종업원에게 질문하고 답변을 들을 수 있는 기회가 가능하도록 한다.

2.2 계약 체결 후 적어도 2년 동안 새로운 제품에 대한 사업을 위해, 2.3항에 의해 귀하가 지명하고 5.4항에 의해 선출된 인원을 포함하여 이사회 전원의 동의 없이 이번 주식 매도에서 생긴 자금의 20% 이상을 사용하지 않는다.

2.3 귀하나 귀하의 관련회사가 합쳐서 에이젝스 유통 중인 의결권주의 10% 이상을 보유하는 동안 우리 이사회의 멤버로 총 2명을 지명할 수 있는 권한을 갖고, 그들이 지명되고 또 법적으로 그 일을 수행할 자격 요건을 갖추었다면 우리 이사회는 그들의 선출을 지지할 것이다.

2.4 A. 귀하와 귀하의 관련 회사(집합적으로 '귀하'로)가 어느 주식

지분을 보유하는 동안, 미 증권거래위원회(SEC)에 증자를 등록
하는 결정을 해야 한다면 (임직원에 의한 인수나 인수 합병 계
획을 목적으로 하는 주식 등록 제외) 적어도 등록설명서를 제
출하기 20일 전에 그러한 결정에 대해 귀하에게 서면 통보하
고, 그러한 통보를 받은 후 10일 이내에 요청이 있을 시, 증권
법과 미 증권거래위원회의 규칙과 규정에 의해 그러한 등록이
허용하는 정도와 조건에 따라서 귀하의 요구대로 주식 지분의
얼마를 보유할 기회를 제공하고 이를 등록설명서에 포함시킬
것이다.

그러나 등록된 주식 발행 주간사의 견해가 위 지분만큼 혹은 지정
된 배분 이상의 지분을 포함시키는 것이 주식 공모에서 불리할 수 있
다는 점에서 또 더 나아가 유통 중인 주식을 보유하는 모든 이들이
그 소유 주권 비율에 비례적으로 주식을 매도할 수 있도록 등록에서
배제한다는 점에서 우리가 제출하는 등록설명서에 이러한 주식을 배
체할 수 있는 조건을 보유한다.

어떠한 등록설명서상에서 귀하에게, 총액인수를 원칙으로 인수자
에게 등록하는 것을 제안하는 지분만큼 매도할 수 있는 기회를 제공
하는 경우, 귀하는 등록에 관여하는 조건으로 주간사의 요구대로 인
수자에게 주식을 매도하는 양에 대한 제안을 받아들이거나 혹은 달
리 주간사가 인수자들로 하여금 분매를 끝마치도록 조건으로 지정하
는 합리적인 기간 내에(120일을 초과하지 않음) 이러한 등록을 동의
하고 매도할 수 없는 지분의 양에 대해서도 동의해야 한다.

그리고 어느 경우라도 우리와 약정된 진술, 보증, 손해배상 규정을

포함하는 인수자와 계약을 맺어야 한다.

이런 등록 설명서에 따라 우리가 매도하는 주식에 대해서 우리가 받아들이는 제시가격을 귀하도 동의하는 것을 포함하여, 귀하는 주간사가 주식을 공모하고 잘 분매되기 위한 합리적인 요구들에 응해야 한다.

귀하에 의해 제안되는 이러한 주식 등록의 제 비용은 미 증권거래위원회의 규칙과 정책에서 허용하는 정도까지 우리가 부담하고, 인수자의 할인과 수수료 부담에서 귀하의 비례지분만큼은 제외된다.

B. 귀하가 보유 중인 주식 모두를 기한이나 양 두 조건에 자유로이 처분하는 경우를 제외하고, A항에 따르는 주식 등록 권리를 귀하에게 주는 우리의 의무는 귀하의 주식 매입 시 영향을 받는 모든 등록 각각에 적용되어야 한다.

C. 항의 목적으로 증권법에 따라서 공표된 규칙에 의거하여 90일 전에 주식 지분 전부가 팔릴 수 있다면 귀하는 기한이나 양에 제한 없이 보유 중인 주식 지분 모두를 자유로이 매도할 수 있다고 여겨져야 한다.

D. 어느 주식 지분과 관련한 어떠한 등록설명서가 제출되고 이 섹션의 2.4항에서 앞서의 규정에 의거하여 효력이 발휘되는 경우에는 어느 때라도 증권법에 따라 이 주식과 관련된 취지서가 전달되도록 요구되고, 이 등록설명서의 효력발생일 이후 9개월이 지나면 우리는 그러한 취지서가 증권법에서 적용되는 대로 주식 지분의 매입자에게 전달될 필요 수만큼 등록설명서와 취지서 사본을 귀하의 요구대로 마련하고 제공한다.

D. 이 섹션 2.4항에 의거하여 주식 지분과 관련하여 어떠한 등록설명서가 제출되는 경우 우리는 미국 내 관할 지역 법에 따라서

귀하의 합당한 요구대로 매도될 수 있도록 자격요건을 갖추는 데 최선의 노력을 다하고, 이러한 주식 지분의 지속적인 매매가 가능하도록 그러한 법에서 최대한의 능력을 경주하도록 한다.

2.5 이 주식 지분의 매매가 이루어지면 우리는 이에 예기되는 계약과 거래에 관해서 귀하의 특별 변호사에 대해 합리적인 수수료와 지불금을 제공하고 추가로 이와 관련한 용역을 위해 2만 달러의 수수료를 지불한다.

2.6 우리는 어느 브로커나 중개업자 혹은 용역에 대한 혹은 이에 관련된 증거 없이 주장되는 용역에 대해서 혹은 여기서 예기되는 거래에 대한 어떠한 수수료 청구에 대해서도 귀하와 귀하의 관련 회사를 보호한다.

3. 투자자의 진술과 동의: 이 계약사항을 받아들여서 귀하는 우리에게 다음을 승인한다.

3.1 귀하와 귀사의 종업원은 재무와 업무 영역의 지식과 경험을 갖추어 이 주식 지분 투자의 장점과 위험을 평가할 수 있을 것.

3.2 귀하는 투자에서 얻은 주식 지분 중 얼마를 분매하고 재매도할 어떠한 의도가 없음을 확언할 것.

3.3 귀하는 이러한 주식 지분이, 증권법에 따라 미 증권거래위원회

의 권리 규정에서 정의된 '제한적 증권'이라는 것과 그에 따라서 증권법에 의거 등록되지 않거나 혹은 그러한 등록설명서에 면제됨이 유효하지 않는 경우에는 다시 제안되거나 재매도될 수 없음을 이해하고 이 주식 지분에 대한 어떠한 확인서가 적절히 범례될 수 있다는 데 동의할 것.

3.4 귀하는 위 2.5항에서 언급한 수수료와 존 브라운 중개사에 지불되어야 하는 수수료를 제외한, 이 거래에서 지불되어야 하는 어떠한 수수료에 대해서도 아는 바가 없다고 확언할 것.

4. 계약 체결(마감): 여기서 언급된 조건으로 이달 말일 오전 11시(계약 체결일)에 워싱턴 D.C.의 우리 사무실에서 귀하의 이름과 퍼스트 내셔널 은행의 우리 계정에 매입가격을 전신 송금하는 지불금액이 명시된 확인서를 전달하는 것으로 이 주식 지분에 대한 매매가 체결된다.

5. 조건: 계약체결일에 이 주식 지분에 대하여 모집에 응하고 지불하는 귀하의 의무는 다음의 조건들을 필요로 한다.

5.1 우리의 대표들과 이에 관련한 피보증인들은 진실하고 계약체결일 현재 작성된 것으로 한다. 즉 여기에서 계약체결일에나 혹은 그 이전에 행해져야 하는, 우리가 서약하고 동의한 모든 것을 실행할 것이다. 그리고 체결일자로 사장이나 관리 담당 부사장이 서명날인 한 이러한 확인서를 귀하에게 보낼 것이다.

5.2 체결일자로 우리 회계사가 귀하에게 다음의 취지를 갖는 편지
    를 전할 것이다.

(i) 연차보고서의 제출을 유보하거나 수정을 회계사 요청하지 않는
    다는 것.

(ii) 미 공인회계사협회가 발행한 기준에 따라서 그들은 분기 말에
    에이젝스의 분기 연결 재무제표의 검토를 실행한다는 것.

이러한 분기 재무제표의 검토는 주로 분기 재무제표 작성 시스템
을 이해하고, 재무 자료를 검토하는 분석적인 절차를 적용하고, 재무
나 회계 문제의 책임자에게 이를 질문하는 것으로 구성된다. 이러한
검토는 사실상 일반적으로 인정된 감사 기준에 따른, 전체로서 취해
지는 재무제표에 관해 의견을 표현하려는 목적을 가진 조사보다 그
범위가 좁다. 따라서 어떠한 의견도 표현되지 않는다.

5.3 체결일에 날인된 일반 변호사 존 폴, 에스콰이어의 우호적인 의
    견이 귀하에게 전달될 것이다.

5.4 이 주식 지분의 매매 조건부로 귀사의 사장 **Mr.A.V.**캐피털리스
    트가 이사회의 멤버로 선출될 것이다.

5.5 체결일에 인도되는 확인서, 회계사의 서한, 법적 의견은 이 거
    래를 목적으로 귀하와 귀하의 특별 변호사 엠 에스 스미스 씨
    가 합리적으로 만족하는 경우에만, 여기서 언급하는 조건을 만
    족시키는 것으로 간주되어야 한다.

6. 기타

6.1 이 계약에서 요구하고 허용하는 모든 통보들은 우리의 경우는
이 서한의 맨 앞 장에 주소가 오도록 하고 귀하의 경우는 이
서한에 주소가 적힌 것처럼 그렇게 주소를 기록해야 한다. 그
러나 각 당사자는 커뮤니케이션, 여기서는 다른 주소로 보내지
기 위한 사본들을 요청할 수 있고 귀하는 우리에게 미국 내 한
은행을 통해 귀하의 계정에 주식 지분에 대한 배당금을 지불하
라고 지시할 수 있다.

6.2 여기서 모든 당사자들이 함께 작성한 모든 확언과 보증 그리고
서약은 이 주식 지분에 대한 인도나 지불 이후에 계속 유지되
어야 한다.

6.3 이 계약은 구속력을 갖고 이와 관련한 당사자와 그들 각각의
승계인 내지는 양수인의 이익에 도움이 되어야 한다.

6.4 이 계약의 해석은 미국 컬럼비아 특별구 법에 따르고 여기서
각 당사자의 권리와 책임은 이에 구속받는다.

6.5 이 계약은 이전의, 여기서의 당사자 간 혹은 주요 쟁점에 관한
관련 회사 간에 구두 혹은 서면으로 한 계약을 대체한다.

6.6 섹션 4에서 설명된 계약체결이 6개월까지 이루어지지 않은 경

우, 이 계약은 종결되는 것으로 한다. 이런 경우 당사자 각각의 권리와 의무는 중지되고 끝나게 되며 이 계약이 취소되는 것으로 여겨져 이후 어떠한 효과 효력도 갖지 못한다.

만약 앞서 언급한 것들이, 우리 계약에 대한 귀하의 이해와 일치된다면 이 서한에 서명해서 사본을 동봉하여 우리에게 보내 주시기 바란다.

에이젝스 컴퓨터 유전학 회사
대표 이사 기업가 요셉
동의: 벤처캐피털
사장 캐피털리스트 A.V.

법적 서류 5.

Schedule A: 주식판매 계약 증거서류

1. 에이젝스는 버지니아 주 맥린 시 123가, 우편번호 22102에 본사가 있는 버지니아 주 회사법인이다.

2. 이것과 함께 동봉된 증거서류 1A는 직전 회계연도 에이젝스 연보의 사본이다. 동일한 기간 내의 상기 보고서에 상기 회계 연도 당시 현행회계법인에 의해 작성된 회사 회계감사보고 증명서 사본이 포함되어 있다. 또한 이것과 함께 동봉된 증거서류 1B는 직전 1개월 동안의 아약스사 회계감사 전 임시 재무제표 사본이다.

3. 회사대표 Mr. Joseph 기업가는 기록상 회사주식의 10% 이상의
   지분을 소유한 유일한 오너이다.

4. 현재, Mr. Joseph 기업가는 문서상 20만 주의 회사주식을 보유하
   고 있다.

5. 회사는 지주회사가 아니며, 어떠한 계열사도 보유하고 있지 않다.

6. 에이젝스는 주당 1달러의 수권 보통주 200만 주를 보유하고 있
   으며, 현재 30만 주가 발행·유통되고 있다.
거기에 추가로 현 직원들을 대상으로 발행되거나 그들이 보유하고
있는 10만 주에 대해서 구매선택권을 가지고 있다. 회사는 미발행주식
으로 남아 있는 10만 주에 대한 주식매입선택권 계획을 입안하고 있다.

7. 회사직원들에게 양도한 유통주식매입권 목록에 관한 증거 서류
   를 확인하라.

8. 회사는 주당 10달러의 매출가격으로 사모발행으로 5만 주 이상
   을 판매할 계획이다. 회사는 건실한 벤처투자회사에 주당 10달
   러 이상의 가격으로 추가적인 주식을 판매할 것이다. 만약 거래
   가 성취된다면, 거래는 조만간 이루어질 것이다.

9. 사모발행으로 확보한 수익은 다음과 같이 사용될 것이다. 연구개
   발 100만 달러, 공장확장 100만 달러, 임금 및 운전자본 50만 달러

10. 직전 연도 동안 회사는 Joseph 기업가에게 임금, 상여금, 관리자 보수로 5만 1천 달러를 지급했다. 현 회계 연도 동안 Mr. Joseph 기업가는 기본임금으로 5만 달러를 지급하고 있다.

11. 에이젝스 주식의 순장부가액은 작년 말 기준으로 주당 5달러이다. 회사는 아래 12항에 따라 발생한 수수료, 법률비용을 제외하고, 주당 10달러 가격의 주식판매에 따른 총순수익을 예상하고 있다.

12. 주식판매 시 제공되는 서비스에 대해 지불된 수수료는 벤처투자회사에 대한 2만 달러이다.

13. 회사는 Mr. Joseph 기업가와 연간 5만 달러 이상의 보수제공으로 5년간 고용계약을 체결한다. 버지니아 주 맥린 시에 사무실 유지에 따른 임차계약을 한다.

14. 이것과 함께 동봉된 증거서류는 법인회사규약 사본이며 거기에 에이젝스의 수정조항이 함께 현행회사정관 사본이 포함되어 있다.

4. 기술이전 중개 계약서

예시>

(장소)에 위치한 ' '(이하 '갑'이라 한다)과 (장소)에 위치한 ' '(이하 '을'이라 한다)는 아래와 같이 기술이전 중개 계약을 체결한다.

제1조(계약의 목적) 본 계약은 '갑'이 보유한 기술의 라이센싱[12]을 목적으로 하며, 본 계약에서 라이센싱이라 함은 특허의 국내·외 라이센스, 매각, 전략적 제휴 및 기타 대가를 수령할 협력이나 거래를 포함한다.

제2조(기술의 범위) 본 계약의 기술은 '갑'이 소유한 다음 각 호의 1의 특허 전부로 한다.

(1) 특허출원 제0000-0000000호 『　』

제3조(계약기간) 본 계약의 유효기간은 본 계약 체결일로부터 12개월로 한다.

제4조('을'의 역할) 본 계약에 따라 '을'은 다음 각 호의 업무 및 자

---

[12] 라이센스(License)의 의미는 매우 다양하다. 일반적으로는 위법이 되는 특정한 사항에 대하여 특정 개인, 회사 등에게 특별히 관청이 부여하는 허가, 인가, 허락 등을 의미하고, 좀 더 특별한 경우로서 특허권 등의 실시허락 혹은 상표권 등의 사용허락을 의미하는 경우가 있다.
각종 지적재산권, 산업재산권 및 기술, 노하우 등의 무체 지적재산의 사업화 또는 활용과 관련하여 라이센스라고 할 때에는 후자의 실시허락 또는 사용허락 등의 의미로 사용한다. 라이센스란 이러한 무체 지적재산 또는 지적재산권을 일정기간, 일정조건 아래 사용 또는 실시할 수 있는 권리를 허락하는 것을 말하는데, 여기서 말하는 일정조건에서 가장 중요한 것은 그 사용 또는 실시의 반대급부인 대가(돈)이다. 라이센스란 한마디로 특허, 기술, 저작권 등 각종의 지적 재산 또는 지적재산권을 빌려 주고(License) 대가를 받는 사업형태라고 보면 된다.
실시 또는 사용할 수 있는 권리만 일정기간 동안 빌려 준다는 개념에서 본다면, 당해 지적재산 또는 지적재산권에 대한 소유권 등의 권리가 아예 상대방에게 이전되어 버리는 매매 또는 양도, 양수의 개념과는 구별되어야 마땅하다. 또한 라이센스는 무체재산을 대상으로 한다는 점에서 눈에 보이는 동산 또는 부동산 등의 리스 개념과는 구분되어야 한다.
이러한 지적재산 또는 지적재산권을 빌려 주고 대가를 받는 사람 또는 기업을 Licensor라고 하고, 반대로 대가를 지불하고 사용 또는 실시의 권리를 일정기간 받게 되는 사람 또는 회사를 Licensee라고 한다. 라이센서가 특정 지역에서 특정의 라이센시에게만 사용, 실시의 권리를 허락할 경우를 독점적 라이센스라고 하고, 특정 지역에서 특정의 라이센시가 아닌, 제삼자에게도 당해 지적재산권 등의 사용, 실시의 권리를 허락할 수 있는 경우를 비독점 라이센스라고 한다.
라이센스의 대상에 따라 기술 라이센스, 특허 라이센스, 상표 라이센스, 저작권 라이센스, 브랜드 라이센스 등으로 여러 가지로 분류할 수 있다. 라이센시가 라이센서로부터 허락받은 실시 또는 사용의 권리를 또다시 제삼자에게 사용, 실시의 권리를 허락하는 것을 서브라이센스라고 한다.

문을 수행한다.

  (1) 국내 수요자의 탐색 및 알선
  (2) 국내 수요자의 탐색 추진 보고서 제출
  (3) ‘갑’과 알선 수요자와의 협상 및 계약 시 자문

제5조(‘갑’의 역할 및 보장) (1) 본 계약의 목적을 달성하기 위하여
‘을’은 ‘갑’에게 기술에 관한 자료 등을 요청할 수 있으며, 제공한 자
료는 진실한 것임을 보장한다.

  (2) ‘갑’은 계약기간 동안 ‘을’에게 기술중개에 관한 독점적인 권한
      을 보장한다. 다만 ‘을’은 본 계약의 목적을 달성하기 위하여 본
      계약상 업무의 일부에 대하여 하도급하거나 위임할 수 있다.

  (3) 본 계약에 의하여 ‘을’이 ‘갑’에게 직접 또는 간접으로 알선한
      제삼자(기술의 수요자)와 라이센싱에 관한 계약이 체결될 경우
      ‘을’은 본 계약상의 의무를 이행한 것으로 본다. 또한 본 계약기
      간 경과 후 1년 이내에 ‘을’이 제공한 기술수요자와 라이센싱에
      관한 계약이 체결된 경우에도 ‘갑’은 ‘을’에게 본 계약상 중개
      수수료를 지급하여야 한다.

제6조(기술이전 중개 수수료) (1) 본 계약에 대하여 아래의 기준에
의하여 산정된 금액을 중개 수수료로서 ‘갑’은 ‘을’에게 현금 또는 이
에 준하는 것으로 지급한다.

구분	착수금	성공보수금	비고
중개수수료			

(2) 중개 수수료 지급조건은 다음과 같다.

- 기술이전 계약이 매각일 경우에는 '갑'은 수익금을 수령한 날로부터 1개월 이내에 '을'에게 지급한다. 다만 '갑'이 수요자로부터 현실적으로 그 대가를 수령하지 못한 경우 '을'은 '갑'을 대신하여 '갑'의 비용으로 수요자에 대하여 그 대가를 직접 청구하거나 수요자에 대한 '갑'의 권리를 행사할 수 있다.
- 기술이전 계약이 라이센스일 경우에는 '갑'은 6개월 단위의 반기별로 '을'에게 지불한다.

(3) '갑'이 본 계약에서 정한 수임료의 지급을 연체할 경우 연체일수에 대하여 연체금액의 연 ＿＿％에 상당하는 연체료를 가산하여 지급하여야 한다.

제7조(보고 및 조사) (1) '갑'은 본 계약에 의해 중개수수료를 지급하여야 하는 기간까지 성공보수금 산정의 기초가 되는 사항에 대하여 정확한 기록을 작성/비치하여야 한다.

(2) '갑'은 부가가치세 신고서 등을 성공보수금 지급일까지 '을'에게 제출하여야 한다.

제8조(제삼자의 비용) 본 계약상의 목적을 달성하기 위하여 필요한

경우, 쌍방 협의를 통하여 제삼자(법무 회계법인, 변호사, 회계사, 감정평가사 등)에게 전문용역을 의뢰할 수 있으며, 이에 대한 비용은 '갑'이 부담한다.

제9조(비밀유지) (1) 당사자들은 상대방으로부터 취득/인지한 정보나 자료 등을 본 계약 목적 이외의 방법으로 제삼자에게 공개하거나 누설하지 않는다.

(2) 전항에도 불구하고 '을'은 라이센싱의 성사를 위하여 필요하다고 판단한 경우 제삼자에게 그의 업무의 일부를 위탁하거나 정보를 제공할 수 있다.

제10조(손해배상) (1) 기술이전 계약 및 라이센싱을 추진하는 과정에서 상대방에게 손해가 발생한 경우, 쌍방은 그의 고의 또는 중대한 과실로 인한 경우를 제외하고는 상대방에 대하여 배상할 책임을 지지 아니한다.

(2) '을'이 '갑'에게 손해를 배상하여야 할 경우에는 그 손해배상의 범위는 '을'이 '갑'으로부터 수령한 중개 수수료를 초과할 수 없다.

제11조(완전약정) 본 계약은 당사자 간의 충분한 검토와 합의를 반영한 것으로서, 본 계약 체결 이전에 당사자 간의 진술이나 문서 등이 본 약정과 일치하지 아니하거나 그 범위를 초과하는 경우 당사자들은 그러한 진술의 효력을 주장할 수 없으며, 본 계약이 우선한다.

제12조(분쟁의 해결) 본 계약의 체결 및 이행과 관련하여 발생하는 당사자 사이의 분쟁에 관해서는 상호 협의에 의하여 해결하기로 하며, 상호 합의가 이루어지지 않을 경우 대한민국 서울에서 대한상사중재원의 중재에 의하여 해결한다.

'갑'과 '을'은 이 계약의 성립을 증명하고 성실한 이행을 보증하기 위하여 계약서 2부를 작성, 기명날인(서명)한 후 각 1부씩 보관한다.

년 월 일

갑:

을:

5. 기술이전계약서

예시>

양도인(갑):

양수인(을):

중개인(병):

제1조(목적) 본 계약은 제2조에서 정의하는 기술에 대한 정당한 권

리자인 '갑'이 동 기술에 관한 권리를 '을'에게 양도하고, '병'이 이를 중개하는 데 대한 기본사항을 정함을 목적으로 한다.

제2조(정의) 본 계약에서 '이전 대상 기술'(이하 '기술'이라 함)이라 함은 오직 특허에 기술된 사항만을 말하는 것으로, 이와 관련한 KNOW-HOW 등은 일체 포함하지 않는 것으로 한다.

제3조(이전내용) '갑'은 '을'에게 본 계약의 조건에 따라 제2조의 기술에 대한 특허받을 권리 전부를 이전한다.

제4조(기술이전 방법) '갑'은 계약 체결과 동시에 특허청에 대한 출원인 변경에 필요한 일체의 서류를 '병'에게 교부하고, '병'이 이를 제5조의 기술료 전액 수령과 동시에 '을'에게 교부함으로써 기술이전한다.

제5조(기술료 납부) ① '을'은 '갑'에 의해 제공된 기술의 대가로 계약 체결 시에 일금(₩)을, 잔금(₩)은 2002년 11월 30일까지 각각 현금 또는 이에 준하는 것으로 '병'에게 납부한다.
② '병'은 '을'로부터 수령한 기술 대가에서 별도의 약정에 따른 제 비용을 차감한 금액을 즉시 '갑'이 지정한 계좌로 전액 납부한다.

제6조(비용부담) 본 계약 제5조 제①항의 대가는 오직 기술이전에 대한 것으로, 이후 행정절차 등에 소요하는 비용은 완전히 '을'의 부담으로 한다.

제7조(기술 개량 및 KNOW-HOW 등) ① 현재 개발된 기술 이외에 새로운 기술 개발이 필요한 경우에는 별도 연구용역계약으로 이를 수행할 수 있다.

② ‘을’이 본 기술을 사업화함에 있어 KNOW-HOW의 이전이나 기술지도 등이 필요한 경우 이는 별도의 개별 계약에 의한다.

제8조(계약의 해제 및 효과) ① ‘을’이 다음 각 호의 1에 해당할 때 ‘갑’은 본 계약을 해제할 수 있다.

(1) 제5조 제①항의 기한까지 기술대가가 완제되지 아니하였을 경우

(2) 파산선고를 받거나 가압류, 가처분 신청을 당하였을 경우

(3) 기타 계약의 이행이 불능함이 개관적으로 명백할 경우

② ‘갑’에게 본 계약의 이행이 현실적으로 불가능함이 개관적으로 명백할 경우 ‘을’은 본 계약을 해제할 수 있다.

③ 본 조에 따른 계약 해제의 경우 이는 최고를 요하지 아니하며, 계약해제에 귀책사유 있는 당사자는 상대방에 대하여 원상회복 및 손해배상의 책임을 진다.

제10조(해석) 본 계약에 명시되지 아니한 사항 및 본 계약의 해석상 이의가 있을 때에는 ‘병’의 중개로 쌍방의 합의에 의하여 결정하되 합의되지 않은 사항은 일반법률 및 기타 상 관례에 따른다.

제11조(계약의 효력) 본 계약의 효력은 계약 당사자가 서명·날인한 날로부터 유효하고 계약서 원본 3부를 작성하여 ‘갑’, ‘을’, ‘병’이

각 1부씩 보관한다.

년 월 일

'갑'

'을'

'병'

6. 기술이전 컨설팅 계약서

예시>

○○(이하 '갑'이라 함)와 재단법인 충남 · 강원테크노파크(이하 '을'이라 함)는, '갑'이 보유하고 있는 ______기술, 특허권, 노하우(이하 '계약기술'이라 총칭함)의 이전 등 기술사업화를 위하여 다음과 같이 계약을 체결한다.

제1조(목적) '갑'은 계약기술을 보유하고 있고 나아가 이러한 계약기술의 도입을 희망하는 자에게 이를 이전하기 위한 자문 및 중개에 관한 계약을 '을'과 체결하였는바, 이에 보다 효율적인 기술이전 중개의 실현을 위하여 필요한 전문용역을 '을'에게 의뢰하고 이에 관한 값과 '을'의 구체적인 권리 · 의무를 규정하기 위하여 본 계약을 체결하기로 한다.

제2조(이전희망 계약기술의 특정) '갑'이 이전을 희망하는 계약기

술의 구체적인 내용은 별첨 1 기재와 같다. '을'은 이전희망 계약기수
의 내용이 불분명할 경우 또는 관련하여 의문이 있는 경우는 수시로
'갑'에게 이를 문의하여 그 구체적인 내용을 특정할 수 있다. 계약기
술 내용의 불특정으로 인한 위험부담은 '갑'에게 있다.

　제3조(용역제공) ① '갑'은 '을'에게 계약기술에 대한 기술성, 사업
성, 가치평가 등 별첨 2에서 상세히 규정한 내용의 컨설팅을 의뢰하
며, 이에 대해 '을'은 자신의 전문 역량을 발휘하여 갑의 의뢰 내용에
부합하는 컨설팅 보고서(사업계획서)를 본 계약 체결일로부터 ( )월
이내에 '갑'에게 제출하여야 한다.

　② '을'은 '갑'의 요청에 따라 ( )회에 걸쳐 중간 보고서를 '갑'에게
　　제출하여야 한다. '갑'은 을로부터 제출받은 중간 보고서를 검
　　토하여 ( )일 내에 검토 의견을 제시하여야 한다.

　③ '을'은 위 ②에 따라 '갑'으로부터 받은 검토 의견을 참작하여
　　최종 보고서를 위 ①항의 기간 내에 제출하여야 한다. 다만 '갑'
　　의 검토 의견을 참작할지 여부는 '을'이 신의성실의 원칙과 자
　　신의 전문적인 판단에 따라 독자적으로 결정하도록 한다. '갑'
　　은 '을'이 제출하는 최종 보고서에 대해 거래 관행과 신의성실
　　의 원칙에 위배되게 부당한 이유를 들어 그 납품을 거절하거나
　　이의를 제기하지 않는다.

　제4조(용역대가 및 보수 등) ① '갑'은 '을'의 제3조 용역제공의 대

가로 금 ______원을 보수로 지급하기로 한다. 위 보수의 지급 방법은 선금(계약 체결 시 지불)을 원칙으로 하되 '갑'과 '을'이 협의하에 별도로 정할 수 있다.

② 상기 기술한 보수 이외에 '갑'은 제3조 용역제공과 관련하여 '을'이 지출한 실제 발생비용(예컨대 출장비, 식대, 교통비, 통신비, 인쇄비, 대외지급수수료 등)을 실비로 정산 및 보상하기로 한다. 단 '을'은 위와 같은 비경상비용의 발생이 예상되는 경우 원칙적으로 사전에 '갑'의 동의를 얻어야 한다.

제5조(면책) '을'은 '갑'의 이익을 위하여 효율적인 계약기술이전 및 이에 따른 제반 효과를 극대화하기 위해 상기 용역을 제공하는 것으로서, 위 용역에 따른 '갑'의 결정 및 판단은 순전히 '갑'의 책임 아래 이루어진 것으로 하고, 판단 및 결정의 모든 결과에 대한 책임은 '갑'에게 귀속된다.

제6조(상호협력) '을'은 제3조 소정의 용역 제공과 관련된 업무연락 사항을 수시로 '갑'에게 보고하여야 하며, '갑'은 '을'이 위 용역을 제공함에 있어 '갑'에게 요청하는 정보나 자료를 적극적으로 제공하는 등 상호 신의성실로써 협조한다.

제7조(비밀유지의무) 본건 관련 모든 자료 및 정보는 '갑'이 '을'에게 의뢰한 용역 수행의 목적으로만 사용되어야 하고, '갑'과 '을'은 그에 따른 비밀을 유지하여야 한다. 본 계약서상의 비밀 준수를 요하

는 관련 자료의 범위에는 본 계약에 따라 제공된 문서, 자료를 포함한다.

제8조(계약의 해지) ① 원칙적으로 본 계약은 해지하지 못한다. 그러나 본 계약 체결 후 어느 일방이 본 계약상의 의무를 위반하여 더 이상 본 계약의 목적을 달성할 수 없다고 객관적으로 판단되는 경우에 한해 계약 일방 당사자의 통보로 본 계약은 해지할 수 있다.

② 본 계약이 해지되는 경우에도 '을'의 귀책사유로 본 계약이 해지되는 것이 아닌 한 '을'은 자신이 '갑'으로부터 지급받은 일체의 보수(대가)나 비용을 반환할 책임을 지지 않는다.
③ 본 계약이 적법하게 해지되는 경우 그때까지 작성된 보고서와 관련한 저작권은 '갑'(혹은 '을')에게 있다.

제9조(불가항력) 본 계약의 어느 일방도 본 계약을 이행함에 있어 천재지변 또는 불가항력으로 발생하거나 기타 일방의 고의, 과실 또는 태만에 의하지 아니한 하자로 인하여 발생한 여하한 성격의 손실 또는 손해에 대해서도 그 일방은 상대방에게 책임을 지지 아니한다.

제10조(분쟁해결) 본 계약과 관련하여 혹은 쌍방의 의무이행과 관련하여 분쟁이나 이견이 발생하는 경우 '갑'과 '을'은 이를 상호 협의하여 원만히 해결토록 노력하여야 하며, 이러한 분쟁이나 이견이 해결되지 않은 경우에는 ________법원을 제1심 관할법원으로 한다.

제11조(계약의 효력) 본 계약의 효력은 쌍방이 서명날인 한 날(계약체결일)부터 유효하고, 용역수행 최종보고서가 '갑'에게 유효하게 접수되는 시점에서 종료한다.

제12조(해석) 본 계약에 명기되지 아니하거나 본 계약상의 해석상 이의가 있는 사항에 대해서는 쌍방의 합의에 의하여 결정한다.

본 계약의 체결을 증명하기 위하여 본 계약서 2통을 작성하여 양 당사자가 기명날인을 한 후 각각 1통씩 보유하기로 한다.

년 월 일

갑:

을:

7. 기술도입 컨설팅 계약서

예시>

○○(이하 '갑'이라 함)와 재단법인 충남·강원테크노파크(이하 '을'이라 함)은, _____기술, 특허권, 노하우(이하 '계약기술'이라 총칭함)의 효율적인 도입을 위하여 다음과 같이 계약을 체결한다.

제1조(목적) '갑'은 자신이 사업화하고자 하는 계약기술의 효율적

인 도입을 위하여 '을'에게 자문을 의뢰하고, 이에 따라 본 자문의 효율적인 수행에 필요한 '갑'과 '을'의 구체적인 권리·의무를 규정하기 위하여 본 계약을 체결한다.

제2조(도입희망 계약기술의 특정) '갑'이 도입을 희망하는 계약기술의 구체적인 내용은 별첨 1 기재와 같다. '을'은 도입희망 계약기술의 내용이 불분명할 경우 또는 관련하여 의문이 있는 경우 수시로 '갑'에게 이를 문의하여 그 구체적인 내용을 특정할 수 있다. 계약기술 내용의 불특정으로 인한 위험부담은 '갑'에게 있다.

제3조(용역제공) '을'은 '갑'이 효율적으로 계약기술을 도입하도록 지원하기 위하여 최대한 노력하며, 이를 위하여 아래와 같은 용역을 제공한다.

(1) 기본용역

① 계약기술 보유자 및 사용권자(이하 '보유자 등'으로 총칭함)의 물색, 알선, 접촉

② 계약기술 도입 제안서 작성

③ 계약기술 보유자 등과 기술도입 거래조건 협상

④ 의향서 및 기술도입 라이센스 계약서(기타 그 명칭을 불문하고 기술도입과 관련된 구체적인 내용이 포함된 계약서 일체, 이하 '기술양도 계약서'라 총칭함) 작성(또는 작성 지원)

⑤ 정부인가 취득 지원(필요한 경우)

(2) 부가용역

① 계약기술 도입에 따른 사업성 판단과 관련한 자문용역

② 계약기술 도입에 따른 공정개선효과 관련한 자문용역

③ 복수의 계약기술 보유자 등을 대상으로 그들이 보유한 계약기술에 대한 비교 평가 자문용역

④ 계약기술 도입에 따른 파급효과 기타 갑이 원하는 분야에 대한 외부 전문가 의견을 취합한 자문용역

제4조(용역대가 및 보수 등)

(1) 보수의 종류

'갑'은 '을'의 제3조 용역제공의 대가로 기본 보수와 부가용역 보수를 지급하기로 한다.

(2) 기본 보수

'갑'은 '을'의 제3조 소정의 '기본 용역'을 제공하는 조건으로 금 ______원을 '을'에게 현금으로 지급한다.

(3) 부가용역 보수

'갑'은 '을'이 제3조 소정의 '부가 용역'을 제공하는 조건으로 상호 정한 별도의 조건에 따라 '을'에게 부가용역 보수를 지급하기로 한다. 단 그 구체적인 지불시기 및 지불방법에 대해서는 '갑'과 '을'이 별도로 합의하기로 한다.

(4) 경비

상기 기술한 두 가지 보수 이외에 '갑'은 제3조 용역제공과 관련하여 '을'이 지출한 실제 발생비용(예컨대, 장기출장비, 식대, 교통비, 인쇄비, 대외지급수수료 등)을 실비로 정산 및 보상하기로 한다. 단 '을'은 위와 같은 비경상비용의 발생이 예상되는 경우 원칙적으로 사전에 '갑'의 동의를 얻어야 한다.

제5조(면책) '을'은 '갑'의 이익을 위하여 계약기술 보유자 등의 물색 및 기술양도 계약체결의 성사를 위해 상기 용역을 제공하는 것으로서, 계약기술 보유자의 확정, 라이센스 계약 체결 및 그와 관련한 모든 판단은 '을'의 정보제공에 따라 '갑'의 책임 아래 결정된다. 따라서 '갑'의 결정의 모든 결과에 대한 책임은 '갑'에게 귀속한다.

제6조(상호협조) '을'은 제3조 소정의 용역 제공과 관련된 업무연락 사항을 수시로 '갑'에게 보고하여야 하며, '갑'은 '을'이 계약기술 보유자 등의 물색 및 기술양도 계약체결의 성사를 위해 '갑'에게 요청하는 정보나 자료를 적극적으로 제공하는 등 상호 신의성실로써 협조한다.

제7조(비밀유지의무) 본건 관련 모든 자료는 '갑'이 '을'에게 의뢰한 계약기술 보유자 등의 물색 및 기술양도 계약체결 성사의 목적으로만 사용되어야 하고, '갑'과 '을'은 그에 따른 비밀을 유지하여야 한다. 본 계약서상의 비밀 준수를 요하는 관련 자료의 범위에는 본 계약에 따라 제공된 문서, 자료 및 계약기술 보유자 등의 물색, 기술

양도 계약체결과 관련한 각종 교섭, 토의사항, 내용 및 조건 등을 포함한다.

　제8조(계약의 완료) ① 본 계약서는 기명날인과 동시에 효력을 발생하며 '갑'이 '을'에게 본건 의뢰의 중단을 요청하지 않는 한 ( )월간 유효하다. 단 본 계약 후 만 ( )개월이 도래하는 시점에 계약기술 보유자 등 물색 및 기술양도 계약체결 협상이 구체적으로 진행되고 있을 경우에는 '갑'과 '을'은 상호 협의하여 본 계약의 유효기간을 연장하도록 한다. 계약기술 보유자 등 물색 및 기술양도 계약체결 협상이 구체적으로 진행되고 있는지 여부에 대한 입증책임은 '을'에게 있다.

　② '을'이 계약기술의 도입을 위해 제3조 소정의 용역 업무를 수행하는 도중에, '갑'이 자신의 귀책사유에 의해 본건 의뢰를 중단하는 경우 이미 지급한 비용의 반환을 청구할 수 없다.

　③ 본 계약 종료 후 2년 이내에 '을'이 '갑'을 위하여 계약기술 도입을 위해 접촉하여 용역제공의 노력을 기울였던 계약기술 보유자 등과 '갑' 사이에 기술양도 계약이 체결되는 경우, 그 사실을 '을'이 입증한다면, '갑'은 '을'에게 (선불금 총액의 ××%)를 성공보수로 지급하기로 한다.

　제9조(계약의 해지) ① 원칙적으로 본 계약은 해지하지 못한다. 그러나 본 계약 체결 후 어느 일방이 본 계약상의 의무를 위반하여 더 이상 본 계약의 목적을 달성할 수 없다고 객관적으로 판단되는 경우에 한해 계약 일방 당사자의 통보로 본 계약은 해지할 수 있다.

　② 본 계약이 해지되는 경우에도 '을'의 귀책사유로 본 계약이 해

지되는 것이 아닌 한 '을'은 자신이 '갑'으로부터 지급받은 일체의 금원을 반환할 책임을 지지 않는다.

③ 본 계약이 적법하게 해지되는 경우 그때까지 작성된 보고서와 관련한 저작권은 '갑'(혹은 '을')에게 있다.

제10조(불가항력) 본 계약의 어느 일방도 본 계약을 이행함에 있어 천재지변 또는 불가항력으로 발생하거나 기타 일방의 고의, 과실 또는 태만에 의하지 아니한 하자로 인하여 발생한 여하한 성격의 손실 또는 손해에 대해서도 그 일방은 상대방에게 책임을 지지 아니한다.

제11조(분쟁해결) 본 계약과 관련하여 혹은 쌍방의 의무이행과 관련하여 분쟁이나 이견이 발생하는 경우 '갑'과 '을'은 이를 상호 협의하여 원만히 해결토록 노력하여야 하며, 이러한 분쟁이나 의견이 해결되지 않은 경우에는 _________ 법원을 제1심 관할법원으로 한다.

제12조(계약의 효력) 본 계약의 효력은 쌍방이 서명날인 한 날(계약체결일)부터 유효하다.

제13조(해석) 본 계약에 명기되지 아니하거나 본 계약상의 해석상 이의가 있는 사항에 대해서는 쌍방의 합의에 의하여 결정한다.

본 계약의 체결을 증명하기 위하여 본 계약서 2통을 작성하여 양 당사자가 기명날인을 한 후 각각 1통씩 보유하기로 한다.

년 월 일

갑:

을:

8. 특허기술 전용실시권 설정등록 계약서

예시>

특허권자 △△△(이하 '갑'이라 함)와 실시권자 ○○○(이하 '을'이라 함)는 '갑'이 권리를 보유하고 있는 특허의 전용실시와 관련하여 다음과 같이 계약을 체결한다.

제1조(계약의 목적) 본 계약은 제2조에 기재된 '갑'에게 특허권이 있는 기술(이하 '본건 특허'라 함)에 관하여 '을'에게 독점적 전용 실시권을 부여하고, '을'이 그에 대한 실시료를 지급함에 있어 당사자 간의 권리와 의무를 규정하는 것을 그 목적으로 한다.

제2조(특허권의 표시) 계약의 목적이 되는 본건 특허의 내용은 다음과 같다.

특 허 번 호:

발명의 명칭:

제3조(계약기간 및 범위) ① 본건 특허에 대한 '을'의 전용 실시

권은 계약체결일로부 ( )년간 국내 전역에서의 제조 및 판매에 존속
한다.

  ② '을'이 계약연장을 원하는 경우에는 계약만료일 ( )개월 이전에
계약기간 연장의사를 '갑'에게 서면으로 통보하여야 하고, 계약
만료일 전에 연장계약 또는 재계약을 체결하여야 한다.

  제4조(실시권 설정 등록) '갑'은 '을'이 자기('을')의 비용으로 본 계
약에 의해 허락된 전용 실시권을 해당 관청(해당 특허청 등)에 설정
등록하는 것에 동의하고, '을'의 청구권에 따라 이에 필요한 서류를
무상으로 제공하고 설정 등록에 적극 협조하여야 한다.

  제5조(기술지원) '을'이 본건 특허를 실시하여 제품을 생산함에 있
어서 '갑'에게 본건 특허의 실시와 관련된 기술지원을 요청할 경우
'갑'은 이에 협력한다. 단 이에 소요되는 비용은 '을'의 부담으로 한다.

  제6조(특허표시) '을'은 본건 특허를 실시하여 생산한 제품, 포장,
카탈로그 등에 본건 특허의 특허번호를 표시하여야 한다.

  제7조(개량발명) '을'이 본건 특허에 기초한 새로운 발명을 하거나
기술을 개량한 경우 이러한 개량발명에 대해서는 '갑'과 '을'이 협의
하에 그 귀속을 결정하기로 하되, 합의가 이루어지지 않을 경우에는
'갑'과 '을'의 공유로 한다. 만약 이러한 개량발명에 대해 특허권 등
을 출원하고자 하는 경우 그 비용부담은 '갑'과 '을'의 공동부담으로
한다.

제8조(실시료) ① '을'은 본 계약에 따른 실시권에 대한 대가로 '갑'에게 다음과 같은 실시료를 지급하여야 한다.

(1) 선급금: 금 원을 본 계약 체결 후 ( )일 이내 현금으로 지급함

(2) 경상실시료: 본건 특허를 사용한 제품의 제조·판매로 발생된 총매출액의 %를 지급함

② 경상실시료의 정산은 매년 1회 하는 것을 원칙으로 한다. '을'은 매년 2월 말까지 전년 1월 1일부터 12월 31일까지의 기간 동안에 발생한 실시료를 '갑'에게 지급하여야 하고, 본 계약기간 만료 연도에는 만료일로부터 60일 이내에 지불하여야 한다.

③ '을'이 경상실시료를 기간 내에 지급하지 않을 경우에는 지체일수에 그 당시의 '갑'의 주거래 금융기관(은행)의 정기예금 금리(또는 대출금리)를 적용한 지체상금을 지불하여야 한다.

④ 제①항 제2호 소정의 경상실시료 지급에 관해서는 별도로 정하는 양식에 따라 생산수량, 판매수량, 재고수량, 매출금액, 산출된 기술료 금액 등을 기재한 기술료 산출보고서를 갑에게 보고하여야 한다.

⑤ '을'은 본 계약 체결일 이후에 제조된 제품의 생산, 수주량 및 판매액 등 경상 기술료 산출에 관련된 정보를 기록한 장부를 비치하여야 하며, '갑'은 필요한 경우 언제든지 관련 장부를 검사할 수 있다.

제9조(실시료의 감액과 변경) 다음 각 호의 사유에 해당하는 경우, '을'은 '갑'에게 실시료의 감액을 청구할 수 있다.

(1) '을'이 본건 특허를 실시하여 제품을 생산함에 있어서 본건 특허에 대한 실시 이외에 제삼자가 소유하고 있는 특허권을 실시하여야만 하는 경우

(2) '을'의 기술지원 요청을 받고도 '갑'이 기술지원 및 협력의무를 이행하지 않거나 태만시할 경우

제10조(기록의 보관 등) ① '을'은 계약기간 및 계약만료 후 ( )년 동안 본 계약에 따른 실시료 산정에 과한 회계자료를 보관하며 '갑'의 제출요구가 있을 경우 이를 '갑'에게 제출한다.

② '갑'은 필요에 따라 '갑'의 직원 또는 '갑'이 지정한 공인회계사를 파견하여 실시료 산정에 관련한 '을'의 제반 서류를 조사할 수 있다.

제11조(특허의 관리) ① '갑'은 계약기간 동안 본건 특허에 관한 관리의무를 부담한다. 만약 '을'이 자신의 비용으로 본건 특허의 관리를 위한 조치를 취할 경우 '을'은 그로 인한 비용을 '갑'에게 지불하는 실시료에서 공제할 수 있다.

② 제삼자가 본건 특허를 침해할 경우, '을'은 자신의 비용으로 침해 배제에 필요한 조치를 취할 수 있다. 이 경우 '갑'은 '을'에게 침해 배제에 필요한 모든 협조를 제공한다.

③ 제삼자의 침해로 인하여 배상받게 되는 손해배상금은 침해 배제를 위하여 자신의 비용으로 법률적 조치를 취한 당사자의 이익으로 한다.

제12조(특허권의 양도 등) '갑'은 계약기간 동안 본건 특허를 포기
하거나 타에 양도할 수 없으며, 법률상 기타 행정상 필요에 의하여
양도할 경우 '을'의 권리보호를 위한 제반 조치를 취하여야 한다.

제13조(실시권의 양도 등) '을'은 갑의 사전 서면동의 없이는 본건
특허에 대한 실시권을 제삼자에게 양도하거나 담보로 제공하거나 재
실시 설정할 수 없다.

제14조(비밀유지 의무) ① '을'은 본건 특허와 관련한 비밀정보를
타인에게 누설하여서는 안 된다.
　② '갑'은 '을'이 전항의 규정에 위반했다고 인정할 때에는 이를 객
　　 관적으로 증명한 후 즉시 본 계약을 해제하고 손해배상을 청구
　　 할 수 있다.

제15조(계약의 해지 등) ① 다음 각 호에 해당하는 사유가 발생 시
타방 당사자는 ( )일의 기간을 정하여 위반 당사자에게 그 시정을 요
구할 수 있고, 그 기간 내에 시정이 이루어지지 않는 경우에는 서면
으로 본 계약을 해지할 수 있는 권한을 가지며, 그에 따른 손해의 배
상을 청구할 수 있다.
이 경우 손해배상금은 금 원으로 예정한다.
　(1) '갑'이 본건 특허의 실시권 설정행위를 완료하였음에도 '을'이
　　　( )일 이내에 실시를 포기한 경우와 명백히 포기한 것으로 볼 수
　　　있는 경우
　(2) '을'이 조업을 중단하여 상당기간 동안 조업이 재기될 가능성

이 없다고 인정되는 경우

(3) '갑'이 본건 특허의 실시권을 성실히 부여하지 않은 경우

(4) 계약당사자 중 일방이 본 계약상의 의무를 위반하여 본 계약의 목적을 달성하기 어렵다고 객관적으로 판단하는 경우

② '을'이 본건 특허를 실시하는 과정에서 경제성, 상업성이 없다고 판단하여 본 계약의 목적을 달성하는 것이 어렵다고 확정적으로 판단한 경우 '을'은 계약을 해지할 수 있다. 다만 이 경우에도 '을'은 이미 지급한 선급금의 반환을 요구할 수 없다.

③ '을'이 해산·청산·파산·지급불능 등의 사유로 인하여 그 사업을 계속할 수 없거나 '을'의 대표이사가 그 소유 주식 및 회사에 대한 경영권을 제삼자에게 양도하여 본 계약서 관련 사업에서 벗어나게 된 경우 본 계약에 의한 '을'의 실시권은 자동으로 소멸한다. 다만 이 경우 '을'은 선급금을 포함하여 '갑'에게 이미 지급한 실시료의 반환을 청구할 수 없다.

제15조(불가항력) 본 계약의 어느 일방도 본 계약을 이행함에 있어 천재지변 또는 불가항력으로 발생하거나 기타 일방의 고의, 과실 또는 태만에 의하지 아니한 하자로 인하여 발생한 여하한 성격의 손실 또는 손해에 대해서도 그 일방은 상대방에게 책임을 지지 아니한다.

제16조(분쟁해결) 본 계약과 관련하여 혹은 쌍방의 의무이행과 관련하여 분쟁이나 이견이 발생하는 경우 '갑'과 '을'은 이를 상호 협의하여 원만히 해결토록 노력하여야 하며, 이러한 분쟁이나 이견이 해결되지 않은 경우에는 ________ 법원을 제1심 관할법원으로 한다.

제17조(계약의 효력) ① 본 계약의 효력은 쌍방이 서명날인 한 날 (계약체결일)부터 유효하다.

② 본 계약은 '갑'과 '을' 간의 특허기술 전용실시에 관한 기본적인 사항을 규정한 것으로, 이전에 '갑'과 '을' 간의 모든 문서에 우선한다. 또한 본 계약과 관련 있는 다른 협의나 계약은 이 계약서에 언급되고 서면으로 작성되어 권한 있는 당사자의 서명이 없는 한 그 효력이 없다.

제18조(해석) 본 계약에 명기되지 아니하거나 본 계약상의 해석상 이의가 있는 사항에 대해서는 쌍방의 합의에 의하여 결정한다.

제19조(입회중개인) 본 계약은 재단법인 충남·강원테크노파크가 입회·중개하였다. 따라서 재단법인 충남·강원테크노파크는 본 계약이 정상적으로 체결되었음을 보증하며, 그 체결 과정에 그 어떤 기망·착오·의사표시의 불일치가 없었음을 확인한다.

본 계약의 체결을 증명하기 위하여 본 계약서 2통을 작성하여 양 당사자가 기명날인을 한 후 각각 통씩 보유하기로 한다.

첨부: 1. '갑'과 '을'의 법인인감증명서 1부
　　　2. '갑'과 '을'의 사업자등록증 사본 1부

년 월 일

갑:

을:

입회중개인:

9. 특허기술 독점적 통상실시권 설정등록 계약서

예시>

특허권자 △△△(이하 '갑'이라 함)와 실시권자 ○○○(이하 '을'이라 함)는 '갑'이 권리를 보유하고 있는 특허의 실시와 관련하여 다음과 같이 계약을 체결한다.

제1조(계약의 목적) 본 계약은 '갑'이 '을'에 대해서 '갑' 소유인 제2조에 기재된 특허권(이하 '본건 특허'라 함)에 대해 독점적 통상실시권을 설정함에 있어 필요한 제반 사항을 정함을 그 목적으로 한다.

제2조(특허권의 표시) 계약의 목적이 되는 본건 특허의 내용은 다음과 같다.

특 허 번 호:

발명의 명칭:

제3조(실시권의 허락) '갑'은 '을'에 대하여 '을'이 '본건 특허'를 실시한 제품을 생산 또는 판매하거나 기타의 처분을 하기 위한 '본건 특허'에 대한 독점적 통상실시권을 허락한다. 본 실시권은 독점적이다. 다만 '을'은 본건 특허를 제삼자에게 양도할 수 없고 담보로 제공

할 수도 없으며 '갑'의 사전 서면승인 없이 제삼자에게 재실시하지도
못한다.

제4조(실시권의 범위) 본 계약에 따른 본건 특허의 실시권 허여 범
위는 다음과 같다.
  (1) 실시기간: '본건 특허'에 대한 '을'의 실시권은 계약 체결일로부
      터 ( )년간 존속한다. '을'이 계약연장을 원하는 경우에는 계약
      만료일 ( )개월 이전에 계약기간 연장의사를 '갑'에게 서면으로
      통보하여야 하고 계약 만료일 전에 재계약을 체결하여야 한다.
      '을'이 정해진 기간에 계약기간 연장의사를 통보하지 않은 경우
      에는 계약기간 만료로써 본 계약은 확정적으로 종료된다.
  (2) 실시권의 종류: 독점적 통상실시권
  (3) 실시지역: 대한민국 전역

제5조(실시권의 설정등록) '갑'은 '을'이 자기의 비용으로 본 계약
에 의해 허락된 실시권을 설정 등록하는 것에 동의하고, '을'의 청구
권에 따라 이에 필요한 서류를 무상으로 제공하여야 한다.

제6조(실시료) ① '을'은 본 계약에 따른 실시권에 대한 대가로 '갑'
에게 다음과 같은 실시료를 지급하여야 한다.
  (1) 선급금: 금 원을 본 계약 체결 후 ( )일 이내 현금으로 지급함
  (2) 경상실시료: 본건 특허를 사용한 제품의 제조·판매로 발생된
      총매출액의 %를 지급함
  ② 경상실시료의 정산은 매년 1회 하는 것을 원칙으로 한다. '을'은

매년 2월 말까지 전년 1월 1일부터 12월 31일까지의 기간 동안
에 발생한 실시료를 '갑'에게 지급하여야 하고, 본 계약기간 만
료연도에는 만료일로부터 60일 이내에 지불하여야 한다.
③ '을'이 경상실시료를 기간 내에 지급하지 않을 경우에는 지체일
수에 그 당시의 '갑'의 주거래 금융기관(은행)의 정기예금 금리
(또는 대출금리)를 적용한 지체상금을 지불하여야 한다.
④ 제①항 제2호 소정의 경상실시료 지급에 관해서는 별도로 정하
는 양식에 따라 생산수량, 판매수량, 재고수량, 매출금액 등을
'갑'에게 보고하여야 한다.
⑤ '을'은 본 계약 체결일 이후에 제조된 제품의 생산, 수주량 및
판매액을 기록한 장부를 비치하여야 하며, '갑'은 필요한 경우
언제든지 관련 장부를 검사할 수 있다.

제7조(기록의 보관 등) ① '을'은 계약기간 및 계약만료 후 ( )년 동
안 본 계약에 따른 실시료 산정에 관한 회계자료를 보관하며 '갑'의
제출요구가 있을 경우 이를 '갑'에게 제출한다.
② '갑'은 필요에 따라 '갑'의 직원 또는 '갑'이 지정한 공인회계사
를 파견하여 실시료 산정에 관련한 '을'의 제반 서류를 조사할
수 있다.

제8조(개량발명) '을'이 본건 특허에 기초한 새로운 발명을 하거나
기술을 개발한 경우 이러한 개량발명에 대해서는 '갑'과 '을'이 협의
하에 그 귀속을 결정하기로 하되, 합의가 이루어지지 않을 경우에는
'갑'과 '을'의 공유로 한다. 만약 이러한 개량발명에 대해 특허권 등을

출원하고자 하는 경우 그 비용부담은 '갑'과 '을'의 공동부담으로 한다.

제9조(실시료의 감액과 변경) 다음 각 호의 사유에 해당하는 경우 '을'은 '갑'에게 실시료의 감액을 청구할 수 있다. 다만 '을'의 감액청구가 실시료의 부당한 감액을 목적으로 함을 입증할 경우 '갑'은 '을'의 감액청구를 거절할 수 있다.

(1) '을'이 본건 특허를 실시하여 제품을 생산함에 있어서 본건 특허에 대한 실시 이외에 제삼자가 소유하고 있는 특허권을 실시하여야만 하는 경우

(2) '을'의 기술지원 요청을 받고도 '갑'이 기술지원 및 협력의무를 이행하지 않거나 태만시할 경우

제10조(특허의 관리) ① '갑'은 계약기간 동안 본건 특허에 관한 관리의무를 부담한다. 만약 '을'이 자신의 비용으로 본건 특허의 관리를 위한 조치를 취할 경우 '을'은 그로 인한 비용을 '갑'에게 지불하는 실시료에서 공제할 수 있다.

② 제삼자가 본건 특허를 침해할 경우, '을'은 자신의 비용으로 침해 배제에 필요한 조치를 취할 수 있다. 이 경우 '갑'은 '을'에게 침해 배제에 필요한 모든 협조를 제공한다.

③ 제삼자의 침해로 인하여 배상받게 되는 손해배상금은 침해 배제를 위하여 자신의 비용으로 법률적 조치를 취한 당사자의 이익으로 한다.

제11조(비밀유지 의무) ① '을'은 본건 특허와 관련한 비밀정보를 타인에게 누설하여서는 안 된다.

② '갑'은 '을'이 전항의 규정에 위반했다고 인정할 때에는 이를 객관적으로 증명한 후 즉시 본 계약을 해제하고 손해배상을 청구할 수 있다.

제12조(계약의 해지 등) ① 다음 각 호에 해당하는 사유가 발생 시 타방 당사자는 ( )일의 기간을 정하여 위반 당사자에게 그 시정을 요구할 수 있고, 그 기간 내에 시정이 이루어지지 않는 경우에는 서면으로 본 계약을 해지할 수 있는 권한을 가지며, 그에 따른 손해의 배상을 청구할 수 있다. 이 경우 손해배상금은 금원으로 예정한다.

(1) '갑'이 본건 특허의 실시권 설정행위를 완료하였음에도 '을'이 ( )일 이내에 실시를 포기한 경우와 명백히 포기한 것으로 볼 수 있는 경우

(2) '을'이 조업을 중단하여 상당기간 동안 조업이 재기될 가능성이 없다고 인정되는 경우

(3) '갑'이 본건 특허의 실시권을 성실히 부여하지 않은 경우

(4) 계약당사자 중 일방이 본 계약상의 의무를 위반하여 본 계약의 목적을 달성하기 어렵다고 객관적으로 판단되는 경우

② '을'이 본건 특허를 실시하는 과정에서 경제성, 상업성이 없다고 판단하여 본 계약의 목적을 달성하는 것이 어렵다고 확정적으로 판단한 경우 '을'은 계약을 해지할 수 있다. 다만 이 경우에도 '을'은 이미 지급한 선급금의 반환을 요구할 수 없다.

③ '을'이 해산·청산·파산·지급불능 등의 사유로 인하여 그 사업을 계속할 수 없거나 '을'의 대표이사가 그 소유 주식 및 회사에 대한 경영권을 제삼자에게 양도하여 본 계약서 관련 사업에

서 벗어나게 된 경우 본 계약에 의한 '을'의 실시권은 자동으로 소멸한다. 다만 이 경우 '을'은 선급금을 포함하여 '갑'에게 이미 지급한 실시료의 반환을 청구할 수 없다.

제13조(불가항력) 본 계약의 어느 일방도 본 계약을 이행함에 있어 천재지변 또는 불가항력으로 발생하거나 기타 일방의 고의, 과실 또는 태만에 의하지 아니한 하자로 인하여 발생한 여하한 성격의 손실 또는 손해에 대해서도 그 일방은 상대방에게 책임을 지지 아니한다.

제14조(분쟁해결) 본 계약과 관련하여 혹은 쌍방의 의무이행과 관련하여 분쟁이나 이견이 발생하는 경우 '갑'과 '을'은 이를 상호 협의하여 원만히 해결토록 노력하여야 하며, 이러한 분쟁이나 이견이 해결되지 않은 경우에는 _______ 법원을 제1심 관할법원으로 한다.

제15조(계약의 효력) ① 본 계약의 효력은 쌍방이 서명날인 한 날(계약체결일)부터 유효하다.
② 본 계약은 '갑'과 '을' 간 기술실시에 관한 기본적인 사항을 규정한 것으로 이전에 '갑'과 '을' 간의 모든 문서에 우선한다. 또한 본 계약과 관련 있는 다른 협의나 계약은 이 계약서에 언급되고 서면으로 작성되어 권한 있는 당사자의 서명이 없는 한 그 효력이 없다.

제16조(해석) 본 계약에 명기되지 아니하거나 본 계약상의 해석상 이의가 있는 사항에 대해서는 쌍방의 협의에 의하여 결정한다.

제17조(입회중개인) 본 계약은 재단법인 충남 · 강원테크노파크가 입회 · 중개하였다. 따라서 재단법인 충남 · 강원테크노파크는 본 계약이 정상적으로 체결되었음을 보증하며, 그 체결 과정에 그 어떤 기망 · 착오 · 의사표시의 불일치가 없었음을 확인한다.

본 계약의 체결을 증명하기 위하여 본 계약서 2통을 작성하여 양 당사자가 각 기명날인을 한 후 각각 1통씩 보유하기로 한다.

첨부: 1. '갑'과 '을'의 법인인감증명서 1부
2. '갑'과 '을'의 사업자등록증 사본 1부

년 월 일

갑:
을:
입회중개인:

10. 특허기술 통상실시권 설정등록 계약서(예시)

예시>

특허권자 △△△(이하 '갑'이라 함)와 실시권자 ○○○(이하 '을'이라 함)는 '갑'이 권리를 보유하고 있는 특허의 실시와 관련하여 다음과 같이 계약을 체결한다.

제1조(목적) 본 계약은 '갑'이 '을'에 대해서, '갑' 소유인 제2조에 기재된 특허권(이하 '본건 특허'라 함)에 대해 통상실시권을 설정함에 있어 필요한 제반 사항을 정함을 그 목적으로 한다.

제2조(특허권의 표시) 계약의 목적이 되는 본건 특허의 내용은 다음과 같다.

특 허 번 호:

발명의 명칭:

제3조(실시권의 허락) '갑'은 '을'에 대하여 '을'이 '본건 특허'를 실시한 제품을 생산 또는 판매하거나 기타의 처분을 하기 위한 '본건 특허'에 대한 통상실시권을 허락한다. 본 실시권은 비독점적이다. 따라서 '을'은 본건 특허를 제삼자에게 양도할 수 없고 담보로 제공할 수도 없으며 '갑'의 사전 서면승인 없이 제삼자에게 재실시하지도 못한다.

제4조(실시권의 범위) 본 계약에 따른 본건 특허의 실시권 허여 범위는 다음과 같다.

(1) 실시기간: '본건 특허'에 대한 '을'의 실시권은 계약 체결일로부터 ( )년간 존속한다. '을'이 계약연장을 원하는 경우에는 계약 만료일 ( )개월 이전에 계약기간 연장의사를 '갑'에게 서면으로 통보하여야 하고 계약 만료일 전에 재계약을 체결하여야 한다. '을'이 정해진 기간에 계약기간 연장의사를 통보하지 않은 경우에는 계약기간 만료로써 본 계약은 확정적으로 종료된다.

(2) 실시권의 종류: 통상실시권

(3) 실시지역: 대한민국 전역

제5조(실시권의 설정등록) '갑'은 '을'이 자기('을')의 비용으로 본 계약에 의해 허락된 실시권을 설정 등록하는 것에 동의하고, '을'의 청구권에 따라 이에 필요한 서류를 무상으로 제공하여야 한다.

제6조(실시료) ① '을'은 본 계약에 따른 실시권에 대한 대가로 '갑'에게 다음과 같은 실시료를 지급하여야 한다.

(1) 선급금: 금 원을 본 계약 체결 후 ( )일 이내 현금으로 지급함

(2) 경상실시료: 본건 특허를 사용한 제품의 제조·판매로 발생된 총매출액의 %를 지급함

② 경상실시료의 정산은 매년 1회 하는 것을 원칙으로 한다. '을'은 매년 2월 말까지 전년 1월 1일부터 12월 31일까지의 기간 동안에 발생한 실시료를 '갑'에게 지급하여야 하고, 본 계약기간 만료연도에는 만료일로부터 60일 이내에 지불하여야 한다.

③ '을'이 경상실시료를 기간 내에 지급하지 않을 경우에는 지체일수에 그 당시의 '갑'의 주거래 금융기관(은행)의 정기예금 금리(또는 대출금리)를 적용한 지체상금을 지불하여야 한다.

④ 제①항 제2호 소정의 경상실시료 지급에 관해서는 별도로 정하는 양식에 따라 생산수량, 판매수량, 재고수량, 매출금액 등을 '갑'에게 보고하여야 한다.

⑤ '을'은 본 계약 체결일 이후에 제조된 제품의 생산, 수주량 및 판매액을 기록한 장부를 비치하여야 하며, '갑'은 필요한 경우

언제든지 관련 장부를 검사할 수 있다.

제7조(기록의 보관 등) ① '을'은 계약기간 및 계약만료 후 ( )년 동안 본 계약에 따른 실시료 산정에 관한 회계자료를 보관하며 '갑'의 제출요구가 있을 경우 이를 '갑'에게 제출한다.

② '갑'은 필요에 따라 '갑'의 직원 또는 '갑'이 지정한 공인회계사를 파견하여 실시료 산정에 관련한 '을'의 제반 서류를 조사할 수 있다.

제8조(개량발명) '을'이 본건 특허에 기초한 새로운 발명을 하거나 기술을 개발한 경우 이러한 개량발명에 대해서는 '갑'과 '을'이 협의하에 그 귀속을 결정하기로 하되, 합의가 이루어지지 않을 경우에는 '갑'과 '을'의 공유로 한다. 만약 이러한 개량발명에 대해 특허권 등을 출원하고자 하는 경우 그 비용부담은 '갑'과 '을'의 공동부담으로 한다.

제9조(실시료의 감액과 변경) 다음 각 호의 사유에 해당하는 경우 '을'은 '갑'에게 실시료의 감액을 청구할 수 있다. 다만 '을'의 감액청구가 실시료의 부당한 감액을 목적으로 함을 입증할 경우 '갑'은 '을'의 감액청구를 거절할 수 있다.

(1) '을'이 본건 특허를 실시하여 제품을 생산함에 있어서 본건 특허에 대한 실시 이외에 제삼자가 소유하고 있는 특허권을 실시하여야만 하는 경우

(2) '을'의 기술지원 요청을 받고도 '갑'이 기술지원 및 협력의무를 이행하지 않거나 태만시할 경우

제10조(특허의 관리) ① '갑'은 계약기간 동안 본건 특허에 관한 관리의무를 부담한다. 만약 '을'이 자신의 비용으로 본건 특허의 관리를 위한 조치를 취할 경우 '을'은 그로 인한 비용을 '갑'에게 지불하는 실시료에서 공제할 수 있다.

② 제삼자가 본건 특허를 침해할 경우, '을'은 자신의 비용으로 침해 배제에 필요한 조치를 취할 수 있다. 이 경우 '갑'은 '을'에게 침해 배제에 필요한 모든 협조를 제공한다.

③ 제삼자의 침해로 인하여 배상받게 되는 손해배상금은 침해 배제를 위하여 자신의 비용으로 법률적 조치를 취한 당사자의 이익으로 한다.

제11조(비밀유지 의무) ① '을'은 본건 특허와 관련한 비밀정보를 타인에게 누설하여서는 안 된다.

② '갑'은 '을'이 전항의 규정에 위반했다고 인정할 때에는 이를 객관적으로 증명한 후 즉시 본 계약을 해제하고 손해배상을 청구할 수 있다.

제12조(계약의 해지 등) ① 다음 각 호에 해당하는 사유가 발생 시 타방 당사자는 ( )일의 기간을 정하여 위반 당사자에게 그 시정을 요구할 수 있고, 그 기간 내에 시정이 이루어지지 않는 경우에는 서면으로 본 계약을 해지할 수 있는 권한을 가지며, 그에 따른 손해의 배상을 청구할 수 있다. 이 경우 손해배상금은 금 원으로 예정한다.

(1) '갑'이 본건 특허의 실시권 설정행위를 완료하였음에도 '을'이 ( )일 이내에 실시를 포기한 경우와 명백히 포기한 것으로 볼 수

있는 경우

(2) '을'이 조업을 중단하여 상당기간 동안 조업이 재기될 가능성
    이 없다고 인정되는 경우

(3) '갑'이 본건 특허의 실시권을 성실히 부여하지 않은 경우

(4) 계약당사자 중 일방이 본 계약상의 의무를 위반하여 본 계약의
    목적을 달성하기 어렵다고 객관적으로 판단되는 경우

② '을'이 본건 특허를 실시하는 과정에서 경제성, 상업성이 없다
    고 판단하여 본 계약의 목적을 달성하는 것이 어렵다고 확정적
    으로 판단한 경우 '을'은 계약을 해지할 수 있다. 다만 이 경우
    에도 '을'은 이미 지급한 선급금의 반환을 요구할 수 없다.

③ '을'이 해산 · 청산 · 파산 · 지급불능 등의 사유로 인하여 그 사
    업을 계속할 수 없거나 '을'의 대표이사가 그 소유 주식 및 회사
    에 대한 경영권을 제삼자에게 양도하여 본 계약서 관련 사업에
    서 벗어나게 된 경우 본 계약에 의한 '을'의 실시권은 자동으로
    소멸한다. 다만 이 경우 '을'은 선급금을 포함하여 '갑'에게 이
    미 지급한 실시료의 반환을 청구할 수 없다.

제13조(불가항력) 본 계약의 어느 일방도 본 계약을 이행함에 있어
천재지변 또는 불가항력으로 발생하거나 기타 일방의 고의, 과실 또
는 태만에 의하지 아니한 하자로 인하여 발생한 여하한 성격의 손실
또는 손해에 대해서도 그 일방은 상대방에게 책임을 지지 아니한다.

제14조(분쟁해결) 본 계약과 관련하여 혹은 쌍방의 의무이행과 관
련하여 분쟁이나 이견이 발생하는 경우 '갑'과 '을'은 이를 상호 협의

하여 원만히 해결토록 노력하여야 하며, 이러한 분쟁이나 이견이 해결되지 않은 경우에는 ________법원을 제1심 관할법원으로 한다.

제15조(계약의 효력)
① 본 계약의 효력은 쌍방이 서명날인 한 날(계약체결일)부터 유효하다.
② 본 계약은 '갑'과 '을' 간 기술실시에 관한 기본적인 사항을 규정한 것으로 이전에 '갑'과 '을' 간의 모든 문서에 우선한다. 또한 본 계약과 관련 있는 다른 협의나 계약은 이 계약서에 언급되고 서면으로 작성되어 권한 있는 당사자의 서명이 없는 한 그 효력이 없다.

제16조(해석) 본 계약에 명기되지 아니하거나 본 계약상의 해석상 이의가 있는 사항에 대해서는 쌍방의 협의에 의하여 결정한다.

제17조(입회중개인) 본 계약은 재단법인 충남·강원테크노파크가 입회·중개하였다. 따라서 재단법인 충남·강원테크노파크는 본 계약이 정상적으로 체결되었음을 보증하며, 그 체결 과정에 그 어떤 기망·착오·의사표시의 불일치가 없었음을 확인한다.

본 계약의 체결을 증명하기 위하여 본 계약서 2통을 작성하여 양 당사자가 기명날인을 한 후 각각 1통씩 보유하기로 한다.

첨부: 1. '갑'과 '을'의 법인인감증명서 1부
      2. '갑'과 '을'의 사업자등록증 사본 1부

년 월 일

갑:

을:

입회중개인:

11. 크로스 라이센싱 계약서

예시>

○○○(이하 '갑'이라 함)과 △△△(이하 '을'이라 함)은 상호 자신이 보유하고 있는 기술, 특허권, 노하우에 대해 크로스 라이센싱을 하기로 합의하고 다음과 같이 계약을 체결한다.

제1조(목적) 본 계약은 '갑'이 '을'이 각자 획득하여 보유하고 있는 기술, 특허권, 노하우를 상대방에게 상호 크로스 라이센싱함에 있어 필요한 제반 사항을 정함을 그 목적으로 한다.

제2조(라이센스의 목적물) 계약의 목적이 되는 대상물은 다음과 같다.
(1) '갑'이 획득하여 보유하고 있는 별첨 1 기재 기술, 특허권, 노하우(이하 'A 기술'이라 함)
(2) '을'이 획득하여 보유하고 있는 별첨 2 기재 기술, 특허권, 노하우(이하 'B 기술'이라 함)

제3조(갑의 을에 대한 라이센싱)

① '갑'은 '을'에 대하여 '을'이 A 기술을 사용하는 데 대한 전용(혹은 통상) 실시권을 허락한다. 본 실시권은 독점적(혹은 비독점적)이다. 다만 '을'은 A 기술의 실시 및 사용 권리를 제삼자에게 양도할 수 없고 담보로 제공할 수도 없으며 '갑'의 사전 서면승인 없이 제삼자에게 재실시하지도 못한다.

② 실시권의 범위

(1) 실시기간: A 기술에 대한 '을'의 실시권은 본 계약 체결일로부터 ( )년간 존속한다. '을'이 계약연장을 원하는 경우에는 계약만료일 ( )개월 이전에 계약기간 연장의사를 '갑'에게 서면으로 통보하여야 하고 계약만료일 전에 재계약을 체결하여야 한다. '을'이 정해진 기간에 계약기간 연장의사를 통보하지 않은 경우에는 계약기간 만료로써 본 계약은 확정적으로 종료된다.

(2) 실시권의 종류: 전용(혹은 통상) 실시권

(3) 실시지역: 대한민국 전역

제4조(을의 갑에 대한 라이센싱) ① '을'은 '갑'에 대하여 '갑'이 B 기술을 사용하는 데 대한 전용(혹은 통상) 실시권을 허락한다. 본 실시권은 독점적(혹은 비독점적)이다. 다만 '갑'은 B 기술의 실시 및 사용 권리를 제삼자에게 양도할 수 없고 담보로 제공할 수도 없으며 '을'의 사전 서면승인 없이 제삼자에게 재실시하지도 못한다.

② 실시권의 범위

(1) 실시기간: B 기술에 대한 '갑'의 실시권은 본 계약 체결일로부터 ( )년간 존속한다. '갑'이 계약연장을 원하는 경우에는 계약

만료일 ( )개월 이전에 계약기간 연장의사를 '을'에게 서면으로
통보하여야 하고 계약만료일 전에 재계약을 체결하여야 한다.
'갑'이 정해진 기간에 계약기간 연장의사를 통보하지 않은 경우
에는 계약기간 만료로써 본 계약은 확정적으로 종료된다.
(2) 실시권의 종류: 전용(혹은 통상) 실시권
(3) 실시지역: 대한민국 전역

제5조(실시권의 설정등록) 어느 일방이 상대방의 기술에 대해 실시
권을 설정 등록하고자 하는 경우, 당해 상대방은 특별한 사정이 없는
한 이에 동의하기로 한다. 이 경우 설정 등록을 희망하는 당사자의
상대방은 실시권을 설정 등록하고자 하는 자에게 필요한 서류를 지
체 없이 무상으로 제공하여야 한다.

제6조(실시료)
[1안]
'갑'과 '을'은 각각 자신이 보유하고 있는 A 기술 및 B 기술의 경제
적 가치가 동등함을 인정하여 상호 교차 사용을 제공, 수용하는 만큼,
별도의 차액 기술료 지급 없이 상호 무료로 상대방의 기술을 사용하
는 것으로 한다.

[제2안]
① '을'(혹은 '갑')은 본 계약에 따른 실시권에 대한 대가로 '갑'(혹
은 '을')에게 다음과 같은 실시료를 지급하여야 한다.
(1) 선급금: 금 원을 본 계약 체결 후 ( )일 이내 현금으로 지급함

(2) 경상실시료: A 기술(혹은 B 기술)을 사용한 제품의 제조·판매로 발생된 총매출액의 %를 지급함

② 경상실시료의 정산은 매년 1회 하는 것을 원칙으로 한다. '을'(또는 '갑')은 매년 2월 말까지 전년 1월 1일부터 12월 31일까지의 기간 동안에 발생한 실시료를 '갑'(또는 '을')에게 지급하여야 하고, 본 계약기간 만료연도에는 만료일로부터 60일 이내에 지불하여야 한다.

③ '을'(또는 '갑')이 경상실시료를 기간 내에 지급하지 않을 경우에는 지체일수에 그 당시의 '갑'(또는 '을')의 주거래 금융기관(은행)의 정기예금 금리(또는 대출금리)를 적용한 지체상금을 지불하여야 한다.

④ 제①항 제2호 소정의 경상실시료 지급에 관해서는 별도로 정하는 양식에 따라 생산수량, 판매수량, 재고수량, 매출금액 등을 '갑'(또는 '을')에게 보고하여야 한다.

⑤ '을'(또는 '갑')은 본 계약 체결일 이후에 제조된 제품의 생산, 수주량 및 판매액을 기록한 장부를 비치하여야 하며, '갑'(또는 '을')은 필요한 경우 언제든지 관련 장부를 검사할 수 있다.

제7조(기록의 보관 등) ① '을'(또는 '갑')은 계약기간 및 계약만료 후 ( )년 동안 본 계약에 따른 실시료 산정에 관한 회계자료를 보관하며 '갑'(또는 '을')의 제출요구가 있을 경우 이를 '갑'(또는 '을')에게 제출한다.

② '갑'(또는 '을')은 필요에 따라 '갑'(또는 '을')의 직원 또는 '갑'(또는 '을')이 지정한 공인회계사를 파견하여 실시료 산정에 관

련한 '을'(또는 '갑')의 제반 서류를 조사할 수 있다.

　제8조(개량발명) 계약 당사자가 상대방으로부터 실시권을 부여받은 기술에 기초한 새로운 발명을 하거나 기술을 개발한 경우 이러한 개량발명[13)에 대해서는 '갑'과 '을'이 협의하여 그 귀속을 결정하기로 하되, 합의가 이루어지지 않을 경우에는 '갑'과 '을'의 공유로 한다. 만약 이러한 개량발명에 대해 특허권 등을 출원하고자 하는 경우 그 비용부담은 '갑'과 '을'의 공동부담으로 한다.

　제9조(특허의 관리) ① 계약 당사자는 계약기간 동안 자신의 계약기술에 관한 관리의무를 부담한다.

---

13) 개량발명이란 앞서의 발명에 기술적으로 개량이 가해진 발명으로 특허발명에의 해당 여부 또는 자신의 발명 여부에 관계없이 시장의 요구에 따라 또는 발명의 경제적 가치를 높이기 위하여 또는 기존 발명의 기술적 결점을 제거하기 위하여 명시적이고 확실한 의도에 따라 이루어지는 발명이다. 따라서 개량발명은 선행의 타인 특허발명에 기초하여 이루어진 특허발명이며 나만의 특허발명의 요지를 모두 포함하고 있는 경우는 이용발명이 될 경우도 있으나, 타인의 발명과 이용관계를 발생하지 않는 경우도 있다.
개량기술이란 개량발명, 개량특허발명 이외에 개량 노하우를 포함하는 매우 광범위하고 애매한 개념이다. 기술이전 또는 기술 라이센스 계약 등에서 일반적으로 개량기술이라 함은 기술제공자가 자기기술에 대하여 스스로 또는 기술도입자가 기술제공자로부터 사용권을 허락받은 기술에 대하여 그 경제적 가치를 높이거나 기술적 문제 및 결함을 해결하는 것을 말하는데 구체적인 경우에 있어서 그 내용과 범위에 대해서는 당사자의 입장에 따라 견해가 다르고 다툼이 크다. 기술제공자는 될수록 개량기술의 범위를 좁게 규정하고 해석함으로써 추가적으로 개발된 기술을 새로운 기술로 해석하여 기술이전대상에서 제외하려는 입장임에 대하여 기술도입자는 개량기술의 범위를 넓게 해석하여 이전 및 사용의 대상을 넓히려고 한다.
개량기술의 내용과 범위를 구체적으로 정하기는 매우 어렵지만 다음과 같은 방법이 개량기술의 개념을 설정, 규정하는 데 있어서 대안으로 모색될 수 있을 것이다.
1) 허락된 기존 기술과 기술적 사상이 완전히 같은 경우는 개량기술로 본다.
2) 기존의 기술에서 직접적으로 파생되거나 이를 이용하지 않고서는 개량이 불가능한 기술은 개량기술로 본다.
3) 기존의 기술과 동일 또는 유사한 기술적 작용 및 효과를 가져오는 기술로서 새로이 개발 획득된 것은 개량기술로 본다.
4) 기존 기술과 동일한 기술적 해결과제 및 목적을 갖는 기술은 개량기술로 본다.
기술거래 및 라이센스 계약 등에서 개량기술의 정확한 정의는 매우 중요하다. 특정기술이 당해 계약상의 개량기술의 범위에 속한다면 당해 계약의 내용과 조건에 따라 그 운명이 정해지지만, 개량기술의 범주를 벗어나면 당해 계약과는 아무런 관계가 없게 된다. 개량기술의 구체적 내용과 범위는 당사자가 계약서에서 규정하기 나름이다.

② 제삼자가 본건 A, B 기술을 침해할 경우, 권리자인 계약 당사자
는 자신의 비용으로 침해 배제에 필요한 조치를 취할 수 있다.
③ 제삼자의 침해로 인하여 배상받게 되는 손해배상금은 침해 배
제를 위하여 자신의 비용으로 법률적 조치를 취한 당사자의 이
익으로 한다.

제10조(계약의 해지 등) ① 다음 각 호에 해당하는 사유가 발생 시
타방 당사자는 ( )일의 기간을 정하여 위반 당사자에게 그 시정을 요
구할 수 있고, 그 기간 내에 시정이 이루어지지 않는 경우에는 서면
으로 본 계약을 해지할 수 있는 권한을 가지며, 그에 따른 손해의 배
상을 청구할 수 있다. 이 경우 손해배상금은 금   원으로 예정한다.
 (1) 계약 당사자가 상대방에게 본건 A, B 기술의 실시 행위를 완료
    했음에도 불구하고 그 상대방이 ( )일 이내에 실시를 포기한 경
    우 또는 명백히 이를 포기한 것으로 볼 수 있는 경우
 (2) 계약 당사자 중 일방이 조업을 중단하여 상당기간 동안 본건 A,
    B 기술을 사용한 조업이 재기될 가능성이 없다고 객관적으로
    인정되는 경우
 (3) 계약 당사자 중 일방이 본건 A, B 기술의 실시권을 성실히 부여
    하지 않은 경우
 (4) 계약 당사자 중 일방이 본 계약상의 의무를 위반하여 본 계약의
    목적을 달성하기 어렵다고 객관적으로 판단되는 경우
② 계약 당사자 중 일방이 본건 A, B 기술을 실시하는 과정에서 경
    제성, 상업성이 없다고 판단하여 본 계약의 목적을 달성하는 것
    이 어렵다고 확정적으로 판단한 경우 그 당사자는 계약을 해지

할 수 있다. 다만 이 경우에도 그 해지 당사자는 상대방에게 이미 지급한 선급금의 반환을 요구할 수 없다.

③ 계약 당사자 중 일방이 해산·청산·파산·지급불능 등의 사유로 인하여 그 사업을 계속할 수 없는 경우 타방 당사자의 일방적인 통보에 의해 본 계약에 의한 상호 실시권은 소멸한다. 다만 이 경우 귀책사유 있는 당사자는 선급금을 포함하여 '갑'(또는 '을')에게 이미 지급한 실시료의 반환을 청구할 수 없다.

제11조(불가항력) 본 계약의 어느 일방도 본 계약을 이행함에 있어 천재지변 또는 불가항력으로 발생하거나 기타 일방의 고의, 과실 또는 태만에 의하지 아니한 하자로 인하여 발생한 여하한 성격의 손실 또는 손해에 대해서도 그 일방은 상대방에게 책임을 지지 아니한다.

제12조(분쟁해결) 본 계약과 관련하여 혹은 쌍방의 의무이행과 관련하여 분쟁이나 이견이 발생하는 경우 '갑'과 '을'은 이를 상호 협의하여 원만히 해결토록 노력하여야 하며, 이러한 분쟁이나 이견이 해결되지 않은 경우에는 _________법원을 제1심 관할법원으로 한다.

제13조(계약의 효력) ① 본 계약의 효력은 쌍방이 서명날인 한 날(계약체결일)부터 유효하다.

② 본 계약은 '갑'과 '을' 간 기술실시에 관한 기본적인 사항을 규정한 것으로 이전에 '갑'과 '을' 간의 모든 문서에 우선한다. 또한 본 계약과 관련 있는 다른 협의나 계약은 이 계약서에 언급되고 서면으로 작성되어 권한 있는 당사자의 서명이 없는 한 그 효력이 없다.

제14조(해석) 본 계약에 명기되지 아니하거나 본 계약상의 해석상 이의가 있는 사항에 대해서는 쌍방의 협의에 의하여 결정한다.

제15조(입회중개인) 본 계약은 재단법인 충남·강원테크노파크가 입회·중개하였다. 따라서 재단법인 충남·강원테크노파크는 본 계약이 정상적으로 체결되었음을 보증하며, 그 체결 과정에 그 어떤 기망·착오·의사표시의 불일치가 없었음을 확인한다.

본 계약의 체결을 증명하기 위하여 본 계약서 2통을 작성하여 양 당사자가 기명날인을 한 후 각각 1통씩 보유하기로 한다.

첨부: 1. '갑'과 '을'의 법인인감증명서 1부
　　　2. '갑'과 '을'의 사업자등록증 사본 1부

년　월　일

갑:

을:

입회중개인:

12. 비밀유지의무 계약서

예시>

기술공급기업 ○○○(이하 '갑'이라 함)과 기술도입기업 △△△(이하 '을'이라 함) 그리고 재단법인 충남·강원테크노파크(이하 '병'이

라 함)는 '갑'의 기술을 '을'에게 이전하는 업무와 관련하여 발생하는
비밀유지관리 문제를 효율적으로 처리하기 위하여, 다음과 같이 계약
을 체결한다.

　제1조(계약의 목적) '갑'은 자신이 개발하여 보유하고 있는 별첨 1
의 '＿＿＿＿관련 기술 및 노하우'(이하 '계약기술'이라 함)를 '병'의
중개에 따라 '을'에게 이전하려는 의도하에 협상을 시작하고자 하는
바, 향후 '갑'과 '을' 간의 계약기술의 이전을 위한 실제 계약(이하 '기
술이전 본계약'이라 함)을 체결할 때까지 상호간에 교환, 공개되는 비
밀정보를 효율적으로 유지, 관리하는 데 필요한 조건을 규정하기 위
하여 본 계약을 체결한다.

　제2조(비밀정보의 내용 및 범위) ① 본 계약에서의 비밀정보란 계
약기술의 이전을 위하여 각 당사자 간에 제공, 공개, 교환 및 기타 방
식에 의하여 본 계약의 어느 일방이 어느 타방으로부터 입수, 관리,
활용하게 될 모든 경제적 가치가 있는 정보를 말한다. 이러한 비밀정
보에는 문서에 의한 것뿐만 아니라 구두에 의한 것도 포함되며 또한
이러한 기술이전이 당사자 간에 추진, 논의되고 있다는 사실 자체도
포함한다.
　② 상기 ①항에도 불구하고, 본 계약 체결 이전에 각 당사자가 이
미 알고 있었거나, 제삼자로부터 입수하였거나 또는 이미 공지
된 정보는 비밀유지의무 정보대상에서 제외하기로 한다. 이에
대한 입증은 이를 원용하고자 하는 당사자의 부담으로 한다.

제3조(정보의 사용용도 제한 및 용도 이외 사용 금지) 계약 당사자 ('갑', '을', '병')는, 제2조의 비밀정보를 '갑'과 '을' 사이에 추진될 기술이전 본계약의 체결을 위한 조사, 분석, 활용, 협의, 협상 등의 목적을 위해서만 사용해야 하고, 본 계약상 목적 이외의 어떠한 타 용도나 동기에는 사용하지 않기로 약속한다.

제4조(비밀유지의무 부과 및 공개 금지) 본 계약의 당사자는 본 계약상 비밀정보를 외부는 물론 본 계약의 목적과 직접 관계가 없는 내부임직원에게도 비밀로 유지, 관리하고, 본 계약 제6조 및 제7조에서 규정하고 있는 경우를 제외하고는 어떠한 경우에도 공개 또는 유출하지 않기로 한다.

제5조(비밀유지관리의 방법과 점검) ① 본 계약의 각 당사자는 본 계약상의 비밀정보를 다른 정보들과 분리하여 별도로 보관, 관리하여야 하고, 본 계약의 목적과 직접 관련이 없는 임직원 및 외부인의 접근을 효율적으로 차단할 수 있는 제반 조치를 강구해야 한다.

② 본 계약의 각 당사자는 본 계약상 비밀정보를 취급하게 될 임직원에 대하여 비밀유지 준수의무를 효율적으로 확보할 수 있도록 필요한 보안교육의 실시 및 문서에 의한 비밀 준수의무를 확보하여야 한다.

③ 본 계약의 어느 당사자도 어느 타방 당사자에 대하여 필요하다고 인정할 경우, 본 계약상의 비밀유지의무의 준수 상태 및 용도 이외 사용 여부에 대한 조사 및 점검을 실시할 수 있고, 이에 대하여 당해 타방 당사자는 적극적으로 협조하여야 한다.

제6조(제삼자와의 관계) 기술이전 본계약의 체결을 목적으로, 본 계약의 어느 일방 당사자가 어느 타방 당사자로부터 제공받은 비밀정보를 제삼자에게 제공해야 할 경우는 반드시 당해 타방 당사자의 사전 서면동의를 얻어야 하고, 당해 비밀정보를 제공받는 당해 제삼자와도 별도의 비밀유지계약 또는 비밀유지각서를 확보하여 두기로 한다.

제7조(불가피한 정보유출의 경우) 본 계약의 어느 일방 당사자가 정부의 요청 등 불가피한 사정 또는 조치 등으로 인하여, 본 계약에 명시된 비밀정보를 제삼자(정부 등 관계기관 포함)에게 제공하여야 하는 경우는 반드시 당해 비밀정보의 당초 제공자인 타방 당사자에 대하여 사전에 그 사실을 통지하여 당해 타방 당사자가 적절한 대응 조치를 할 수 있도록 하여야 한다.

제8조(정보의 반환, 회수 및 폐기) ① 본 계약의 어느 일방 당사자가 자신이 당초에 제공한 비밀정보에 대하여 이를 수령한 어느 타방 당사자에게 그 필요성을 언급하고 당해 비밀정보를 반환받고자 할 경우, 이러한 반환 요청을 받은 당해 타방 당사자는 당해 비밀정보의 사본을 남기지 않고 모두 당초 정보의 제공자에게 돌려주어야 한다. 단 당해 반환 요청의 필요성이 객관적으로 입증되지 않는다면 그 반환의 요청을 거부할 수 있거나 필요시 당해 비밀정보의 사본은 남겨 둘 수 있는 것으로 한다.

② 본 비밀유지의무 계약이 종료되거나 기술이전 본계약이 체결된 경우, 본 계약의 각 당사자는 당해 시점에서 각자가 보유, 관리하고 있던 본 계약상의 비밀정보를 다음 중 어느 한 가지 방법 중 자신이 적절하다고 판단하는 하나를 선택하여 처리할 수 있다.

(1) 당초 제공자에게 자신의 비용으로 모두 반환(사본 포함)

(2) 당초 제공자의 동의를 얻어 자신의 비용으로 모두 폐기처분

(3) 상기 두 가지 방법의 병행(일부 반환 및 잔여분 폐기)

제9조(손해배상) 본 계약의 어느 일방 당사자가 본 계약상의 비밀유지의무를 위반함으로써 어느 타방 당사자에게 손해를 끼친 경우에는, 이로 인하여 손해를 입은 당해 당사자는 그 손해액을 증명하여 당해 귀책 당사자에게 손해배상을 청구할 수 있다.

제10조(계약의 변경) 본 계약의 내용은 계약당사자('갑', '을', '병') 간의 서면합의에 의해서만 유효하다.

제11조(불가항력) 본 계약의 어느 일방도 본 계약을 이행함에 있어 천재지변 또는 불가항력으로 발생하거나 기타 일방의 고의, 과실 또는 태만에 의하지 아니한 하자로 인하여 발생한 여하한 성격의 손실 또는 손해에 대해서도 그 일방은 상대방에게 책임을 지지 아니한다.

제12조(분쟁해결) 본 계약과 관련하여 혹은 쌍방의 의무이행과 관련하여 분쟁이나 이견이 발생하는 경우 계약당사자는 이를 상호 협의하여 원만히 해결토록 노력하여야 하며, 이러한 분쟁이나 이견이 해결되지 않은 경우에는 ______법원을 제1심 관할법원으로 한다.

제13조(계약의 효력 발생 및 종료) ① 본 계약의 효력은 본 계약 당사자 모두가 서명날인 한 날 또는 어느 일방 당사자가 최종적으로 서

명날인 한 날부터 유효하다.

② 본 계약은 기술이전 본계약이 체결되거나 또는 다음 사유 중 어느 하나가 충족될 경우에 종료하기로 한다.

(1) 어느 일방 당사자의 중대한 계약위반이 있는 경우

(2) 어느 일방 당사자에 대한 본 계약 체결 당시의 신뢰가 회복할 수 없을 정도로 상실된 경우

(3) 본 계약 체결 당시에 비하여 사정이 현저히 변경되어 본 계약의 목적을 달성할 수 없다고 객관적으로 판단될 경우

제14조(해석) 본 계약에 명기되지 아니하거나 본 계약상의 해석상 이의가 있는 사항에 대해서는 당사자 모두의 합의에 의하여 결정한다.

본 계약의 체결을 증명하기 위하여, 본 계약서 원본 3통을 작성하여 각 당사자가 각각 기명날인한 후 각자 1통씩 보관하기로 한다.

첨부: 1. '갑'과 '을'의 법인인감증명서 1부
　　　2. '갑'과 '을'의 사업자등록증 사본 1부

년　월　일

갑:

을:

병:

13. 노하우이전계약서

예시>

_________(이하 '갑'이라 함)과 _______(이하 '을'이라 함)은 '갑'이 개발하여 보유하고 있는 '______관련 기술 및 노하우'(이하 '계약기술·노하우'라 함)를 '을'에게 일정한 조건에 따라 이전하기 위해 다음과 같은 계약을 체결한다.

제1조(용어의 정의) 본 계약서에서 사용되는 다음 각 호에 기재되어 있는 용어는, 다른 특별한 언급이 없는 한, 각각 다음의 의미를 갖는다.

(1) '계약기술·노하우'란 '갑'이 개발하여 보유하고 있는 _______관련 기술 및 노하우를 총칭하는 것(특허 출원 유무와는 무관)으로서 그 구체적인 내역은 별지 1과 같다.

(2) '계약제품'이라 함은 '계약기술·노하우'를 사용하여 생산되는 모든 제품(또는 장치, 설비 등)을 말하고, 중간체 또는 원료를 생산, 판매하는 경우 그 중간체나 원료를 말한다.

(3) '생산개시'라 함은 '을'이 '계약기술·노하우'를 이용하여 '계약제품'을 판매목적으로 최초로 대량 생산한 것을 말하며, 그 해당 일자를 '생산개시일'이라 한다.

제2조(계약기술·노하우의 이전·전수) ① '갑'은 _______분야에 한정하여 계약기술·노하우를 '을'에게 이전·전수하기로 한다. 위 이전·전수 분야는 '갑'과 '을'의 합의에 의해 확대될 수 있다. 따라서 '갑'은 '을'이 _______분야에 관하여 계약기술·노하우를 사용하

여 계약제품을 제조할 수 있도록 필요한 모든 기술적 지원을 다하여
야 한다.

  ② '을'은 계약기술 · 노하우의 실질적인 이전을 위해 필요한 문서
    자료의 제출을 '갑'에게 요구하여 이를 수령할 수 있으며, '갑'
    과 협의하에 그 문서자료의 사본을 보관할 수 있다.

  ③ '을'은 계약기술 · 노하우의 실질적인 이전을 위해 필요한 범위
    내에서 '갑'은 ( )개월에 ( )시간까지는 자신의 기술자 · 피용자를
    ( )명의 범위 내에서 '을'에게 무상으로 파견하여 교육하여야 하
    며, 위 시간을 초과하는 범위는 '을'이 그 비용(여행비, 숙박비,
    체제 경비)을 부담하여야 한다.

제3조(계약기술 · 노하우의 실시권) ① '갑'은 '을'이 본 계약의 조
건에 따라 대한민국 내에서 '계약기술 · 노하우'를 실시하는 데 동의
하여 '을'에게 국내 전용실시권을 허여한다.

  ② 본 조 제1항의 전용실시권이라 함은 '을'이 독점적으로 '계약제
    품'을 제조, 판매할 수 있는 권리를 말한다.

  ③ '을'은 '갑'의 사전 서면동의 없이 제삼자에게 동 실시권을 제공
    하거나 양도할 수 없으며 '갑' 또한 본 계약의 효력이 존속하는
    동안에는 본 계약에 의하여 취득되는 제반 권리와 의무를 제삼
    자에게 제공하거나 양도할 수 없다.

제4조(국외실시) '국외실시'는 대한민국 이외의 지역에 실시권을
대여하거나 기술을 수출하는 것(동 지역에서 제품을 생산, 판매하는
행위 포함)을 말하며, '을'이 본 계약 제3조의 규정에도 불구하고, '계

약기술 · 노하우'를 '국외실시' 하고자 하는 경우, 사전에 '갑'과 협의
하여 본 계약과 별도로 '국외실시'에 관한 실시계약을 체결하여야 한다.

　제5조(계약기간 및 생산개시일 통보) ① 본 계약의 유효기간은 본
계약의 다른 조항에 의해 조기에 종료되지 않는 한 본 계약의 체결일
로부터 ( )년까지로 한다.
　② '을'은 본 계약 체결일로부터 ( )월(또는 ( )년)) 이내에 '생산개
　　시'를 하여야 하며, 생산개시일로부터 1개월 이내에 '갑'에게
　　'생산개시일'을 서면으로 통보하여야 한다. 다만 '생산개시일'
　　은 양 당사자의 합의하에 연기할 수 있다.

　제6조(실시대가) '을'은 본 실시권에 대한 대가로서 다음과 같이 기
술료를 '갑'에게 지급한다.
　① (선급기술료) '을'은 선급기술료로 금 ○○○원정(　○○○)을
　　'갑'에게 아래 표의 일정에 따라 현금으로 지급한다(부가세 별도).

구분	지급일자(기한)	금액	지급조건
1차	본 계약 체결 시	₩	
2차		₩	
계		₩	

　② (경상기술료) '을'은 경상실시료로 '생산개시일'로부터 본 계약
　　이 종료될 때까지 매년 본 '계약제품' 총매출액의 ○%(부가세
　　별도)를 제7조 규정에 따라 '갑'에게 현금으로 지급한다.
　③ 본 계약에 따라 행해진 모든 지불은 여하한 이유라도 '을'에게
　　반환하지 않는다.

제7조(경상기술료 계산) ① '을'은 제6조의 경상기술료를 매년 1월 1일부터 12월 31일까지를 분기로 계산하여 당해 결상기술료를 익년도 3월 말까지 '갑'에게 지급한다.

② '을'은 경상실시료 지급 시에 공인회계사에 의해 검증된 경상기술료 계산서와 매출액이 산출된 근거가 기술된 서면보고서를 '갑'에게 제공하여야 한다.

③ '갑'은 경상기술료 계산근거를 확인하기 위하여 직접 또는 대리인으로 하여금 회계 관련 자료를 검사하게 할 수 있으며, 이 경우 '을'의 회계상의 오류 등으로 인하여 차액이 발생하는 경우 그 차액을 즉시 '갑'에게 지급하여야 한다. 또한 '갑'에게 이미 지급한 금액과 비교하여 오류 등으로 발생한 차액이 5% 이상인 경우 검사를 위한 제반 비용은 '을'이 별도로 부담한다.

제8조(기술의 개량 등) ① (산업재산권의 취득) '갑'이 '계약기술·노하우'를 이용하여 산업재산권을 취득하는 경우 '을'은 본 계약의 내용에 따른 실시권을 갖는다. 다만 이 경우 특허의 출원, 보정, 등록, 유지, 실시권 설정 및 명의 이전 등을 위한 서류 제출, 수속 등에 대하여 쌍방은 상호 협조하여야 하며, 이에 소요되는 일체의 비용은 '갑'이 부담한다.

② (기술의 개량) '을' 또는 '을'의 임원 및 피용자가 '계약기술·노하우'의 개량, 확장, 대체 또는 추가 발명에 의한 기술(이하 '개량기술'이라 한다)을 적용하거나, 이를 근거로 새로운 산업재산권을 취득하고자 할 경우 '을'은 사전에 '갑'에게 통보하여 상호 협의하여 추진하여야 하며, 취득된 산업재산권은 쌍방의 공동

소유로 한다. 특약이 없는 한, '개량기술'의 실시 역시 본 계약
에 의하여 실시되는 것으로 보고 본 계약은 계속 유효하다.

제9조(신의성실의 의무) 본 계약이 목적하는 바를 상호 충족시키기
에 필요한 제반 사항에 대하여 '갑'은 신의, 성실을 다하여 '을'에게
적극 협조하여야 하며, '을' 또한 본 계약을 성실히 이행하여야 한다.

제10조(면책 및 부쟁의무 등) ① '갑'은 '을'에 의한 '개량기술 · 노
하우'의 실시가 제삼자의 특허권 기타 산업재산권을 침해하지 않는
것을 보증하는 것은 아니다. 또한 '계약기술'의 실시에 의해 '을'에게
발생한 제삼자에 대한 기술료의 지불을 포함하여 '을'의 어떠한 손실
에 대해서도 '갑'은 책임을 지지 않는다.
  ② 제삼자가 '계약기술 · 노하우'를 침해하거나, 침해하려 하고 있
    는 것을 안 때에는 '갑'과 '을'은 상호간에 그 사실을 통보하여,
    상호 이익을 위해 협력한다.
  ③ '을'이 직접 또는 간접으로 '계약기술 · 노하우'의 효력을 다투
    는 경우에는 '갑'은 본 계약을 해지할 수 있다.

제11조(비밀유지의무 등) '을'은 '계약기술 · 노하우'가 타에 제공되
거나 누설되지 않도록 보안에 유의하여야 하며 이 의무는 그 임원 및
피용자나 그 승계인을 통하여 사실상 위반됨이 없도록 하는 의무를
포함한다. 또한 본 조항은 본 계약이 해제 또는 해지되었을 경우에도
계속 유효하다.

제12조(계약의 변경) 본 계약의 내용은 '갑'과 '을'의 서면 합의에 의해서만 유효하게 변경될 수 있다.

제13조(불가항력) 본 계약의 어느 일방도 본 계약을 이행함에 있어 천재지변 또는 불가항력으로 발생하거나 기타 일방의 고의, 과실 또는 태만에 의하지 아니한 하자로 인하여 발생한 여하한 성격의 손실 또는 손해에 대해서도 그 일방은 상대방에게 책임을 지지 아니한다.

제14조(계약의 해지) ① '갑'은 다음 각 호의 경우에 30일의 기한을 두고 '을'에게 그 이행을 서면으로 최고할 수 있으며, 위 기한이 경과한 후에도 그 하자가 치유되지 않는 경우 '갑'은 '을'에 대한 서면통지로써 본 계약을 해지할 수 있다. 이 경우 '갑'은 이미 지급받은 금액을 환불하지 아니하며, '을'은 '갑'으로부터 제공받은 기술자료(별도로 복사자료를 보관하고 있는 경우 그 복사자료도 포함)를 '갑'에게 반환하고 본 계약상의 모든 권리를 포기하여야 한다.
  (1) 통보기한 내에 '생산개시일'을 통보하지 아니하거나, '생산개시일' 전이라도 '을'이 생산을 포기한 것으로 인정되는 경우
  (2) '생산개시일' 이후 '을'이 조업중단 등으로 실시할 수 없다고 인정될 경우
  (3) '을'이 제6조, 제7조에 따른 실시료를 정당한 이유 없이 지급하지 아니할 경우
  (4) 기타 본 계약상의 의무를 위반하여 본 계약의 목적달성이 불가능하다고 객관적으로 판단되는 경우
  ② '을'은 '갑'이 본 계약상의 의무를 위반할 경우 30일의 기한을

두고 '갑'에게 그 이행을 서면으로 최고할 수 있으며, 위 기한이 경과한 후에도 그 하자가 치유되지 않는 경우 '을'은 '갑'에 대한 서면통지로써 본 계약을 해지할 수 있다.

③ 본 계약이 해지되었을 경우, '을'은 스스로 또는 제삼자로 하여금 '계약기술 · 노하우'를 실시토록 하거나 '계약제품'을 생산토록 해서는 안 된다.

제15조(손해배상) 본 계약상의 의무를 위반한 당사자는 상대방에게 그로 인한 손해를 배상하여야 한다.

제16조(명칭사용) '을'은 본 계약과 관련하여 지득한 정보 및 '갑'이 '을'에게 제공한 보고서나 문서의 일부 또는 전부에 대한 그 원본이나 복제, 복사물을 광고 판매 촉진, 기타 선전의 목적 및 쟁송상의 자료로 사용하지 아니할 것이며 또한 상기의 목적으로 '갑'의 명칭을 암시하거나 사용하여서는 아니 된다.

제17조(중요 사항의 변경) '을'이 본 계약 체결 후 법인의 주소 등 중요 사항을 변경하였을 경우에는 이를 지체 없이 '갑'에게 통보하여야 하며, 그 불이행으로 인한 '갑'의 착오는 '을'의 항변으로부터 면책된다.

제18조(분쟁해결) 본 계약과 관련하여 혹은 쌍방의 의무이행과 관련하여 분쟁이나 이견이 발생하는 경우 '갑'과 '을'은 이를 상호 협의하여 원만히 해결토록 노력하여야 하며, 이러한 분쟁이나 이견이 해

결되지 않은 경우에는 _________법원을 제1심 관할법원으로 한다.

　제19조(계약의 효력) ① 본 계약의 효력은 쌍방이 서명날인 한 날
(계약체결일)부터 유효하다.
　②본 계약은 '갑'과 '을' 간 기술실시에 관한 기본적인 사항을 규
　　정한 것으로 이전에 '갑'과 '을' 간의 모든 문서에 우선한다. 또
　　한 본 계약과 관련 있는 다른 협의나 계약은 이 계약서에 언급
　　되고 서면으로 작성되어 권한 있는 당사자의 서명이 없는 한
　　그 효력이 없다.

　제20조(해석) 본 계약에 명기되지 아니하거나 본 계약상의 해석상
이의가 있는 사항에 대해서는 쌍방의 합의에 의하여 결정한다.

　제21조(입회중개인) 본 계약은 재단법인 충남·강원테크노파크가
입회·중개하였다. 따라서 재단법인 충남·강원테크노파크는 본 계
약이 정상적으로 체결되었음을 보증하며, 그 체결과정에 그 어떤 기
만·착오·의사표시의 불일치가 없었음을 확인한다.

　본 계약의 체결을 증명하기 위하여 본 계약서 2통을 작성하여 양
당사자가 기명날인을 한 후 각각 1통씩 보유하기로 한다.

　첨부: 1. 갑과 을의 법인인감증명서 1부
　　　　2. 갑과 을의 사업자등록증 사본 1부

갑: ________________

을: ________________

14. LICENSE AGREEMENT

예시>

THIS AGREEMENT, made and entered into this ___________ day of ________, by and between ABC CONSTRUCTION MACHINERY CO., LTD., a corporation duly organized and existing under the laws of Japan, having its registered head office at 3174, Showa－machi, Kanazawa－ku, Yokohama－shi, Kanagawa－ken, Japan(hereinafter referred to as "ABC"), and XYZ CO., LTD., a corporation duly organized and existing under the laws of Republic of Korea, having tis registered office at _________, Republic of Korea(hereinafter referred to as "XYZ"),

WITNESSETH:

WHEREAS, ABC has long been engaged in the design, manufacture and sale throughout the world of certain machineries and equipment generally used in construction industry, and is the owner or has control of certain inventions, industrial secrets, Know－how, technical and engineering data relating to the manufacture of, among others, certain hydraulic excavators, and

WHEREAS, XYZ had been engaged mainly in the design, manufacture and sale of electric cables and industrial machineries and equipment, and intending to commerce the manufacture and sale of hydraulic excavators, is desirous of acquiring a license and technical assistance from ABC for the purpose of manufacturing and selling said hydraulic excavators of ABC design as hereinafter more precisely specified, and

WHEREAS, ABC is willing to grant and render such license and technical assistance to XYZ;

NOW, THEREFORE, in consideration of the aforesaid premises and mutual covenants herein contained, and intending to be legally bound hereby, the parties hereto hereby agree as follow:

Article 1. Definition of Terms

As used herein, the following terms shall have the following meanings, respectively:

1.1 the term "Licensed Products" shall mean and be limited to the following of the Hydraulic Excavators of ABC design:

1.1.1 Model IS50G Nini Hydraulic Excavators for which general specifications are described on Appendix 1-1 attached hereto and making an integral part hereof,

1.1.2 Model IS200G(including IS200GLS) Hydralic Excavator for which general specifications are described on Appendix 1-2 attached hereto and making an integral part hereof,

1.1.3 Any and all spare parts, replacement parts and components for the above Models and any and all optional items including but limited to attachments and accessories for use as part of or in conjunction with the above Models and/or

1.1.4 Any and all normal modifications and/or improvements of the above Models made or acquired by ABC during the life of this Agreement subject to the provisions of Section 3.2 of Article 3 hereof and Sections 17.1 and 17.2 of Article 17 hereof.

1.2 The term "Territory" shall mean an area comprised of and delimited by the geographical region lawfully occupied by the country of the Republic of Korea as of the Effectuation Date hereof(as hereinafter defined).

1.3 The term "ABC's Technical Information" shall mean the inventions, industrial secrets, know−how, drawings, and technical and engineering data Including specifications and drawings directly connected with the manufacture and after−sales service of the Licensed Products owned or controlled by ABC and normally used by ABC in the manufacture and after−sales service of the Licensed Products during the life of this Agreement subject to the provisions of Sections 17.1 and 17.2 of Article 17 hereof.

1.4 The term "ABC's Industrial Property Rights" shall mean any and all patents, utility models and applications therefor in any country throughout the world covering inventions applicable to the manufacture of the

Licensed Products made or acquired by ABC not later than the Termination Date hereof(as hereinafter defined), in each case th the extent that, and subject to the conditions under which ABC shall gave the right to licenses and/or other transferable rights thereunder. ABC's Industrial Property Rights as of December 1, 1989 are as enumerated on Appendix 2 attached hereto and making an integral part hereof.

1.5 The term "Net Selling Price" shall mean the gross invoice price billed by XYZ for any of the Licensed Products manufacture and sold or otherwise disposed of by XYZ hereunder without any deduction other than the following items of expenses, if any, to the extant each of such items is actually paid by XYZ to whom it has to be duly paid and separately stated on the invoice or shown by reasonable proof by XYZ to the effect that if has been included in said gross invoice price:

1.5.1 Sale a discount,

1.5.2 Sales returned,

1.5.3 Sales commissions,

1.5.4 Indirect taxes on sales,

1.5.5 packing expenses on sales,

1.5.6. Transport expenses on sales,

1.5.7 Insurance premium on sales,

1.5.8 Advertizement fee, and

1.5.9 CIF price, import duties of any components and parts purchased from ABC and other expenses relevant to import thereof.

1.6 The term "Accounting Period" shall mean each six(6) months period during the life of this Agreement ending on the last day of June or December, which shall be herein referred to as the "Former According Period" or the "Latter According Period" as the case may be provided that the "First(1st) Accounting Period" Shall be a period ending on the last day of June 1990 from the Effectuation Date and that the "Last Accounting Period" shall be a period ending on the Termination Date hereof(as hereinafter defined) from the first day of preceding January or July as the case may be.

1.7 The term "Contractual Year" shall mean each one(1) year period during the life of this Agreement consisting of the "Former Accounting Period" and the "Later Accounting Period" provided that the "First(1st) Contractual Tear" shall be a period ending on December 31, 1990 from the Effectuation Date and that the "Last Contractual Year" shall be a period ending on the Termination Date from the First day of preceding January.

1.8 The term "Effectuation Year" shall mean the date on which this Agreement shall come into full force and effect pursuant to the provisions of Section 15.1 of Article 15 hereof.

1.9 The term "Termination Date" shall mean the date on which this Agreement shall terminate by the expiration of the term of for any cause or by agreement of the parties hereto pursuant to the provisions of Section 13.4 of Article 13 hereof of any of Section 15.2, 15.3, 15.4, 15.5, 15.6 or 15.8 of Article 15 hereof of Section 19.2 of Article 19 hereof.

Article 2. Grant of Licenses

2.1 Subject to the terms and conditions of this Agreement and during the life of this Agreement, ABC hereby grants to XYZ an exclusive, non—transferable right and license under ABC's Industrial Property Rights and ABC's Technical Information to manufacture the Licensed Products in the Territory and to sell en the Territory the Licensed Products so manufactured by XYZ for use in the Territory.

2.2 Subject to the terms and conditions of this Agreement and during the life of this Agreement, ABC hereby grants to XYZ a non—exclusive, non—transferable right and license under ABC's Industrial Property Rights and ABC's technical Information to sell the Licensed Products manufactured by XYZ under Section 2.1 of this Article to XYZ's dealers or tother purchasers in any country into the world for use in such country except the following counties or areas:

2.2.1 Where ABC is already engaged in the ordinary sales activity of the Licensed Products;

Japan

Hong Kong and Macao

Malaysia

The People's Republic of China

2.2.2 Where ABC has already granter to a third party an exclusive sales right for the Licensed Products;

Taiwan Turkey

Indonesia Saudi Arabia

Philippines Bahrain

Thailand Egypt

Australia EC Member Countries

New Zealand(including any country becoming a member during

the life of this Agreement)

U.S.A Czechoslovakia

Canada Austria

Switzerland

Columbia Sweden

Ecuador Norway

Peru Finland

2.3 Nothing herein contained shall be construed as conferring upon XYZ
the right to grant to anyone else any sublicense to manufacture and/or
sell the Licensed Products under the rights and licenses granted to
XYZ under this Article.

Article 3. Technical Assistance

3.1 Subject to the provisions of Article 6 hereof, ABC shall furnish to
XYZ, not later than ninety(90) days after the Effectuation Date,
ABC's Technical Information in the possession of ABC on the
Effectuation Date enumerated on Appendix 3 attached hereto and
making an integral part hereof, according to the schedule set
forth on such Appendix 3.

3.2 Subject to the provisions of Article 6 hereof and Sections 17.1 and

17.2 of Article 17 hereof, at the request of XYZ from time to time during the life of this Agreement promptly furnish to XYZ additional ABC's Technical Information then in the possession of ABC concerning any and all normal modifications and/or improvement of the licensed Products made or acquired by ABC.

3.3 Subject to the provisions of Article 6 hereof and Section 17.1 and 17.2 of Article 17 hereof, at the request of XYZ from time to time during the life of this Agreement, ABC shall receive at ABC's offices and/or factories in Japan XYZ's personnel of not exceeding five(5) persons for two(2) weeks in the First(1st) Contractual Year and four(4) persons for five(5) weeks in any subsequent Contractual Year as for the two(2) Models of the Licensed Products set forth in Paragraphs 1.1.1 and 1.1.2 of Section 1.1 of Article 1 hereof for the purpose of providing training services in order to help such XYZ's personnel become within the scope of ABC's Technical Information furnished to XYZ pursuant to the advance advise ABC of the purpose of dispatch, the number and manes of XYZ's personnel dispatch, and the scheduled length of their stay and obtain ABC's agreement of receiving such XYZ's personnel provided that ABC shall not unreasonably refuse nor postpone receiving such XYZ's personnel unless it this certain that receiving such XYZ's personnel will impede the normal conduct of the relevant work of ABC. All costs and expenses incurred by borne by XYZ. In on event, however, XYZ shall be entitled to enjoy ABC's training services under this Section after the end of the Fourth(4th)

Contractual Year, i.e., December 31, 1993.

3.4 Subject to the provisions of Article 6 hereof and Sections 17.1 and 17.2 of Article 17 hereof, at the request of XYZ from time to time during the life of this Agreement, ABC shall send to XYZ such engineers ABC shall select for the purpose of providing consulting and advisory services as ABC may need within the scope of ABC's Technical Information furnished to XYZ pursuant to the provisions of sections 3.1 and 3.2 of this Article for a period not exceeding fifty(50) man－calender days in the First(1st) Contractual Year as for the two(2) Models of the Licensed Products set forth in Paragraphs 1.1.1 and 1.1.2 of Section 1.1 of Article 1 hereof. Reasonable local living expenses for lodging and meals and traffic and transportation expenses incurred in the Territory by such engineers sent by ABC for the purpose set forth in this Section shall be borne by XYZ. In no event, however, XYZ shall be entitled to enjoy ABC's consulting and advisory services under this Section after the end of the Fourth(4th) Contractual Year, I.e., December 31, 1993.

3.5 Any additional training services and consulting and advisory services exceeding the limits set forth in Sections 3.3 and 3.4 of this Article, respectively, shall be rendered by ABC provided that in any event XYZ shall pay ABC Forty－Five Thousand Japanese Yen(¥45,000) per man－calendar day for any additional consulting and advisory services by ABC under this Section and provided further that ABC and XYZ shall have mutually agreed upon any other related conditions. In no event, however XYZ shall be entitled to enjoy ABC's such services after the end of the Fourth(4th) Contractual Year, I.e., December 31, 1993.

Article 4. Subcontraction

4.1 Subject to the provisions of Sections 10.2 and 10.3 of Article 10 hereof, XYZ shall be entitled to subcontract the manufacture of the components and of the Licensed Products in the Territory. XYZ shall in no way be entitled to subcontract the manufacture of the complete units of the Licensed Products.

Article 5. Supply of components and Parts

5.1 So long as XYZ finds it shall difficult to procure in the territory certain of vital and other necessary components and parts for the Licensed Products, ABC will, at the request of XYZ, procure and supply XYZ with such components and parts for the Licensed Products as XYZ may need for its manufacture of the Licensed Products hereunder and also make its best efforts to procure and supply such components and parts in due time and at reasonable prices.

5.2 The supply of the components and parts for the Licensed Products set forth in Section 5.1 of this Article shall be conducted in accordance with a Purchase Agreement of Purchase Orders between XYZ and ABC separate from this Agreement, which shall adequately cover and govern all relevant terms and conditions therefor to be agreed upon between XYZ and ABC including but not limited to prices, delivery, quantity, quality, payment and warranty.

Article 6. Payments

In consideration for the rights and licenses grated to XYZ by ABC hereunder and the technical assistance rendered to XYZ by ABC hereunder except as otherwise specifically set forth herein, XYZ shall pay to ABC as follows:

6.1 XYZ shall pay to ABC an initial payment of Ten Million Japanese Yen(￥10,000,000) in three(3) installments according to the following schedule:

6.1.1 First(1st) Installment: Five Million Japanese Yen(￥5,000,000) not later than thirty(30) days after the Effectuation Date,

6.1.2 Second(2nd) Installment: Three Million Japanese Yen(￥3,000,000) not later than sixty(60) days after the Effectuation Date,

6.1.3 Third(3rd) Installment: Two Million Japanese Yen(￥2,000,000) not later than ninety(90) days after the Effectuation Date.

6.2 In addition to the initial payment under Section 6.1 of this Article, XYZ shall pay to ABC the following percentages of royalty on the Net Selling Price for each of the Licensed Products manufactured and sold of otherwise disposed of by GSC hereunder according to the following schedule:

6.2.1 Three Percent(3%): applicable until any contractual Year in which the total sum of royalties paid and payable by XYZ to ABC accumulated from the First(1st) Accounting Period(hereinafter referred to as the "Accumulated Royalty") has attained to Forty Million Japanese Yen(￥40,000,000)

6.2.2 Two point Five Percent(2.5%): applicable from the contractual Year subsequent to the Contractual Year set forth in Paragraph 6.2.1 of this Section until any Contractual Year in which the Accumulate Royalty has attained to Ninety Million Japanese Yen(￥90,000,000)

6.2.3 Two point Three Percent(2.3%): applicable from the contractual Year subsequent to the contractual Year set forth in Paragraph 6.2.2 of this Section.

6.3 Not later than sixty(60) days after the close of each Accounting Period, XYZ shall pay to ABC royalties for all of the Licensed Products that were sold or otherwise disposed of by XYZ hereunder during such Accounting Period.

6.4 XYZ undertakes that if in the Fifth(5th) Contractual Year ending on December 31, 1994 the Accumulated Royalty has not attained to Forty Million Japanese Yen(￥40,000,000), XYZ shall, in addition to the payment of actually accrued royalties pursuant to the provisions of Sections 6.2 and 6.3 of this Article for the Latter Accounting Period of such Contractual Year, pay the deficiency to make up for Forty Million Japanese Yen(￥40,000,000) not later than sixty(60) days after the close of the Latter Accounting Period of such Contractual Year.

6.5 The royalty specified in Section 6.2 of this Article shall be paid irrespective of whether the Licensed Products are complete units, spare parts, replacement parts, components or optional items including but not limited to attachments and accessories except as otherwise specifically set forth herein.

6.6 For the purpose of Section 6.2 hereof, any of the Licensed Products manufactured by XYZ hereunder has been shepped or carried out of XYZ's factory or other facilities and invoiced by XYZ to any XYZ's dealer of other purchaser as the case may be pursuant to XYZ's sales contract for such Licensed Product, irrespective of whether or not the payment of the price for such Licensed Product has been made by such XYZ's dealer or other purchaser against XYZ's invoice. In any event any of the Licensed Products shall bear the royalty one(1) time only even if such Licensed Product is repeatedly sold 개 otherwise of the XYZ due to return of the goods, cancellation of order, rent, lease or for any other reason or in any other manner.

6.7 Payment of the royalty pursuant to the provisions of Section 6.3 and 6.4 of this Article shall be made in the Japanese currency converted from the Korean currency at the foreign exchange rate for telegraphic transfer spot selling prevailing at the Seoul Foreign Exchange Market on the date on which the remittance is made by XYZ.

6.8 The initial payment, the royalty and any other payments due to ABC hereunder shall be remitted by XYZ in favor of ABC by means of telegraphic transfer to the following bank account:

For ABC CONSTRUCTION KANGYO BANK CO., LTD.

Bank: THE DAI−ICHI KNAGYO BANK, Yokohama Branch
Account

No.: 1417935

or any other bank account ABC may designate from time to time during the life of this Agreement. Upon remittance, XYZ shall advice ABC by telefax as to the date of remittance, name and location of XYZ's paying bank in Seoul, Korea, exchange rate applied and Japanese Yen amount remitted.

6.9 Any payment that has once been made by XYZ pursuant to the provisions of this Article shall in no way be refunded to XYZ by ABC in whole or in part for any reason whatsoever.

Article 7. Records, Reports and Auditing

7.1 XYZ shall keep and maintain true and complete books of account containing accurate records of all data necessary for the proper calculation of royalties payable hereunder.

7.2 Within thirty(30) days after the close each Accounting Period, XYZ shall report to ABC in writing the calculation of the royalties that shall have become due and payable during such Accounting Period pursuant to the provisions of Section 6.3 of Article 6 hereof in the form shown on Appendix 4 attached hereto and making an integral part hereof.

7.3 XYZ shall also furnish ABC with such other reports and evidences as ABC may from time to time reasonably require in order to verify the accuracy of XYZ's calculation of the royalty.

7.4 In order to ascertain the accuracy of XYZ's books of account set forth in Section 7.1 of this Article, ABC shall have the right through the use of its authorized accountants and/or its own personnel to inspect and/or audit such XYZ's books of account at all reasonable times during XYZ's normal business hours at the offices of XYZ and XYZ shall permit such ABC's authorized accountants and/or ABC's own personnel the take excerpts from and make copies of any entries in or details of such XYZ's books of account.

Article 8. Sales Promotion

8.1 XYZ shall make all reasonable efforts to manufacture and sell enough quantity of the Licensed Products to reasonably meet with market demand in the Territory.

8.2 In view of the exclusive right and license granted to XYZ hereunder, XYZ shall make utmost efforts to promote the use of the Licensed Products and enhance the sales growth thereof in the Territory pursuant to the terms and conditions of this Agreement.

8.3 In addition to the reports to be made by XYZ pursuant to the provisions of Article 7 thereof, XYZ agrees to furnish ABC with such other reports as ABC may reasonably require from time to time during the life of this Agreement in connection with the activities of XYZ under this Agreement.

8.4 Promptly after the Effectuation Date, ABC will furnish XYZ with one(1) set of ABC's current catalogs and salesman handbooks covering the Licensed Products. ABC will also furnish XYZ, upon request of XYZ, with other ABC's then available information ABC may deem necessary for XYZ to furnish XYZ with any cost/price and profit/loss information of ABC concerning the Licensed Products manufactured and sold by ABC.

Article 9. Non-Competition

9.1 XYZ undertakes that during the life of this Agreement XYZ shall not engage, directly or indirectly, in manufacturing, selling or otherwise handling any hydraulic excavators other that the Licensed Products without the prior written consent of ABC.

Article 10. Secrecy

10.1 XYZ agrees to receive and maintain in confidence and not to disclose or divulge to any third party ABC's Technical Information or any other information or data furnished of disclosed to XYZ by ABC hereunder without the prior written consent of ABC in each case, except any information

10.1.1 that XYZ can prove is already in the public domain on the Effectuation Date,

10.1.2 that XYZ can prove has become in the public domain on the during the life of this Agreement through no fault of XYZ,

10.1.3 that XYZ can prove is in its possession prior to the Effectuation

Date, or

10.1.4 that XYZ can prove has been received by XYZ in good faith from
a third party during the life of this Agreement.

10.2 XYZ is permitted to disclose part of ABC's Technical Information
furnished of disclosed to XYZ by ABC hereunder to XYZ's own
employees who will be engaged in design, manufacture and/or after
—sales service of the Licensed Products and the XYZ's subcontractors
under Article 4 hereof, respectively, only to the extent necessary for
the purposes intended or allowed by XYZ.

10.3 XYZ shall obtain the same secrecy undertaking as set forth in Section
10.1 of this Article from each of such XYZ's employees of XYZ's
subcontractors and cause each of such XYZ's subcontractors to obtain
the same secrecy undertaking from such XYZ's subcontractor's
employees.

10.4 The secrecy undertaking of XYZ under this Article shall apply
without territorial limitation and survive for five(5) years after the
Termination Date subject to the provisions of Section 16.7 of Article
16 hereof.

Article 11. Modifications and Improvement by XYZ

11.1 XYZ shall be entitled to change or modify, subject to the prior
written approval of ABC and at XYZ's costs and expenses, ABC's
Technical Information furnished to XYZ by ABC hereunder if, as
and to the extent that XYZ shall be required to suit the Licensed

Products to local conditions in the Territory or elsewhere hereunder and/or to improve the Licensed Products provided that XYZ shall not be relieved from its obligation to pay the royalty specified in Article 6 hereof on account of any change, modification, improvement and/or development made by XYZ in connection with the Licensed Products for any reason or purpose whatsoever.

11.2 XYZ shall at its costs and expenses keep ABC informed of any change, modification, improvement, development, invention and/or experience XYZ may make or acquire in connection with the Licensed Products during the life of this Agreement.

11.3 XYZ shall be entitled to apply for and obtain any industrial property rights for and under the name of XYZ in any country throughout the world covering inventions connected with the Licensed Products made of acquired by XYZ during the life of this Agreement.

11.4 XYZ agrees to grant to ABC a royalty—free, non—exclusive right and license under XYZ's industrial property rights and know—how to utilize in any country throughout the world such XYZ's change, modifications, improvements, inventions and/or experiences as set forth in Sections 11.2 and 11.3 of this Article for the validity period of any such industrial property rights and for the useful of any such know—how.

Article 12. Product Identification

12.1 Subject to the terms and conditions of this Agreement and during two(2) years from the Effectuation Date, XYZ shall be entitled to use the trademark ABC—XYZ on the Licensed Products manufactured and sold by XYZ hereunder and in XYZ's catalogs, instruction manuals and parts catalogs covering such licensed Products provided that XYZ shall in no manner be entitled to use such trademark on such Licensed Products for use in any countries or areas outside the Territory.

12.2 XYZ's use of the trademark set forth in Section 12.1 of this Article for any other sales promotional purposes including but not limited to advertisement and sales promotional gifts shall be subject to the prior written approval of ABC. If and when XYZ desires to use the legend "Manufactured under license from ABC Construction machinery Co., Ltd." on the licensed Products manufactured and sold by XYZ hereunder and/or for any purpose related thereto, XYZ shall be permitted to do so only if XYZ has first obtained the prior written approval of ABC. It is understood and agreed by the parties hereto, however, that XYZ shall in no manner be entitled to use the said trademark and/or legend on XYZ's invoices or letter heads.

12.3 It is understood and agreed by the parties hereto that except as specifically set forth in Section 12.1 of this Article, XYZ shall in no manner be entitled to use any of the trademarks or trade names of or identifications having any reference to ABC's parent company, ABC ○○○○○○○ HEAVY INDUSTRIES CO., LTD., a corporation duly organized and existing under the laws of Japan, having its registered head office at 2－1, ohtemachi 2－chome, chiyoda－ku, Yokyo, Japan(hereinafter referred to as "○○○")

Article 13. Warranties and Liabilities

13.1 ABC warrants that ABC's Technical Information furnished to XYZ by ABC pursuant to the provisions of Article 3 hereof shall be the same as is being used by ABC on the Effectuation Data for the purpose of manufacturing the Licensed Products or as will be used or usably for ABC's own manufacture of the Licensed Products at the time of ABC's furnishing such ABC's Technical Information to XYZ, as the case may be. ABC in no way warrants that ABC's Technical Information to be furnished to XYZ nuder this Agreement shall be free from defects nor that the Licensed Products manufactured by XYZ in accordance with such ABC's Technical Information shall satisfactorily function so as to fit for any particular purpose or use required by a purchaser or user of such Licensed Products provided however that ABC shall at its own costs and expenses correct or modify such defects or omissions, if any, in such ABC's Technical Information.

13.2 XYZ shall, in accordance with its own commercial practice, take the sole responsibility for warranties to its dealers, purchasers or users that the Licensed Products manufactured and sold by XYZ under this Agreement shall be free from defects.

13.3 XYZ shall indemnify ABC and its affiliates including but not limited to ○○ for and hold ABC and its affiliates including but not limited to ○○ harmless from any claims, losses, damages and/or liabilities including but not limited to product liability which may be incurred by ABC and/or its affiliates including but not limited to ○○ in connection with the Licensed Products manufactured and sold by XYZ hereunder or due to any activities of XYZ under the agreement.

13.4 ABC represents that to the best of its belief ABC's Technical Information to be furnished to rights of any third parties as of the Effectuation Date. ABC in no way makes any further representation or warranty, express or implied, that any of ABC's Technical Information to be furnished to XYZ under this Agreement shall no infringe upon any patents or other industrial property rights of any third parties. Notwithstanding the foregoing provisions of this Section, should XYZ be required to pay a royalty to a third party in order to manufacture and sell the Licensed Products because of such third party party's industrial property rights, and ABC acknowledges that such license is required b XYZ, the parties hereto agree to share the cost of such royalty on 1 50/50 bases. If however, because of such third party's industrial property rights a license from such third party is unavailable, the parties hereto shall seek a solution acceptable to both parties hereto provided however that if the parties hereto are unable to find our any such solution, and then in the event that XYZ discontinues the sale of the licensed Products under this Agreement, either party hereto shall have the right to terminate this Agreement by giving a sixty(60) days' written notice to the other party hereto, and this Agreement shall terminate without damages or penalty to be paid by either of the parties hereto to the other party hereto.

13.5 ABC's warranty pursuant to the foregoing provisions of this Article shall be sole and exclusive and shall replace any other liability, warranty, guarantee or condition imposed upon ABC or implied against ABC by law, customarily or otherwise.

Article 14. AGC's Industrial Property Rights

14.1 It shall be at ABC's ole discretion whether or not to apply for, obtain and maintain any of ABC's Industrial Property Rights in the Territory of elsewhere in the world provided that it shall be at ABC's own costs and expenses to apply for, obtain and maintain any of ABC's Industrial Property Rights for and under the name of ABC.

14.2 XYZ shall in no way prejudice the validity of any of ABC's Industrial Property Rights and shall immediately inform ABC of any infringements upon ABC's Industrial Property Rights by any unauthorized third parties which may come to XYZ's knowledge.

14.3 ABC guarantee neither the novelty, usefulness nor validity of any of ABC's Industrial Property Rights, and neither the invalidation nor expiration of any or all of ABC's Industrial Property Rights shall in any way affect the obligations of XYZ under this Agreement.

Article 15. Effectuation, Term and Termination

15.1 This Agreement shall, after the signing thereof by both parties hereto, come into full force and effect on the date on which this Agreement shall have been approved by this Government of the Republic of Korea with conditions thereon or amendments thereof, if any, imposed or required by the Government of the Republic of Korea provided that XYZ shall inform ABC in writing Without delay of such conditions or amendments and further that the parties hereto shall have agreed to such conditions or amendments to their mutual satisfaction.

15.2 In the event that the parties hereto are unable to agree to accept said conditions or amendments imposed or required by the Government of the Republic of Korea, the parties hereto shall seed a mutually acceptable solution but in no event be obligated to accept whatever conditions or amendments, and in the event and only if the parties hereto are unable to find any mutually acceptable solution concerning such conditions or amendments, the parties hereto shall agree to terminate this Agreement on the date no which a written notice thereof given by either party hereto has been received by the other party hereto notwithstanding the fact that this Agreement shall once have been singed by both parties hereto.

15.3 This Agreement shall continue to be in full force and effect for an initial term of five(5) years from the Effectuation Date. If and when either of the parties hereto desires to extend this Agreement, one part hereto desiring to do so shall inform in writing the other party hereto of such intent and then both of the parties hereto shall be required to agree upon the extension not later than three(3) months prior to the expiration of the initial term of this Agreement for the purpose of avoiding the discontinuance of the term thereof, Unless extended pursuant to the provisions of this Section, this Agreement shall terminate by the expiration of such initial term without any notice of termination from one party hereto to the other party hereto.

15.4 In the event either party hereto should commit a material breath of and/or gross negligence of its obligations under this Agreement and if such defaulting party has not cured such breach and/or negligence within sixty(60) days after having received a notice thereof from the non—defaulting party, the non—defaulting party shall have the right to terminate this Agreement on the date on which a written notice of termination given by the non—defaulting party has been received by the defaulting party not later than thirty(30) days after the lapse of said sixty(60) days.

15.5 In the event either party hereto should become adjudicated bankrupt, go into liquidation, receivership, insolvency or trusteeship or be assigned to the benefit of creditors of such party, the adversely affected party shall be entitled to terminate this Agreement of the date on which a written notice of termination given by the adversely affected party has been received by the said party.

15.6 Either party hereto shall have the right to terminate this Agreement on the date mo which a written notice of termination given by such party hereto has been received by the other party hereto if and company or body which is or becomes in any way a competitor of the other party hereto in respect of the Licensed Products or which has a material adverse effect on the ability of the other party hereto discontinues its business activities for the Licensed Products.

15.7 Any termination of this Agreement by either party hereto pursuant to the provisions of Section 15.4, 15.5 or 15.6 of this Article shall be in addition to, and shall not be exclusive of or prejudicial to, any other rights and remedies such party may have no account of the default of the other party hereto.

15.8 At any time during the life of this Agreement the parties hereto shall be entitled to terminate this Agreement by mutual agreement of the parties hereto.

Article 16. Effects of Termination

16.1 In the event this Agreement terminates by the expiration of the initial term thereof pursuant to the provisions of Section 15.3 of Article 15 hereof, XYZ shall, after the Termination Date, be free to continue to manufacture and sell the Licensed Products using ABC's Technical Information furnished to XYZ by ABC hereunder subject to the provisions of Section 10.4 of Article 10 hereof and Section 16.7 of this Article.

16.2 The Provisions of Section 16.1 of this Article shall also apply if this Agreement is terminated by XYZ hereunder on account of any cause or reason attributable to ABC.

16.3 Except as otherwise specifically set forth in Section 16.1 and 16.2 hereof, upon termination of this Agreement, all the rights and licenses granted to XYZ by ABC hereunder and shall cease and XYZ shall make no further use of ABC's Technical Information and ABC's Industrial Property Rights furnished and licensed to XYZ by ABC hereunder and shall, if requested by ABC, promptly return to ABC at XYZ's costs and expenses all such ABC's Technical Information with all copies thereof.

16.4 In any event the Licensed Products contracted by XYZ not later than the Termination Date shall be deemed to have been manufactured and sold under this Agreement irrespective of whether or not such Licensed Products and manufactured and also during the life of this Agreement of after the Termination Date and XYZ shall settle the payment of all outstanding royalties pursuant to the provisions of Article 6 hereof and this Section not later than sixty(60) days after the Termination Date.

16.5 In the event that this Agreement is terminate b ABC on account of any cause or reason attributable to XYZ pursuant to the provisions of Section 15.4, 15.5 or 15.6 of Article 15 hereof at any time during the initial term of five(5) years after ninety(90) days from the Effectuation Date provided that XYZ shall have received all of ABC's

Technical Information under Section 3.1 of Article 3 hereof, XYZ hereof expressly undertakes that XYZ shall pay to ABC not later than sixty(60) days after the Termination Date all outstanding royalties pursuant to the provisions of Article 6 hereof and Section 16.4 of this Article and further that if and whin the Accumulated Royalty paid by XYZ has not attained to Forty Million Japanese Yen(¥40,000,000) XYZ shall pay to ABC as damages an amount of deficiency to make up for forty Million Japanese Yen(¥40,000,000), not later than sixty(60) days after the Termination Date. If and When the provisions of this Section are fulfilled, ABC shall waive its rights to claim for any all damages against XYZ notwithstanding anything to the contrary contained else where herein.

16.6 In the event that this Agreement is terminated by XYZ on account of any cause or reason attributable to ABC pursuant to the provisions of Section 15.4 15.5 or 15.6 of Article 15 hereof at any time during the initial term of five(5) years after ninety(90) days from the Effectuation Date provided that ABC shall have furnished to XYZ all of ABC's Technical Information under Section 3.1 of Article 3 hereof, XYZ hereby expressly undertakes that XYZ shall pay to ABC not later than sixty(60) days after the Termination Date all outstanding royalties pursuant to the provisions of Article 6 hereof and Section 16.4 of this Article. If and when the Accumulated Royalty received by ABC exceeds Forty Million Japanese Yen(¥40,000,000), ABC shall pay to XYZ as damages an amount equivalent to forty percent(40%) of the portion exceeding Forty Million Japanese Yen (￥40,000,000) not later than sixth(60) days after the Termination Date. If and whin the provisions of this Section are fulfilled, XYZ shall waive its rights to claim for any and all damages against ABC notwithstanding anything to the contrary contained else where herein.

16.7 Notwithstanding anything to the contrary contained elsewhere herein, XYZ shall, after two(2) years from the Effectuation Date and/or after the Termination Date, in no way use the name of ○○ or ABC or any reference to ○○ or ABC including but not limited to those under Section 12.1 and 12.2 of Article 12 hereof in connection with any business activities of XYZ unless otherwise specifically agreed upon by ABC and XYZ.

Article 17. Other Model

17.1 Any models of Hydraulic Excavators in the same bucket capacity range as the Licensed Products of the Models set forth in Paragraphs 1.1.1 and 1.1.2 of Section 1.1 of Article 1 hereof which may have been developed by ABC during the life of this Agreement, irrespective of any model naming or identification thereof, so as to supersede such Licensed Products therefore manufactured and sold by ABC in Japan shall be deemed to be within the scope of the normal modifications and/or improvements of such Licensed Products set forth in Paragraph 1.1.4 of Section 1.1 of Article 1 hereof subject to the provisions of Section 17.2 of this Article.

17.2 Any model of hydraulic Excavators set forth in Section 17.1 of this Article which, however, is of new design concept and/of developed by ABC with the expenditure of extraordinary development costs(hereinafter referred to as the "comparable New Models") shall be deemed to be beyond the scope of the normal modifications and/or improvements of the Licensed Products set forth in Paragraph 1.1.4 of Section 1.1 of Article 1 hereof.

17.3 Subject to the terms and conditions of this Agreement and during the life of this Agreement, XYZ shall have the optional right to acquire from ABC the license and ABC's Technical Information as for the Comparable New Models if XYZ so desires and requests in writing. In each event of XYZ's exercising such optional right, BC and XYZ shall make and enter into a license agreement separate from this Agreement, of which therms and conditions shall be subject to mutual agreement of ABC and XYZ. Even if XYZ does not exercise such optional right of if ABC and XYZ fail to agree upon the terms and conditions of the license agreement for the Comparable New Models, ABC shall not grant such license to any third party for nor sell the Comparable New Models in the Territory in the view of the fact that XYZ is ABC's exclusive licensee in the Territory hereunder as for the Licensed Products comparing to the comparable New Models.

17.4 In addition to the Licensed Products of the Models set forth in

Paragraphs 1.1.1 and 1.1.2 of Section 1.1 of Article 1 hereof, ABC has as of December 1, 1989 such other Models of Hydraulic Excavators of ABC design as enumerated on Appendix 5 attached hereto and making an integral part hereof(hereinafter referred to as the "Other Existing Models") and is willing to grant similar rights and licenses and render similar technical assistance as set forth herein to XYZ concerning any of such Other Existing Models if so desired and requested in writing by XYZ during the life the Other Existing Models, ABC and XYZ shall make and enter into a license agreement separate from this Agreement, of which terms and conditions shall be substantially the same as the initial terms and conditions of this Agreement set forth herein:

17.5 It is understood and agreed by the parties hereto that ABC's granting to XYZ the license for any other new models of hydraulic excavators ABC may develop during the life of this Agreement shall be made subject to the mutual agreement of ABC and XYZ in each case.

17.6 XYZ's optional rights to acquire from ABC the license for the Comparable New Models, the Other Existing Models and the Other New Models under this Article shall Be subject to the provisions of the following Paragraphs of this Section:

17.6.1 Whenever ABC has developed any of the Comparable New Models or the Other New Models, ABC shall inform XYZ of such fact in due course.

17.6.2 If and when any third party in the Territory requests ABC in writing to grant such license, ABC shall promptly inform XYZ of such fact by a written notice and XYZ shall have the first refusal right to acquire such license provided that XYZ shall notify ABC in writing whether of not XYZ elects to acquire such license not later than forty—five(45) days after receipt of said ABC's notice. If XYZ elects not to acquire such license of upon the lapse of such forty—five(45) days' period, ABC shall be free to grant such license to said third party subject to the provisions of Section 17.3 of this Article, and

17.6.3 ABC shall reserve the right to sell any of the Other Existing Models and the Other New Models in the Territory and elsewhere unless and until XYZ elects to acquire the license therefor from ABC subject to the provisions of Paragraphs 17.6.1 and 17.6.1.2 of this Section.

17.7 Nothing contained in this Article shall preclude XYZ from purchasing form ABC for resale on a non—Exclusive basis any of the Comparable New Models, the Other Existing Models or the Other New Models manufactured by ABC subject to the mutual agreement between XYZ and ABC until ABC grants an exclusive license to any third party in the Territory pursuant to the provisions of Paragraph 17.6.2 of Section 17.6 of this Article.

Article 18. Taxation

18.1 If any withholding taxes are imposed on ABC on account of any payments to be made by XYZ to ABC hereunder under the Korea laws in compliance with the Tax Treaty between the Republic of Korea and Japan, XYZ shall deduct such taxes from such payments to ABC only to the extent XYZ may be required and allowed to do so pursuant to such Tax Treaty. XYZ shall pay such taxes deducted to the competent Korean taxation official certificates or other evidences of XYZ's tax payment issued by such Korean taxation offices enough to support ABC's claim for tax credit in respect of such taxes so deducted and paid by XYZ.

18.2 Any other taxes which may be imposed by any relevant laws of any country as a result of the existence and/or performance of this Agreement shall be borne and paid by the party hereto which is required to pay such taxes by such law.

Article 19. Force Majeure

19.1 Neither party hereto shall be liable to the other party hereto for non—performance of delay in performance of any of its obligation under this Agreement due to causes beyond its reasonable control including fires, flood, strikes, labor troubles or other industrial disturbances, governmental acts or regulations, riots and insurrections(hereinafter individually or collectively referred to as "Force Majeure"). Upon the occurrence of any such event the affected party shall immediately notify the other party hereto as much in detail as possible and shall keep the other party hereto informed of any further development of such event. Immediately after such event ceases of is removed, the affected party shall perform its obligations pending with due speed.

19.2 Should either party hereto be prevented from fulfilling its obligations under this Agreement by Force Majeure under Section 19.1 of this Article lasting continuously for a period of at least four(4) months, the parties hereto shall make their best efforts to seek a mutually acceptable solution. If no such solution is found within a period of there(3) months thereafter, either party hereto shall have the right to terminate this Agreement by giving a written notice of termination to the other party hereto without paying any damages to the other party on the date on which such notice of termination has been received by the other party hereto provided however that neither party hereto shall be discharged from its obligations towards the other party hereto to pay any sums which may have become due and payable to the other party pursuant to the terms and conditions of this Agreement.

Article 20. Assignment

20.1 Neither of the parties hereto shall be entitled to assign this Agreement in whole or in part nor any rights or obligations hereunder to any third party without the express prior written consent of the other party hereto except where either of the parties hereto assign all of its rights and obligations under this Agreement to its legal successor subject to the provisions of Section 15.7 of Article 15 hereof.

Article 21. Annual Consultation

21.1 In order to promote a close and cooperative relationship between the parties hereto through timely resolution of questions arising from time to time out of or in connection with this Agreement, the parties hereto shall hold a periodic consultation meeting every year to discuss market status, technical matter, production, sales promotion, competition and reputation of the Licensed Products as well as any other matters related to this Agreement. Time, place and agenda of such meeting of each year shall be mutually agreed upon well in advance by the parties hereto.

21.2 In the event any important question, the parties hereto shall faithfully seek a most appropriate and mutually satisfactory solution and once the parties hereto have agreed to any such solution, then the parties hereto shall cooperate with each other or apply such solution without delay.

Article 22. Settlement of disputes

22.1 All disputes between the parties hereto arising out of or in connection with this Agreement shall be resolved promptly and amicably by negotiation between the parties hereto. If any such dispute has not been resolved amicably by the parties hereto within three(3) months after a formal notice of the dispute is given by one party hereto to the other party hereto, either party hereto may demand an arbitration of the dispute pursuant to the Agreement between The Korean Commercial Association and The Japan commercial Arbitration Association and the dispute shall be finally settled by such arbitration. The arbitration shall take place in Seoul, Korea of Tokyo, Japan pursuant to such Agreement. The award of the arbitration shall be final and binding upon the parties hereto.

Article 23. Language

23.1 The language to be used by the parties hereto in furnishing ABC's Technical Information to XYZ by ABC and rendering technical services to XYZ by ABC hereunder shall at ABC's option be English or Japanese. ABC's Technical information shall also be written in English of Japanese of ABC,

23.2 The language to be used by the parties hereto in notices, communications or correspondences in connection with this Agreement shall at ABC's option be English or Japanese.

23.3 The language of the authentic text of this Agreement shall be English.

Article 24. Notices

24.1 All notices, communications or correspondences between the parties hereto in connection with this Agreement shall be valid of made by registered airmail of telefax or telex subsequently confirmed in writing addressed to the office of each other party hereto at the following address:

Article 25. Obedience to Laws and Regulation

25.1 It is understood and agreed by the parties hereto that the execution and enforcement of this Agreement and the exercise and performance of the rights and obligations thereunder by the parties hereto shall be subject to the obedience by either or both of the parties hereto to any and all pertinent laws and governmental regulations and requirements of Japan and/or the Republic of Korea.

25.2 In the event that this Agreement should at any time after the Effectuation Date be in whole or in part invalidated on account of any conflict with or as a consequence of said laws or governmental regulations or requirements, both parties hereto shall faithfully seek mutually acceptable solution.

25.3 Notwithstanding the provisions of Section 25.2 of this Article, the whole remaining part of this Agreement that will not be so invalidated shall remain valid.

Article 26. Consequential Damage

26.1 Notwithstanding anything to the contrary contained elsewhere herein, ABC shall in no manner be liable to XYZ for any loss of time, earnings or profits or any other consequential or special damages which may be suffered by XYZ due to the causes of reasons attributable to defects of omissions in ABC's Technical Information furnished to XYZ by ABC under this Agreement or negligence or any other faults on the part of ABC in connection with this Agreement.

Article 27. Entire Agreement

27.1 This Agreement constitutes the entire and only agreement between the parties hereto regarding the subject matter hereof and supersedes any other commitments, agreements or understandings, written or verbal, that the parties hereto may have had.

27.2 No modification, change or amendment of this Agreement shall be binding upon the parties hereto except by mutual express consent in writing of subsequent date signed by duly authorized officer or representative of each of the parties hereto.

Article 28. Governing Law

28.1 This Agreement shall e governed by and construed in accordance with Japanese law.

IN WITNESS WHEREOF, the parties hereto have caused this Agreement to be duly executed in duplicate by their duly authorized officers as of the day and year first hereinabove written and retain one(1) fully executed copy each.

15. TECHNICAL LICENSE AGREEMENT

예시>

TECHNICAL LICENSING AGREEMENT made by and between [the licensing company], a corporation organized and existing under the laws of the [Nation of the licensing company], having an office at [Address of LICENSOR](hereinafter referred to as "LICENSOR"); and [the licensed company], a corporation organized and existing under the law of the Republic of Korea, having an office at [Address of LICENSEE](hereinafter referred to as "LICENSEE")

WITHNESSETH:

WHEREAS, LICENSOR now manufctures and sells, in the [Nation of LICENSOR] and elsewhere, a proprietary line of [특정제품]; and

WHEREAS, LICENSOR owns certain trademarks, patent rights, and technological information including know—how, skill and experience relating to said products as hereinafter defined; and

WHEREAS, LICENSEE desires to obtain from LICENSOR the right to use such trademarks, patent rights, and technological information to manufacture, use, and sell the Products; and also desires to obtain technical assistance from LICENSOR in the use of such patent rights and technological information, and LICENSOR is willing to grant such rights and to provide such technical assistance to LICENSEE all as hereinafter more fully provided,

NOW THEREFORE, in consideration of the covenant herein contained, the parties agree as follows;

Article 1. Definitions

For the purpose of this Agreement;

1. "Products" means the following LICENSOR products; [Description of Products]

2. "Territory" means [기술도입자의 국명]

3. "Trademarks" means those trademarks specifically identified in Schedule (B) attached hereto which is made a part of this Agreement and such other trademarks as may b inserted in Schedule (B) by mutual agreement from time to time during the life of this Agreement.

4. "Patent Rights" means all patents and patent applications for inventions, designs processes, models, or anything patentable, for any country in the world, or made at any time prior to the expiration or termination of this Agreement, and which can be used in the manufacture, use, or sale of the Products.

5. "Proprietary Information" means the inventions, specifications, pro — duction data, engineering drawings, specialized know — how, skill and other secret and confidential technical information which are owned or controlled by LICENSOR and can be used in the

manufacture, use, or sale of the Products.

6. "Effective Date" means the date on which (1) this Agreement is executed by LICENSOR and LICENSEE, or (2) this Agreement is approved by [the Government of 기술도입자 국가] as contemplated in Article 19. herein whichever is later.

Article 2. Technology License

1. For the duration of this Agreement, and upon the terms and conditions more specifically set forth herein, LICENSOR hereby grants to LICENSEE a license with the exclusive right to use Patent Rights, Proprietary Information, and Trademarks, use, and the Products in the Territory.

2. LICENSEE may sublicense others to use the proprietary In—formations, Trademarks, and Patent Rights to manufacture, use, or sell the Products with prior written consent to LICENSOR, which consent shall not be unreasonably with held. All sub—licenses of LICENSEE hold their rights contingent on LICENSEE's rights under this Agreement due to termination for breach, or due to any other reason, automatically causes a loss of the same rights by all of LICENSEE sub—licenses.

Article 3. Technical information

Upon receipt of payment of [one hundred thousand U.S. dollar(US $100,000)], the initial disclosure fee referred to in Article 6. hereof, LICENSOR shall furnish LICENSEE with the following technical information and Proprietary information regarding the Products in such amounts and at such times as shall be necessary for the expeditious production and sale of the Products.

1. Advice and assistance with respect to layout of plant and equipment, together with detailed description of equipment, flow charts, locations and other data LICENSEE to design a suitable factory;

2. Relevant general manufacturing information including designs, specifications for raw materials and detailed drawings and descriptions for the manufacturing process of the Products as well as parts, molds, jigs and fixtures; and

3. Relevant performance testing and operating data including information on test equipment, test procedures and other quality control methods; and

4. All other information as may be required to understand and/or interpret any of the aforementioned information which information shall be furnished upon request by letter or through personal contact between personal of LICENSOR and LICENSEE during intercompany visits as hereinafter described.

Article 4. Assistance

1. LICENSOR shall grant access to its facilities in the [Nation of LICENSOR] to personal of LICENSEE for the purpose of training such personnel in the methods of manufacture of the Products. It is

understood by the parties that as many employees of LICENSEE as are agreed upon by LICENSOR and LICENSEE will be sent to LICENSOR. LICENSOR shall be solely responsible for the training of such personnel. The training shall be conducted in the [English language] and necessary interpreters may be furnished by LICENSEE at its own expense. In addition, LICENSEE shall bear all incidental costs and expenses of such personnel such and travel, hotel and meal expenses. LICENSOR shall assist such LICENSEE personnel in obtaining any visas required by the [Nation of LICENSOR] immigration authorities.

2. LICENSOR shall, upon request of LICENSEE, as soon as possible, furnish on location at the plant of LICENSEE to train LICENSEE personnel in the methods of manufacture of the Products, technically qualified personnel of LICENSOR upon notice for no more than an aggregate of [ten] man wording days in [twelve(12) months] period. LICENSEE shall pay to LICENSOR a per diem for each of such personnel while in the Territory in accordance with Schedule (A) attached hereto and made a part of this Agreement. LICENSEE shall also provide a round trip air ticket from and to the point of origin for each such personnel. In addition, LICENSEE shall pay pursuant to mutual agreement local transportation and reasonable living expenses in Korea, including room and meal charges. incurred by such personnel in Korean Won if it so desires. LICENSOR shall notify LICENSEE within [fifteen(15) days] of receipt of a request for such

technical assistance of the date when such personnel will be sent to LICENSEE. The round trip air ticket to b provided for each LI—CENSOR personnel to be sent to LICENSEE shall assist such LICENSOR personnel in obtained nay visas required by the Korea authorities.

Article 5. Protection of Proprietary Information

LICENSEE agrees to keep all Proprietary Information relating to the Products confidential. LICENSEE may communicate Proprietary Information to its officers, employee, agents, subcontractors, or sub—licensees for the proper manufacture, use, and sale of the Products. LICENSEE agrees to take reasonable precautions to keep said Proprietary Information secret.

Article 6. Disclosure Fee and Royalties

1. LICENSEE shall pay to LICENSOR a disclosure fee of [one hundred thousand U.S. dollar(US $100,000)], which shall be paid in cash within [thirty(30) days] after the Effective Date of this Agreement.

2. LICENSEE shall also pay to LICENSOR [three percent(3%) of the total net sales by LICENSEE of the Products upon net sales of amount equal to [one million U.S. dollars(US $1,000,000)] per year; and [two percent(2%)] of the total net sales of the Products over [one million U.S. dollars(US $1,000,000)] up to net sales of [two million U.S. dollars(US $2,000,000)] per year; and [one percent(1%)] of the total net sales of the Pro—ducts in excess of net sales of [two million

U.S. dollars(US $ 2,000,000) per year.

3. For purposes of paragraph 2 hereof the term "net sales" shall mean the total sales proceeds of Products less the following items.

a. Sales discounts(including sales rebates)

b. Sales returns

c. Indirect taxes, insurance fees, packaging expenses, freight and delivery expenses, sales commissions, advertising expenses, and installation expenses incurred with regard to the sale of goods

d. CIF price, import duties and taxes, and fees on goods manufactured by the LICENSOR on the event that they used as raw materials

4. Payment of the royalties to be made pursuant to paragraph 2 hereof shall be made within sixty(60) days after [June 30 and December 31] of each year for the full amount of royalties in respect of precious [six months] of part thereof.

5. LICENSEE shall take all necessary steps and pay all necessary fees and expenses to satisfy the laws and requirements of the Republic of Korea in respect of (1) the payment of fees and royalties or remittance of money hereunder and (2) registering, declaring reporting and rendering valid this Agreement and any license granted hereunder.

6. All payments due hereunder shall be made in [United States currency] at [a bank in the Nation of LICENSOR] to be designated by LICENSOR.

7. All payments due to LICENSOR hereunder shall be converted from Korean currency into [United Stated currency] at [the telegraphic

transfer selling rate] of [the (××) Bank for purchase of U.S. dollars]
on the date of remittance.

8. All income tax and other taxes required by the laws of the Republic
of Korea to be withheld from any payment to be made to LICENSOR
pur—suant to this Agreement shall be for the account of LICENSOR.

Article 7. Purchase of Semi—Finished Products LICENSOR

LICENSOR hereby grants LICENSEE an exclusive right to purchase
and import for resale in the Territory any and all types of LICENSOR's
[Description of Products] except those which shall have been actually
manufactured by LICENSEE under this Agreement, and LICENSEE will use
is best efforts to promote their sale. LICENSOR will supply the same in such
quantity as required by LICENSEE at a price to be agreed upon by the parties.

Article 8. Purchase of Tools and Equipment from LICENSOR

LICENSOR will sell to LICENSEE upon LICENSEE's request parts, molds,
jigs, fixtures and other tools and equipment used in the manufacture of the
Products. In such event, LICENSOR will sell such tolls and equipment to
LICENSEE at a price equal to manufacturing cost to LICENSOR.

Article 9. Export of LICENSEE's Products

1. LICENSEE may export to other countries, which the exception of

the [Nation of LICENSOR]. the Products manufactured by LICENSEE under this Agreement.

2. It is understood that parties hereto will enter into a long—term distributorship agreement under which LICENSOR will purchase from LICENSEE Products manufactured by LICENSEE under this Agreement in order to supply the products to the [Nation of LICENSOR} markets.

Article 10. Suits for Infringement

In the event that any suit, action or other proceeding shall be brought against LICENSEE involving any claim of patent and other industrial property right infringement based upon LICENSEE's permitted use hereunder of the Trademarks, Patent Rights, or Proprietary Information, LICENSOR shall at its own expense take charge of the defense of any such claim and of the settlement thereof through counsel of its own choice, but if LICENSOR fails to defend any such claim, LICENSEE may do so at LICENSOR's expense. LICENSEE will notify LICENSOR promptly in the event that any such suit, action or other proceeding shall be threatened or instituted against LICENSEE and shall send to LICENSOR all the documents or the copies thereof related to such suit, action or other proceeding.

LICENSEE is hereby permitted to sue any third party who infringes the Trademarks, Patent Rights, or Proprietary Information within the Territory.

Article 11. Development and Improvement

1. LICENSOR shall communicate to LICENSEE full details and particulars of all of commercially utilized developments and improvements relating to the products and tools and equipment used to manufacture the Products which, during the life of this Agreement, it owns or controls, or may discover, or may come under its control, or it may receive from other licensees, whether patented or not, and LICENSEE shall be entitled to the non — exclusive use and benefit thereof without any further payments during and after the of this Agreement.

2. If at any time subsequent to the Effective Date of this Agreement, any invention, development or improvement, relating to het Products licensed hereunder and the tools and equipment used to manufacture the Products, shall become available to LICENSEE or any of its employee, LICENSEE, shall promptly disclose same to LICENSOR, whether pa — tentable or not, and shall furnish LICENSOR with all relevant information pertaining thereto. LICENSEE shall have the right to obtain patent protection therefor throughout the world in its own name and at its own expense; provided, however, that LICENSOR may sue patents throughout the world, except in the Territory, free of charge and non — exclusively, during and after the life Agreement.

Article 12. Quality Control

1. LICENSEE shall maintain such standards of quality and workmanship

as used by LICENSOR in its manufacture of Products.

2. LICENSEE shall report promptly to LICENSOR any changes in the design, specifications, material or similar characteristics of the Products.

3. LICENSEE shall (1) permit the duly authorized representatives of LICENSOR to inspect during normal working hours the patent(s) of LICENSEE, the process of manufacturer of the Products, and any Products manufactured by LICENSEE and (2) cause to be inspected by the duly authorized representatives of LICENSOR the plant(s) of any contract manufacture producing the Products or any part thereof.

Article 13. Warranty on Proprietary Information

1. LICENSOR warrants that the proprietary Information furnished to LICENSEE pursuant to this Agreement is at least equal to that used by LICENSOR to produce Products in the [Nation of LICENSOR].

2. During the terms of this Agreement, LICENSOR shall be responsible for damages resulting from defective Proprietary Information and parts furnished to LICENSEE by LICENSOR.

3. LICENSOR shall not be responsible for consequential damages resulting from the faulty application of Proprietary Information by LICENSEE.

Article 14. Exclusive Use of Trademark in Territory

LICENSOR shall not permit or license others in the Territory to use the Trademarks with respect to the Products manufactured by LICENSEE or not.

Article 15. Effective Date and Term

1. This Agreement shall take effect as of the Effective Date hereof.

2. Unless sooner terminated as hereinafter provided, this Agreement shall enter into full force and effect on the Effective Date hereof and shall remain in full force and effect for a period of [five] years from the Effective Date, after which is shall terminate. This Agreement may, however, be renewed, subject to any necessary Government approval, by mutual agreement of the parties hereto for an additional period of [three years].

Article 16. Termination

1. At any time if either party to this Agreement shall have defaulted in the performance of its obligations hereunder, the other party may give written notice of such default and such default shall continue, without remedy, for a period of [ninety(90) days] after such notice, the party who has so given notice of default may thereupon terminate this Agreement forthwith by giving to the other party hereto written notice of termination.

2. This Agreement shall terminate forthwith without notice when any of following events occurs to either party:

a. bankruptcy or insolvency

b. the filing of a petition therefor

c. the making of an assignment for the benefit of creditors

d. the appointment of a receiver over any of its assets which appointment shall not be vacated in [sixty(60) days] thereafter

e. the filing of other petition based upon alleged bankruptcy or insolvency
which shall not be dismissed within [ninety days] thereafter

Article 17. Effect of termination

1. Upon termination of this Agreement for any reason, LICENSE shall not
make any use of any trade name or Trademarks owned by or associated
with LICENSOR.

2. Upon termination of this Agreement for breach by LICENSE of
this Agreement, LICENSE shall also make no further use of any
Proprietary or Patent Rights licensed hereunder.

3. Upon termination of this Agreement by expiration as provided in
Article 17. or, for breach by LICENSOR of this Agreement,
LICENSE shall have a permanent, non—exclusive, free license to all of
any Proprietary Information or Patent Rights licensed hereunder.

Article 18. Government Approval

1. It shall be the responsibility of LICENSEE to obtain promptly from the
proper authorities in the Republic of Korea any required governmental
approval of this Agreement and this Agreement shall not effect until
such approval is obtained on terms and conditions acceptable to
LICENSOR. LICENSEE shall Republic of Korea.

2. Either party may terminate this Agreement forthwith by written notice
if the Government of the Republic of Korea does not approve it as

contemplated in paragraph 1 within [six(60 months] from the date of execution by both parties.

Article 19. Arbitration

All disputes, controversies, or differences which may arise between the parties, out of or in elation to or in connection with this Agreement, or for the breach thereof, shall be finally settled by Arbitration Rules of the Korea commercial Arbitration Board and under the Law of Korea. The award rendered by the arbitrator(s) shall be final and binding upon both parties concerned.

Article 20. Governing Law

This Agreement shall be construed in accordance with, and all the rights, powers and liabilities of the parties hereunder shall be governed by the laws of the Republic of the Korea.

Article 21. Notice

Any notice given by either party hereto to the party shall be deemed to have been sufficiently given by mailing thereof by registered airmail or by the sending thereof by cable, telex or facsimile confirmed by registered airmail to the last known address of such other party. If a party changes its address, notice thereof must be given to the other party.

Article 22. Assignment and Succession

1. This Agreement shall not, without the prior written consent of the other party, be assigned by either party, whether in whole or in part.

2. This Agreement shall be binding upon and inure to the benefit of either party and its successor and assignees.

Article 23. Entire Agreement

This Agreement constitutes the entire agreement between the parties, all prior representations having merged herein, and may not be modified except by a writing signed by a duly authorized representatives of both parties.

Article 24. Miscellaneous

1. In the event any terms or provisions of this Agreement shall for any reason be invalid, illegal or unenforceable in any respect, such invalidity, illegality or unenforceability shall not affect any other terms or provisions hereof; in such event, this Agreement shall be interpreted and construed as if such term of provision, to the extent same shall been held invalid, illegal or unenforceable, had never been contained herein.

2. The failure of either party hereto insist upon a strict performance of any of the therms and provisions herein shall not operate as a waiver of any subsequent or future breach of such terms and provisions.

3. LICENSOR or LICENSEE shall not be liable for non—observance of

nonperformance of any of the covenants or agreements herein entered into resulting from or caused by labor disputes riots or civil commotion, fire, war, the elements, embargoes, failure of carries, inability to obtain material, inability to obtain transportation facilities, acts of God or acts of enemies of the State, compliance with any law, regulation or other governmental command, whether or not valid, or other cause beyond the control of either parties whether or not similar to the foregoing.

4. The parties hereto shall act in all matters pertaining to this Agreement as independent contractors and nothing contained herein shall constitute either party as the agent of the other.

5. LICENSOR agrees that no other licenses of the Trademarks, Patent Rights, or Proprietary Information for the manufacture of the Products has been or will be offered more favorable terms. In the event LICENSOR has offered or offers, during the time this Agreement is in force, more favorable terms than the terms in this Agreement to any licensee anywhere in the world, this agreement will be deemed to have been amended to the extent necessary to incorporate such more favorable terms in substitution for said terms of this Agreement. LICENSEE shall be the sole judge of whether terms offered to another licensee are more favorable than the terms of this Agreement.

IN WITNESS WHEREOF, the parties have caused this Agreement to be executed in their corporate names by their duly authorized representatives.

For and on behalf of For and on behalf of

Name: Name:

Title: Title:

SCHEDULE (A)

PER DIEM RATES FOR LICENSOR PERSONNEL

WHO VISIT LICENSEE PURSUANT TO

ARTICLE 4.2

Senior SupervisorUS $

TechnicianUS $

Skilled LaborUS $

There rates are subject to change by LICENSOR upon sixty(60) days notice to LICENSEE and by consent of LICENSEE to it. Any such change shall be subject to any necessary approval of the Government of the Republic of Korea.

SCHEDULE (B)

DESCRIPTION OF TRADEMARKS

16. TECHNICAL COLLABORATION AGREEMENT

예시>

This Agreement made and entered into this ______ day of _______, 19 ______ by and between _____, a Japanese corporation having its principal place of business _______________, _______ −ku, Tokyo, Japan(hereinafter called "A") and ____, a ____ corporation having principal office of business at ______(hereinafter called "NEWCO").

WITHNESSETH:

WHEREAS, "a" has for a considerable number of years been manufacturer of the products as defined in Article 1 hereof(hereinafter referred to as "Agreed Product") and has acquired a substantial amount of know−how in the manufacture of the "Agreed Product", and further more has established a reputable image of the "Agreed Product" under ______ brand;

WHEREAS, NEWCO is desirous of obtaining, and "A" has the rights and is willing to furnish NEWCO with the know−how to manufacture, use and sell Agreed Products in the territory as defined in Article 1 hereof on the terms and conditions hereinafter stipulated.

NOW, THEREFORE, in consideration of the premised and the mutual covenants and agreements herein contained, the parties hereto agree as follows:

Article 1: Definitions

For the purpose of this Agreement, the following terms shall have the following meanings respectively:

(A) The term "Agreed Product" means those products as stipulated below which are manufactured and sole by "A" and the time of execution of this Agreement.

1.

2.

3.

(B) The term "Agreed Territory" means the following geographic areas collectively in which NEWCO may use its right hereunder.

1. Exclusive manufacture and sales Territory

2. Non−exclusive sales Territory

(C) The term "Trademarks" mean the trademarks which are registered or applied for registration by "A" in the Agreed Territory.

(D) The term "Territory Information" means available technical data and information developed or otherwise acquired or to be acquired by "A" during the term hereof pertaining to the manufacture of the Agreed Products, excluding those which are acquired by "A" from third party or parties with the condition of non−disclosure.

(E) The therm "Net Selling Price" means the ex−works price of the Agreed Products manufactured and sole by NEWCO. In the event the Agreed Product is used by or sole to its Subsidiary, the Net Selling Price of such products, for the purpose of determining the payment hereunder with respect thereto, shall be the same Net Selling Price at which NEWCO customarily sells comparable Agreed Product to its customer in bonafide business transactions.

(F) The term "Subsidiary" means a firm or corporation fifty percent(50%) or more of the stocks whereof is owned by either of the parties hereto or which firm of corporation is otherwise directly or indirectly owned or controlled by either of the parties hereto.

(G) The term "Effective Date" means the date no which the singing to this Agreement has been completed by both parties hereto, the approval of this Agreement and the Joint Venture Agreement relating to the establishment of NEWCO by the Government of _____ have been obtained and the notification of the acquisition of the shares of NEWCO made by "A" has been duly accepted by the Japanese Government, whichever occurs last.

Article 2. Supply of Know－how

1. Subject to the provisions of this Agreement, "A" shall furnish NEWCO with the Know－how owned by "A", necessary for the manufacture of the Agreed Product and, under the terms and conditions herein contained, "A" agrees to grant NEWCO the right to manufacture, use and sell the Agreed Product exclusively in the Exclusive manufacture and sales Territory and to use and sell the Agreed Product non－exclusively in the Non－exclusive sales Territory.

Notwithstanding the foregoing, "A" reserves the fight to sell directly or indirectly the Agreed Product in Exclusive manufacture and sales Territory of NEWCO:

1) before NEWCO stars to sell the Agreed Product on commercial basis

2) in case NEWCO is unable to fully supply the Agreed Product manufactured by NEWCO for the demand in Exclusive manufacture and sales Territory. In these cases, "A" agrees, if NEWCO desires, to sell the Agreed Producted through NEWCO.

Article 3. Transfer of Technical information

1. Within sixty(60) days from the Effective Date hereof, "A" shall furnish NEWCO with all available drawing and documentation necessary for the manufacture of the Agreed Product. "A" shall also agree, at NEWCO's reasonable request, to furnish NEWCO, during the term hereof, with other available improved drawings for the agreed Product prepared by "A" with actual cost.

2. Upon written request of NEWCO, made from time to time during the term hereof, and when "A" thinks it appropriate, "A" agrees to train a reasonable number of NEWCO's engineers and/or foremen at "A"'s works. The travelling expenses to and from "A"'s works, traffic expenses, living expenses during their stay in Japan and all other expenses to be borne and paid by NEWCO.

3. Upon written request of NEWCO, made from time to time during the term hereof, and within "A" thinks it appropriate, "A" agrees to

dispatch a reasonable number of "A"'s engineers to NEWCO to give necessary technical advice and guidance in manufacturing the Agreed Product at NEWCO'S works, subject to terms and conditions to be agreed, case by case, between "A" and NEWCO.

4. Personnel of either "A" or NEWCO, during the time they are present on the premises of the other party, shall be subject to all rules and regulations prevailing on the premises of each of the other party, excluding those which were previously agreed as exceptions between the parties hereto. However, none of such personnel of either party shall be considered for any purposes to be an employee of the other.

Article 4. Supply of Machines, Equipment and/or Materials

1. NEWCO desires to purchase a set of machines and equipment to manufacture the Agreed Product, possibly soon after the Effective Date, from "A" and/or others recommended by "A", for which "A" agrees to cooperate with its upmost efforts. Upon request made by NEWCO made by NEWCO from time to time during the term hereof, "A" agrees to supply materials to NEWCO, to the extent they are manufacture the Agreed Product.

2. The parties hereto shall conclude a purchase contact or contrasts, case by case and on bona fide bases, relating to the supply of machines, equipment and materials as provided hereinabove.

Article 5. Trade mark

1. It is agreed between the parties hereto that all of the Agreed Product
   manufactured by NEWCO hereunder shall bear the joint trade marks,
   "________" during the term hereof.

2. "A" reserves the right to enter into NEWCO's works and/or to take
   other appropriate method to check the quality of the Agreed Product
   manufactured by NEWCO, from time to time during the term hereof,
   and when "A" thinks that the quality of the Agreed Product
   manufactured by NEWCO is not suitable for using the joint trade
   marks as stated hereinabove, "A" shall have the option right to suspend
   or prohibit the use of joint trade mark stated in Paragraph 1 above.

3. NEWCO recognized the validity of and ownership by "A" of the trade
   mark "______", and acknowledges that NEWCO does not have any
   right or interests in the said trade mark and agrees that NEWCO dose
   not acquire or assert any right in respect to such joint trade mark
   anywhere in the world, except such right for and during the term
   hereof as it acquires hereunder, and agrees not to do any act or thing
   which may impair the validity or ownship of the sail trade mark.
   After termination of expiration of the term hereo, NEWCO shall not
   use joint trade mark "______" except in case of its selling the Agreed
   Product in stock or he unfinished Agreed Product in process.

Article 6. Observance of Secrecy

All drawings, documents and all other technical information made available or furnished by "A" to NEWCO hereunder shall be kept strictly in confidence by NEWCO during the term hereof and five(5) years thereafter. NEWCO shall not, without prior written consent of "A", disclose such technical information to any third party or parties and in any way except its employees in charge of the manufacture of the Agreed Product.

Article 7. Payment, Report and Inspection

1. In consideration of the supply of Technical Information to NEWCO by "A" hereunder, NEWCO shall pay to "a" during the term hereof ______(______) percent of the Net Selling Price of the Agreed Product as a service fee.

2. NEWCO shall submit written reports to "A" within thirty(30) days after March 31 and September 30 of each calendar year regarding the Agreed Product sold by NEWCO during the immediately preceding six(6) months and submit a written report to "A" within thirty(30) days after the date of termination hereof showing the Agreed Product sold or otherwise disposed of prior to the date of termination and not previously to "A".

3. Simultaneously with the submission of each report NEWCO shall pay to "A" the service fee as set forth in Paragraph 1 of this Article for the Agreed Product included in such report.

4. All the payments due hereunder shall be made in United States Dollars calculated on the bases of the foreign exchange rate adapted by the authorized foreign exchange band in ______ in effect on the day such

payment is made and shall be remitted to the credit of "A" at such

payment is made and shall be remitted to the credit of "A" at such

Bank in Japan as "A" may designate, from time to time, in writhing.

5. "A" shall bear the income tax to be levied under the laws of __ on the income of "A" arising hereunder. In the event that NEWCO deducts such income tax from the amount of income of "A", NEWCO shall send to "A", without delay, a tax certificate showing the payment of such tax.

6. NEWCO shall keep true and accurate records, files and books of account containing all the data reasonably required for the full computation and verification of the amounts to be paid and the information to be given in the reports provided for herein. NEWCO shall, during the usual business hours, permit "A" or it's duly authorized public accountant to inspect adequately the same for the sole purpose of determining the amounts payable by NEWCO.

Article 8. General Limitations and Provisions

1. The obligations of either of the parties hereto shall be subject to all laws and regulations, both present and future, of nay Government having jurisdictions over one of the parties hereto and to war, acts of God, acts of public enemies, striker or other labour disturbances, fires, floods and any causes beyond the control of such party and, such party so delayed or prevented shall be excused from any failure to perform any obligation hereunder to the extent such failure is caused by any

such cause. Notwithstanding the foregoing NEWCO shall not be excused by any such cause from its obligations to furnish the reports and to make the payment due hereunder.

2. "A" shall guarantee only that its Technical Information will be ian accordance with the best standard employed in its own business and no event shall be liable for any damages arising out of or resulting from anything furnished or made available hereunder or the use hereof and shall be fully indemnified from any claim or claims asserted by a third party or parties.

3. All the Technical Information and correspondence hereunder shall be made in English language, however, if NEWCO agrees, the Technical Information may be made in Japanese language.

Article 9. Construction and Arbitration

1. This Agreement shall be construed and the legal relations between the parties hereto determined in accordance with the laws of ______.

2. All disputes, controversies of differences which may arise between the parties, out of or in relation to or in connection with this Agreement, or for the breach thereof, both the parties shall use their best effort to settle such dispute, controversies of differences on bonafide bases. If any of such disputes, controversies or differences cannot be settled by such negotiation between the parties, either of the parties hereto may require final settlement of the same by arbitration pursuant to the ______ Trade Arbitration Agreement, of ______, 19 ______. The award shall be final

and binding upon both the parties. The place of Arbitration shall be the place in which the respondent resides.

Article 10. Term and Termination

1. This Agreement shall become effective on the Effective Date and shall continue to be effective for a period of ______ full years unless earlier terminated as provided elsewhere herein. If neither of the parties hereto give six(6) months prior notice before the expiration date hereof, then this Agreement shall be extended by a mutually agreed period subject to the approval by the Government of ______.

2. In the event of failure or neglect of NEWCO to fulfill any of its obligations hereunder, and if such default is not cured within sixty(60) days after the giving of such notice, "A" shall have the right to terminate this Agreement at any time thereafter, retaining any other remedies it may have and by giving written notice of such termination to the defaulting party.

3. "A" may terminate this Agreement at its discretion in the event that, in the sole judgement of "A", normal conduct of the business of NEWCO ceases or is altered as a direst or indirect consequence of measures taken by Government or other authorities or the bankruptcy, dissolution or transfer of the company caused by NEWCO contrary to "A"'s well.

4. Upon termination hereof, all rights and obligations provided herein shall forthwith terminate except.

1) in respect to the obligation concerning any amount payable to "A" by NEWCO accrued or to accrue hereunder on or prior to such termination

2) in respect to the obligation undertaken by NEWCO under Article 5 and 6 and

3) "A"'s right to inspect NEWCO's books and records under Article 7 Paragraph 6.

Article 11. Notice

Any notices or request with reference hereto shall be made by air letter, cablegram or radiogram, and shall be directed by one party to the other at its respective address as follows: or to any changed address by written notice from time to time.

"A" ____

____

NEWCO ____

____

Article 12. Miscellaneous

No omission or delay on the part of any party hereto in requiring a due and punctual fulfillment by any other party hereto of the obligations of such other party shall be deemed to constitute a waiver by the omitting or delaying party of any its rights to require such due and punctual fulfillment of any other obligations hereunder whether similar of otherwise, or a waiver of any remedy it might have hereunder.

Article 13.

This Agreement constitutes the entire and only agreement between the parties relating to the subject matter hereof and supersedes and cancels all previous agreements, negotiations, commitments and representations in respect thereto and may not be release, discharged, abandoned, changed or modifies in any manner except by an instrument in writing of subsequent date signed by duly authorized officers or representatives of each of the parties hereto.

IN WITNESS WHEREOF, each of the parties hereto has caused this Agreement in English and in duplicate to be executed by its duly authorized officers or representatives the day and year first above written.

17. SUB－LICENSE AGREEMENT

예시>

THIS AGREEMENT, made and entered into this __________ day of _____, 1993, by and between __________ MACHINERY CO., LTD., a corporation duly organized and existing under the laws of Japan, having its registered head office at ( ), Knanznawa－ku, Yokohama－shi,

Japan(hereinafter referred to as "IK") _______ CO., LTD., a corporation duly organized and existing under the laws of the Republic of Korea, having its registered office at ( ), Yongdungpu−gu, Seoul, Republic of Korea(hereinafter referred to as "GSC"),

WITHNESSETH:

WHEREAS, Ik and GSC have made and entered into a certain License Agreement dated December 22, 1989 as subsequently from time to time amended whereby GSC has been manufacturing and selling certain hydraulic excavators of IK design identifies as models IS50G and IS200G(including IS200GSC)(such amended License Agreement as hereinafter referred as "License Agreement"); and

WHEREAS, GSC is planning to establish a joint venture company in the Northeast Area of China with CHANGCHUN TRACTOR WORKS, P.R.C. an enterprise duly organized and existing under the laws of the People's Republic of China(hereinafter referred to as "CTW") or the purpose of manufacturing and selling the Hydraulic excavators which are the subject matter of License Agreement; and

WHEREAS, as a preliminary trial measure to serve for the final determination of the feasibility of GSC's joint venture as above, GSC wishes to undertake as knock−down kit parts supply/ assembly plan with

CTW whereby GSC will supply CTW with hundred percent(100%) knock—down kit parts of the hydraulic excavator of Model IO200GSL while CTW will assemble with technical guidance render by GSC such knock—down kit parts into complete units of such hydraulic excavator and sell such complete units of hydraulic excavator in China: and

WHEREAS, GSC is desirous of acquiring a further license from IK so as to enable GSC to realize the said knock—down kit parts supply/assembly plan; and

WHEREAS, IK is willing to grant such license to GSC with a view to IK's company policy of cooperation with GSC as far as possible toward the realization of GSC's joint venture project with CTW; and

WHEREAS, IK and GSC are mutually agreeable to hereby amend License Agreement to this end; and

WHEREAS, it is the mutual understanding of IK and GSC that the validity of the amendment to License Agreement hereby made shall e legally limited as hereinafter more specifically set forth;

NOW, THEREFORE, in consideration of the aforesaid premises and mutual covenants herein contained, and intending to be legally bound hereby, the parties hereto hereby agree as follow:

Article 1. DEFINITION OF TERMS

As used herein, the following terms shall have the following meanings, respectively:

1.1 The term "Licensed Product" shall mean and be limited to the Hydraulic Excavator of IK design of Model IS200GSC only as being manufactured and sold by GSC under License Agreement.

1.2 The term "Knock—down Kit Parts" shall mean components and parts of Licensed Products as such that one(1) full set of Knock—down Kits Parts consists of items and quantities of components and parts necessary and sufficient to be assembled into one(1) complete unit of Licensed Product.

1.3 The term "sublicensed Territory" shall mean and be limited to the Northeast Area of China consisting of Liaoning—sheng, Jilin—sheng and Heilnghjignh—sheng.

1.4 The term "IK's Industrial Property Rights" shall gave the meaning as defined in License Agreement.

1.5 The term "IK's Technical Information" shall have the meaning as defined in License Agreement.

Article 2. GRANT OF SUBLICENSE

2.1 Subject to the terms and conditions of this Agreement and during the life of this Agreement, IK hereby grants to GSC a non—exclusive, non—transferable right to grant to CTW a non—exclusive, non—transferable sublicense under IK's Industrial Property Rights and IK's

Technical Information to assemble in Sublicensed Territory Knock—
down Kit Parts purchased from GSC into complete units Licensed
Product and sell in China for use in China the complete units of
Licensed Product so assembled.

2.2 For the sole purpose set forth in Paragraph 2.1 of this Article, IK
hereby grants to GSC a non—exclusive, non—transferable right and
license under IK's Industrial Property Rights and IK's Technical
Information to supply CTW with maximum fifty(50) sets of Knock—
down Kit Parts manufactured by GSC in the Republic of Korea under
License Agreement. Accordingly, CTW's sublicense under Paragraph
2.1 of this Article is limited to fifty(50) complete units only of
Licensed Products to be assembled and sold by CTW.

2.3 Except as set forth in this Article, nothing herein contained shall be
construed as conferring upon GSC the right to grant to CTW any
sublicense to manufacture the Licensed Product in whole or in part or
to sell Licensed Product in whole or in part or to sell Licensed
Products so manufactured.

Article 3. TECHNICAL ASSISTANCE

3.1 It is understood and agreed by the parties hereto that IK is not
obligated to furnish GSC with any additional technical data or
information or render GSC any further technical assistance other than
those specified in License Agreement for the purpose of this
Agreement and further that IK shall in no event be obligated to

changed, modify and/or improve for the purpose of this Agreement IK's Technical Information furnished by IK to GSC under License Agreement.

3.2 It is understood and agreed by the parties hereto that the following technical data and information written in the Korean language ad prepared in the name of GSC will be furnished by GSC to CTW:

3.2.1 The following are data to be furnished by GSC to CTW in the form of written document:

a. 完成檢查書

b. 整備指針書

c. 組立台圖面

d. 台車圖面

e. 登板試驗台圖面

f. Parts Catalog

g. Operation Manual

h. 出荷檢查機

I. 組立用 Too 資料

3.2.2 Technical information contained in the following documents is likely and hereby permitted to be disclosed by GSC to CTW through verbal explanation or otherwise in the course of assembly guidance rendered by GSC to CTW.

a. 檢查要領書

b. 給油設備仕樣

c. 油壓 Tester 資料

d. 油壓 Oil Refinery(Flushing) 資料

e. 特殊工具 및 試驗檢查仕樣要領書

3.2.3 Technical information contained in the following documents is likely and hereby permitted to be directly or indirectly to CTW through the use of such documents as teaching material in gand by GSC's trainers in the course of technical guidance rendered by GSC to CTW's trainees:

a. Lower Frame Assembly Drawing

b. Swing Frame Assembly Drawing

c. Piping Assembly Drawing

d. Electric Wiring Assembly Drawing

3.3 GSC acknowledges that the basic technology of the technical data and information set forth in Paragraph 3.2 of this Article is the property of IK.

Article 4. SECRECY

4.1 GSC agrees to cause CTW to hold in confidence the technical data and information furnished of disclosed by GSC to CTW at least but not limites to the satisfaction of the following requirements and further agrees to indemnify IK, at the request of IK, for any claims, losses, damages and/or liabilities incurred, directly or indirectly, by IK or IK's parent company (_______), a corporation duly organized and existing under the laws of Japan, having its registered office at $2-1$, Ohtemach $2-$chome, chiyoda$-$ku, Toyko, Japan(hereinafter referred to as "IHI" due to any non—observance by CTW of its secrecy obligations provided in this Article).

4.1.1 CTW shall not use such technical data and information for any purpose other than that of this Agreement;

4.1.2 CTW shall not disclose in whole or in part such technical data and information to any third party;

4.1.3 CTW shall cause its employees and other persons directly engaged in its activities based on this Agreement and having access to such technical data and information to hold the same in confidence and shall take utmost care to prevent the disclosure thereof to anyone else; and

4.1.4 HSC shall be entitled to claim from CTW any damages incurred by GSC due to any non—observance by CTW or CTW's secrecy obligations.

4.2 GSC further agrees that the secrecy undertaking under paragraph 4.1 of this Article shall survive without time and territory limitation after the termination of this Agreement due to any reason.

Article 5. PRODUCT IDENTIFICATION

5.1 GSC shall in no manner be entitled to use any of the trademarks or trade names or identifications having any reference to IK or IHI.

Article 6. ROYALTY PAYMENTS

6.1 In consideration of GSC's sublicensing right granted hereunder, GSC agrees to pay to IK royalty of fixed rate of three percent(3%) on GSC's Net Selling Price of all Knock−down Kit Parts supplied by GSC to CTW.

6.2 GSC shall make accounting, payment and reporting of such royalty in strict accordance with the terms and conditions of License Agreement.

6.3 IK hereby waives any royalty for any sales of complete units of Licensed Products assembled by CTW under the sublicense grated GSC.

Article 7. EFFECTUATION, TERM AND TERMINATION

7.1 This Agreement shall, after the signing thereof by both parties hereto, come into full force and effect on the date on which this Agreement shall have been approved by the Government of the Republic of Korea(such date is hereinafter referred to as "Effectuation Date") provided that if such approval has not been obtained not later than two(2) months after the signing of this Agreement, this Agreement shall become null and void.

7.2 This Agreement shall continue to be in full force and effect for five(5) months from the Effectuation Date.

7.3 In the event that GSC should commit a material breach of this Agreement and if GSC has not dured such breach within thirty(30) days after having received a notice thereof from IK, IK shall have the right to terminate this Agreement on the date on which GSC has received IK's written notice of termination.

7.4 Notwithstanding anything to the contrary contained elsewhere herein, this Agreement shall automatically terminate concurrently with any early termination of License Agreement pursuant to the provisions thereof unless otherwise specifically agreed by the parties hereto.

Article 8. EFFECTS OF TERMINATION

8.1 Upon termination of this Agreement due to any reason GSC's sublicensing right granted hereunder and CTW's sublicense based on this Agreement shall cease and GSC shall cause CTW not to make any further use of the technical data and information furnished of disclosed by GSC to CTW, not to sell or assign in whole or in part such technical data and information, or not to create in favor of any third party any right to such technical data and information including but not limited to granting any license thereunder.

8.2 Upon termination of this Agreement due to any reason except the termination concurrent with the termination of License Agreement as set forth in Paragraph 8.1 of this Article, License Agreement shall remain in full force and effect in all respects as it gas been prior to the signing of this Agreement as if this Agreement had not been in existence.

Article 9. IK'S NO TRSPONSIBILITY

9.1 IK shall in no matter, directly or indirectly, be held responsible or liable for any problems arising out of or in connection with Licensed Product assembled and sole by CTW.

IN WITNESS WHEREOF, the parties hereto have caused this Agreement to be dual executed in duplicate by their duly authorized officers as of the day and year first hereinabove written and each retain one(1) fully executed copy.

Witness: For Ik

By

Name:

Title:

Witness: For GSC

By

Name:

Title:

18. PATENT LICENSE AGREEMENT

예시>

THIS AGREEMENT, made and entered into this day of ( ), ( ) by and between ( ), a corporation duly organized and existing under the laws of ( ), having its principal place of business at ( )(hereinafter referred to as Company) and ( ), a corporation duly organized and existing under the laws of ( ), having its principal place of business at ( )(hereinafter referred to as Licensee)

WITHNESSETH THAT:

WHEREAS, the company owns and controls ( ) Patent No. ( ), ( ) Patent Application No. ( ), ( ) Patent No. ( ) and ( ) Patent No. ( )(hereinafter referred to as "Patents") on ( )(hereinafter referred to as "Products") developed through study for a considerable number of years and the right to grant a license under such the Patents, and

WHEREAS, the Licensee is desirous of obtaining such license from the Company;

Now, THEREFORE, IT IS HEREBY AGREED AS FOLLOWS:

Article 1. Definitions

As used herein, the following terms shall have the following meanings:

a) The term "Territory" shall mean ( ) in which the Licensee may manufacture, sell and use the Products stated hereinabove non−exclusively under the patents.

b) The term "Net Sales Price" shall mean the gross sales price of the Products: less taxes, returns, ex−factory allowance, trade, quantity and cash discounts, and brokers commission.

Article 2. Grant of License

The Company agrees to grant to the Licensee, upon the terms and conditions hereinafter specified, a non—exclusive license to manufacture, use and sell Products under the Patents to practice the method defined by the claims of the Patents during the term of this Agreement.

Article 3. Technical Information

The Company shall, upon request of the Licensee and in so far as the Company can reasonably do so, furnish to the License such technical information as are necessary for the License to manufacture, use and sell the Products under the Patents in the Territory. Such information shall include the followings;

a) Material data

b) Purchase specifications of parts

c) Testing and inspection data on the Products

d) Technical instructions on manufacturing techniques of the Products

e) Handling explanations on and layout of manufacturing equipment

f) Production plan

g) Data on quality control

Within ( ) days after the execution date of this Agreement and after the receipt of initial royalty provided in Article 6 of this Agreement, the

Company shall furnish to the Licensee, all available technical information necessary for manufacture, use and sale of the Products. The Company shall also, at the Licensee's reasonable request, furnish the Licensee with other future available drawings for the Products prepared by the Company. All technical information to be supplied by the Company are based upon the ( ) Industrial Standard, and the Licensee shall hold the responsibility to modify them in order to meet their local standards with the Company's written consent.

Article 4. Other Assistance

The Company shall provide to the Licensee special knowledge, information on a continuing reasonable basis during the term of this Agreement, in the manner that the Company will promptly respond in writing to all written questions submitted by the Licensee and relating to technical matters within the scope of this Agreement. Such questions, however, shall be reasonable in number and content and consistent with the purpose of this Agreement.

Article 5. Technical Assistance

1. From time to time, the Licensee may request technical assistance and training from the Company in connection with the acquisition of the Company's technique for the manufacture of the Products, in which event the Company will make available to the Licensee a reasonable number of its engineer to visit at reasonable times the Licensee's facilities and premises for the purpose of rendering the

requested technical assistance and training.

2. The Licensee shall for all expenses, including but not limited to, air fare and other traffic rare from ( ) to ( ) and back, and medical expenses for bodily harm in ( ), which would be incurred on the engineer under this Agreement.

3. The License shall pay the allowance at the rate of ( ) per day as net receipt. Taxes or duties of whatever nature imposed or levied on such daily allowance shall be separately borne by the License.

Article 6. Initial Royalty

In addition to the reimbursements and payments elsewhere provided in this Agreement, the Licensee hereby agrees to pay to Company initial royalty in the amount of ( ) to be paid within ( ) days after the execution of this Agreement. This amount shall be non－refundable for any reason whatsoever.

Article 7. Running Royalty

1. The Licensee shall pay to Company the running royalty of ( ) precent of Net Sales Price if the components of such Products are all manufactured by the Licensee in the Territory under the Patent licensed herein.

2. The Licensee shall pay to the Company the running royalty of ( ) percent of Net Sales Price less the cost of any components of the Products purchased by the Licensee from the company if the Licensee assembles the components manufactured by and the Licensee and the

components sold by the Company into the Products.

3. No running royalty shall be paid in case the Licensee has purchased the compete Products or all components and assembled them into the Products for resale.

4. Licensee shall pay he running royalty of portion which exceeds the amount of the initial royalty set forth in Article 6 hereof.

Article 8. Payment

1. Within ( ) days after ( ) and ( ) of each calendar year during the term of this Agreement, the Licensee shall pay to the Company the royalty as set forth in Article 7 for he Products.

2. All the payments to be made by the Licensee to the Company in accordance with this Agreement shall be made in ( ) and the conversion of ( ) currency into ( ) shall be based on the rate of exchange existing on the day with payment is made.

3. In case of delay of the payment of money payable hereunder by the License, the Licensee shall pay to the Company delay interest at the rate of ( )% per annum on the amount in delay.

Article 9. Detailed Records

The Licensee agrees to keep such detailed records as shall be necessary to determine the royalty payable hereunder. The Licensee will, at the request of the Company, permit an individual public accountant selected by the Company to have access to and to examine during ordinary business hours such records as may be necessary to verify or determine the royalty, paid or payable under this Agreement, in respect to any yearly period following the date of this Agreement ending not more than ( ) years prior to the time of such request.

Article 10. Taxes, Duties, etc.

All the amounts mentioned in this Agreement are net amounts the Company will receive, and any and all taxes, duties, etc. of whatever nature that may levied or imposed by Government of ( ) or any provincial or local government in the country on any payment made to the Company shall borne by the License.

Article 11. Industrial Property Right

1. The Licensee agrees not to contest, not do aid others in contesting, directly or indirectly, during the term of this Agreement or any extension thereof, the validity or title to any of the Patents or other industrial pro—perty rights to which licenses are granted to the Licensee hereunder.

2. In the event of infringement or threat of infringement against any of the Patents by a third party, either party shall promptly notify to the other party. Upon such notification, the other party shall take steps necessary to suppress such infringement, provided that all necessary and so forth shall be promptly discussed and decided by the parties hereto.

Article 12. Company's Responsibility

The Company shall have no responsibility or liability for the merchantability or suitability of use in the Territory or quality of the Products manufactured under the Patents by the Licensee hereunder.

Article 13. Sublicense

The Licensee shall have no right to grant any sublicense under this Agreement without the prior written consent of the Company.

Article 14. Promotion of Sale

The Licensee shall use all reasonable endeavors to promote and extend the use and sale in the Territory of the Products manufactured under this Agreement.

Article 15. Confidentiality

All technical information given by the Company shall be considered absolutely confidential and shall not be disclosed to anyone by Licensee without the prior written consent of the Company, and the License shall require its employees to treat matters as confidential, and in the event of termination or cancellation of this Agreement by either party for any cause or reason whatsoever, all rights to further use of such technical information by the Licensee shall cease and the Licensee shall without further demand turn over immediately all records regarding same to the Company.

Article 16. Term

This Agreement shall commence on the date first above written and shall continue for a period of ( ) years. During the ( ) months immediately following the completion of the ( ) years of this Agreement, either party may give written notice to the other of its desire to negotiate for extension of the period of this Agreement. Upon receipt of such notice, both parties agree to negotiate in good faith for the terms and period ap−plicable to such extension.

Article 17. Default

In the event either party shall be in default as to any of the terms and conditions of this Agreement and shall continue to be default for existence of such default, or shall become involved in insolvency, dissolution, bankruptcy or receivership proceedings affecting the operation of its business or shall discontinue its business for any reason, then, in such case, the other party shall have the right, at its option, to terminate this Agreement. Such termination shall not affect any rights or obligations accrued at the time of such termination. termination of this Agreement shall not terminate, in any way, the Licensee's obligation.

Article 18. Notices

All notices, summons and communications related to this Agreement shall be addressed by telex or registered letter, with return receipt requested, sent or mailed to the other party at its hereinabove set forth address(or any new address that would be notified in the same way) and in English.

Article 19. Settlement of Disputes

All disputes arising in connection with this Agreement shall be finally settled under ( ) of ( ), by one or more arbitrators appointed in accordance with the Rules. It is further agreed that one arbitrators shall be nominated by either party and the arbitrators shall themselves nominate an umpire, but in the event of their being unable to agree upon an umpire, the umpire shall be nominated by the President of the ( ). The umpire shall in any case be a person with judiciary capacity in ( ).

The Board of Arbitration shall decide finally. Unless the parties hereto specifically consent to written procedure, the Board of Arbitration shall decide after a hearing. The Board of Arbitration shall set forth the reasons for its decision in writing and shall also decide on the costs of the procedure. Furthermore, the provisions of the ( ) Code of Civil Procedure concerning arbitration shall apply. The competent Court the meaning of ( ) of the Code of Civil Procedure shall be the Country Court of ( ). The parties hereto agree that the service of any notices in the course of such arbitration at their addresses as given in this Agreement shall be valid and sufficient.

Article 20. Force Majeure

In the event of nonfulfillment or delayed performance of all or any party of this agreement, due directly or indirectly to any Act of God, government orders, rules or restriction, fire, flood, war, strikes, or labour disputes, or any other casualties or contingencies beyond the control of either party or otherwise unavoidable, such party is not responsible for such nonfulfillment or delayed performance and may, at its option, perform or cancel this Agreement or an unfulfilled portion thereof.

Article 21. Prohibition of Assignment

The Licensee shall not, without the prior written consent of the Company, assign this Agreement or any right hereunder through amalgamation or any other method to any third party or parties, or collaborate with any third party in connection with this Agreement.

Article 22. Governing Law

The validity and interpretation of this Agreement and legal relations of the parties to it shall be governed by the laws of the ( ).

Article 23. Entire Agreement

This Agreement contains a complete statement of all the arrangements between the parties with respect to its subject matter, supersedes all existing agreements between them concerning its subject matter, and may not be modified, discharged or terminated orally. There are no representations, warranties, or agreements other those set forth in this Agreement.

IN WITNESS WHEREOF, the parties hereto have executed this Agreement in duplicate in English by causing these presents to be signed by their duly authorized representatives the day and year first above written.

WITNESS: Licensee;

( )

By( )

President

WITNESS: Licensee;

( )

By( )

President

19. SECRECY AGREEMENT(1)

예시>

THIS Agreement entered into on the _____ day of _____, 19_____, between _____, hereinafter called "_______."

WHEREAS, _____ has conducted research and development in the field of ______________

_______ manufacture and control; and

WHEREAS, _____ possesses confidential information, data, and documents relating to the above subject; and

WHEREAS, _______ and _______ are desirous of entering into discussions with respect to the above subjects under such circumstances that the confidential nature of the disclosures made is maintained;

Now, therefore, in consideration of the foregoing and the mutual covenants herein contained, the parties hereto agree as follows:

1. _______ agree that it will treat as confidential any and all information disclosed or transmitted by _______ pursuant to this agreement and will not divulge any such information to third parties without the prior written consent of _______. _______ agree that it will take all reasonable precautions to insure that it and any of its employees receiving information disclosed by _________ pursuant to this agreement will maintain the confidentiality thereof. It is agreed, however, that such information:

(A) which was in the possession of _______ prior to receipt of any disclosure by _______

___ pursuant to this agreement and not heretofore directly or indirectly derived from ________;

(B) which is or lawfully becomes part of the public knowledge or literature; or

(C) which otherwise lawfully shall become available to______ from sources other than ________; shall not be subject to the provisions of this Agreement.

2. ________ agrees that it will not make any commercail use whatsoever of any of the confidential information furnishes by ______ pursuant to this agreement without the prior written permission of

3. ______ agrees that it will not make copies or reproductions at any time of any reports, compilations of data, brochures, drawings, blue − prints or other documents furnished by ______ pursuant to this Agreement, or any part thereof, and will return all such materials to promptly upon request.

4. ______ agrees that it will comply with any all applicable laws regulating the exportation of technical informations as from time to time in force.

5. Confidential information disclosed hereunder by to ______ shall be in writing and marked "Confidential", or if orally disclosed, shall be reduced to writing and delivered to ______, marked "Confidential", within thirty(30) days of the oral disclosures.

By____

By____

20. SECRECY AGREEMENT(2)

예시>

THIS Agreement was made and entered into this ____________ day of

by and between ____ (hereinafter

called "ABC") _______________

____ (hereinafter called "RECIPIENT"),

whereas ABC and RECIPIENT agreed as followed:

1. SECRECY CLAUSE

1.1 RECIPIENT agrees to treat confidential all know—how and
informations which RECIPIENT acquires for the studies of the
(Unit) and for the erection, operation, maintenance and repair of such
a plant.

1.2 RECIPIENT is not authorized to make available these informations
and/or know—how to any third party and/or to use these for other
than the foreseen purposes.

1.3 Further RECIPIENT agrees that it will no discuss any questions
concerning the know—how of ABC with other than its employees.

1.4 RECIPIENT shall, as far as it is legally possible, require its employees
to accept similar obligations as is taken under 1.3.

1.5 RECIPIENT is entitled to inform the engineering partners and/or co—
tractors of the ethylene plant only of those data which are required
to incorporate this____________ Unit _______ and will commit

the partners and/or contractors to treat such data as confidential information.

1.6 The foregoing obligations shall not apply to information and know—how,

    (A) which are at the time of signing this agreement in the public domain,

    (B) which will become public domain through no fault of RECIPIENT,

    (C) which RECIPIENT can show th have been in its possession at the time of disclosure and which have not been acquired directly or in—directly form ABC,

    (D) which RECIPIENT will acquired from any third party without confidential obligation to ABC.

1.7 ABC is obliged not to use or to disclose to third partners any data or information which ABC may receive from RECIPIENT, the engineering partners and/or contractors.

2. ARBITRATION

2.1 All dispute arising in connection with this declaration shall be finally settled under the Rules of Conciliation and Arbitration of the International Chamber of Commerce by one or more arbitrators appointed in accordance with the Rules.

2.2 Arbitration shall be held at 地名. The 國名 law shall be applicable appeal or reference to the legal courts of 國名 shall be excluded.

3. TERM OF AGREEMENT

The term of this Agreement shall be ______( ) years from the date hereof.

IN WITNESS WHEREOF, the parties hereto have executed as of the date first above written.

______________________   ______________________

______________________   ______________________

______________________   ______________________

21. 기술의 이전 및 사업화 촉진에 관한 법률

[시행 2009. 5. 21.] [법률 제9689호, 2009. 5. 21, 일부개정]

제1장 총칙

제1조(목적) 이 법은 공공연구기관에서 개발된 기술이 민간 부문으로 이전되어 사업화되는 것을 촉진하고, 민간 부문에서 개발된 기술이 원활히 거래되고 사업화될 수 있도록 관련 시책을 수립·추진함으로써 산업 전반의 기술경쟁력을 강화하여 국가경제의 발전에 이바지함을 목적으로 한다.

제2조(정의) 이 법에서 사용하는 용어의 뜻은 다음과 같다. <개정

2008. 2. 29, 2008. 3. 21.>

1. '기술'이라 함은 다음 각 목의 어느 하나에 해당하는 것을 말한다.
   가. 「특허법」 등 관련 법률에 따라 등록된 특허·실용신안·디
       자인·반도체집적회로의 배치설계 및 소프트웨어 등 지적
       재산
   나. 가목의 기술이 집적된 자본재
   다. 가목 또는 나목의 기술에 관한 정보
   라. 그 밖에 가목 내지 다목에 준하는 것으로서 대통령령이 정하
       는 것

2. '기술이전'이라 함은 기술이 양도, 실시권 허락, 기술지도, 공동
   연구, 합작투자 또는 인수·합병 등의 방법을 통하여 기술보유
   자(당해 기술을 처분할 권한이 있는 자를 포함한다)로부터 그 외
   의 자에게 이전되는 것을 말한다.

3. '사업화'라 함은 기술을 이용하여 제품의 개발·생산 및 판매를
   하거나 그 과정의 관련 기술을 향상시키는 것을 말한다.

4. '기술평가'라 함은 사업화를 통하여 발생할 수 있는 기술의 경제
   적 가치를 가액·등급 또는 점수 등으로 표현하는 것을 말한다.

5. '공공기술'이라 함은 기술의 소유권·실시권 또는 이용권 등이
   공공연구기관에 귀속된 기술을 말한다.

6. '공공연구기관'이라 함은 다음 각 목의 어느 하나에 해당하는 기
   관을 말한다.

   가. 국·공립 연구기관

   나. 「과학기술분야 정부출연연구기관 등의 설립·운영 및 육성
       에 관한 법률」 제8조제1항의 규정에 따라 설립된 정부출연
       연구기관

   다. 「특정연구기관 육성법」 제2조의 적용을 받는 특정연구기관

   라. 「고등교육법」 제2조의 규정에 따른 학교

   마. 그 밖에 「민법」 또는 다른 법률에 따라 설립된 연구개발과
       관련된 법인·단체로서 기술의 이전 및 사업화(이하 '기술이
       전·사업화'라 한다)의 촉진을 위하여 대통령령이 공공연구
       기관으로 정한 기관

7. '관계중앙행정기관'이라 함은 기획재정부, 교육과학기술부, 지식
   경제부, 그 밖에 대통령령이 정하는 기관을 말한다.

8. '특허신탁관리업'이란 「특허법」 제87조제1항에 따라 설정등록
   된 특허권 중 같은 법 제85조제1항에 따른 특허원부에 전용실시
   권 또는 통상실시권의 설정이 등록되지 아니한 특허권을 가진
   자를 위하여 그 특허권을 신탁받아 특허권 또는 실시권의 이전,
   기술료의 징수 및 분배 등 대통령령으로 정하는 관리업무를 행
   하는 업을 말한다.

제3조(정부 등의 책무)

① 정부는 이 법의 목적이 달성될 수 있도록 기술이전·사업화의 촉진을 위한 시책을 수립·시행하여야 한다.

② 지방자치단체는 제1항의 시책에 따라 관할구역의 특성을 고려하여 그 지역의 기술이전·사업화의 촉진을 위한 시책을 수립·시행하여야 한다.

③ 공공연구기관은 공공기술이 민간 부문에 원활히 이전될 수 있도록 노력하여야 한다.

제4조(다른 법률과의 관계)

① 기술이전·사업화에 관하여 다른 법률에서 정하고 있는 경우를 제외하고는 이 법을 적용한다. <개정 2008. 3. 21.>

② 이 법에 따른 특허신탁관리업에 대해서는 「신탁업법」을 적용하지 아니한다. <신설 2008. 3. 21.>

제2장 기술이전·사업화 촉진계획의 수립 등

제5조(기술이전·사업화 촉진계획의 수립 및 시행)

① 정부는 기술이전·사업화에 관한 정책목표의 달성을 위하여 다음 각 호의 사항이 포함된 기술이전·사업화 촉진계획(이하 '촉진계획'이라 한다)을 수립·시행하여야 한다.

1. 기술이전·사업화의 정책목표와 전략

2. 촉진계획의 시행을 위한 예산에 관한 사항

3. 기술이전·사업화를 촉진하기 위한 사업의 추진 및 기반 확충에

관한 사항

4. 기술평가의 활성화 방안

5. 사업화 촉진을 위한 금융지원에 관한 사항

6. 그 밖에 기술이전·사업화를 촉진하기 위하여 필요한 사항

② 지식경제부장관을 제외한 관계중앙행정기관의 장은 촉진계획의 수립을 위하여 그 기관의 연구개발사업에 대한 기술이전·사업화의 촉진을 위한 계획을 수립하여 지식경제부장관에게 통보하여야 한다. <개정 2008. 2. 29.>

③ 관계중앙행정기관의 장은 제2항의 계획을 수립하는 때에는 소관 분야에 대한 국가연구개발사업 관련 자금 중 일부를 기술이전·사업화 촉진사업의 수행에 지원하도록 하는 내용을 포함할 수 있다.

④ 지식경제부장관은 제2항의 규정에 따라 통보받은 계획을 종합하여 촉진계획을 수립한다. 이 경우 촉진계획은 연간추진계획과 3년을 단위로 하는 중기추진계획으로 구성한다. <개정 2008. 2. 29, 2009. 4. 1.>

⑤ 삭제 <2009. 4. 1.>

⑥ 촉진계획의 수립 및 시행에 관하여 필요한 사항은 대통령령으로 정한다.

제6조 삭제 <2009. 4. 1.>

제3장 기술이전·사업화 기반의 확충

제7조(기술이전 · 사업화 정보의 등록 및 제공 촉진)

① 정부는 기술이전 · 사업화를 촉진하기 위하여 기술 · 기술인력 · 설비 및 기술평가에 관한 정보 등 기술이전 · 사업화에 관한 정보의 체계적인 제공을 위한 시책을 강구하여야 한다.

② 다음 각 호의 어느 하나에 해당하는 자가 기술을 이전하려는 경우에는 그 기술이 국가기밀에 해당하는 등 대통령령으로 정하는 특별한 사유가 있는 경우를 제외하고는 기술의 내용 등을 6개월 이내에서 대통령령으로 정하는 기간 이내에 「산업기술혁신 촉진법」 제38조에 따른 한국산업기술진흥원(이하 '기술진흥원'이라 한다)에 등록하여야 한다. <개정 2009. 1. 30, 2009. 4. 1.>

1. 공공연구기관

2. 공공연구기관이 아닌 기관 · 단체로서 국가, 지방자치단체 또는 「공공기관의 운영에 관한 법률」 제4조에 따른 공공기관(이하 '공공기관'이라 한다)의 지원을 받아 기술을 개발 · 보유하는 기관 및 단체

3. 「산업기술연구조합 육성법」에 따른 산업기술연구조합

③ 정부는 기술이전 · 사업화에 관한 정보의 제공업무를 「산업기술혁신 촉진법」 제38조에 따른 한국산업기술진흥원(이하 '기술진흥원'이라 한다), 제10조의 규정에 따른 기술거래기관, 제11조의 규정에 따른 전담조직, 제12조의 규정에 따른 전문회사와 제35조의 규정에 따른 기술평가기관 등 관계전문기관으로 하여금 수행하게 하고 이를 지원할 수 있다. <개정 2009. 1. 30.>

④ 제2항의 규정에 따른 기술이전 · 사업화 정보의 등록에 관한 구체적인 방법과 제3항의 규정에 따른 지원에 관하여 필요한 사

항은 대통령령으로 정한다.

제8조(실태조사)

① 정부는 기술이전·사업화의 촉진에 필요한 기초자료를 확보하기 위하여 기술이전·사업화에 관한 실태 등을 조사할 수 있다.

② 지식경제부장관은 관계중앙행정기관의 장 및 공공연구기관의 장에게 제1항의 규정에 따른 실태조사에 필요한 자료의 제출을 요청할 수 있다. 이 경우 자료제출을 요청받은 기관의 장은 기업의 경영·영업상 비밀의 유지 등 대통령령이 정하는 특별한 사유가 있는 경우를 제외하고는 이에 협조하여야 한다. <개정 2008. 2. 29.>

③ 제1항 및 제2항의 규정에 따른 실태조사를 실시함에 있어 구체적인 자료작성의 범위 등에 관해서는 대통령령으로 정한다.

제9조 삭제 <2009. 1. 30.>

제10조(기술거래기관의 지정·취소 및 지원)

① 관계중앙행정기관의 장은 기술이전·사업화 촉진을 위하여 기술거래를 위한 전담인력 등 대통령령이 정하는 기준을 갖춘 자를 기술거래기관으로 지정할 수 있다.

② 제1항의 규정에 따라 지정된 기술거래기관(이하 '기술거래기관'이라 한다)은 다음 각 호의 사업을 수행한다.

1. 기술이전·사업화 대상 기술의 파악·수요조사·분석 및 평가
2. 기술이전·사업화 정보의 수집·관리·유통 및 관련 정보망 구축
3. 기술이전의 중개·알선

4. 그 밖에 기술이전·사업화 정보의 유통을 촉진하는 사업으로서
   대통령령이 정하는 사업

③ 관계중앙행정기관의 장은 기술거래기관이 다음 각 호의 어느
   하나에 해당하는 경우에는 그 지정을 취소할 수 있다.

1. 지정된 후 2년간 기술거래실적이 없는 경우

2. 거짓 그 밖의 부정한 방법으로 지정을 받은 경우

3. 제5항의 의무를 3회 이상 이행하지 아니한 경우

4. 자진하여 지정의 취소를 원하는 경우

5. 폐업 등으로 인하여 제2항의 사업을 수행할 수 없게 된 경우

④ 정부는 기술거래기관이 제2항 각 호의 사업을 수행하는 데 소
   요되는 경비를 예산의 범위 안에서 지원할 수 있다.

⑤ 기술거래기관은 제2항의 사업에 따른 기술거래에 관한 정보를
   기술진흥원에 통보하여야 한다. <개정 2009. 1. 30.>

⑥ 제3항의 규정에 따른 지정의 취소절차, 제4항의 규정에 따른 정
   부의 지원과 제5항의 규정에 따라 통보하여야 할 기술거래에 관
   한 정보의 범위 등에 관하여 필요한 사항은 대통령령으로 정한다.

제11조(공공연구기관의 기술이전·사업화 전담조직)

① 대통령령이 정하는 공공연구기관의 장은 공공연구기관에 기술
   이전·사업화에 관한 업무를 전담하는 조직(이하 '전담조직'이
   라 한다)을 설치하여야 한다. 이 경우 「고등교육법」 제3조의 규
   정에 따른 국립학교 및 공립학교(이하 '국·공립학교'라 한다)
   에 설치하는 전담조직은 법인으로 하여야 한다.

② 국·공립학교의 전담조직에 관해서는 이 법에서 정한 것을 제

외하고는 「민법」 중 재단법인에 관한 규정을 준용한다.

③ 정부는 전담조직을 설치한 공공연구기관에 대하여 그 활동에
필요한 지원을 할 수 있다.

④ 제1항의 규정에 따른 전담조직의 설치 · 운영 및 제3항의 규정
에 따른 지원 등에 관하여 필요한 사항은 대통령령으로 정한다.

제12조(사업화 전문회사)

① 정부는 민간 부문에서의 사업화를 촉진하기 위하여 사업화를
전문적으로 수행하는 회사(이하 '전문회사'라 한다)에 대한 육
성 · 지원시책을 강구하여야 한다.

② 정부는 전문회사로 하여금 사업화에 관한 정보의 유통시설 설
치 등 사업화를 위한 기반을 확충하도록 하고 이에 소요되는 비
용을 지원할 수 있다.

제13조(기술이전 · 사업화 전문인력의 양성 및 지원)

① 정부는 기술이전 · 사업화 및 기술평가에 필요한 인력수요를 충
족하기 위하여 기술평가 · 기술경영 및 기술계약 등(이하 이 조
에서 '기술평가 등'이라 한다)에 관한 전문인력(이하 '전문인력'
이라 한다)을 양성하여야 한다.

② 정부는 전문인력을 양성하기 위하여 관련 기관에 교육설비의
확보, 교재개발과 교육시행 등에 소요되는 비용의 전부 또는 일
부를 지원할 수 있다.

③ 정부는 전문인력을 양성하기 위하여 관련 법률이 정하는 바에
따라 국가자격제도를 도입하거나 「고등교육법」 제2조의 규정

에 따른 학교가 같은 법 제21조의 규정에 따라 그 교육과정에
기술평가 등에 관한 내용을 포함할 수 있도록 하는 등 필요한
시책을 강구하여야 한다.
④ 제2항의 지원과 제3항의 시책에 관하여 필요한 사항은 대통령
령으로 정한다.

제14조(기술거래사의 등록 · 육성 및 지원)
① 기술이전 · 사업화에 관한 전문지식이 있는 자는 대통령령이 정
하는 기술거래의 경력 및 자격 등의 기준을 갖추어 지식경제부
장관에게 등록할 수 있다. <개정 2008. 2. 29.>
② 제1항의 규정에 따라 등록한 자(이하 이 조에서 '기술거래사'라
한다)는 기술이전 · 사업화에 관한 전문적인 상담 · 자문 · 지도
업무와 기술의 거래 등을 지원하는 업무를 수행한다.
③ 지식경제부장관은 기술거래사가 다음 각 호의 어느 하나에 해
당하는 경우에는 그 등록을 취소할 수 있다. <개정 2008. 2. 29.>
1. 거짓 그 밖의 부정한 방법으로 등록을 한 경우
2. 거짓 그 밖의 부정한 방법으로 제2항의 업무를 수행한 경우
3. 다른 사람으로 하여금 자신의 등록명의를 사용하게 한 경우
④ 지식경제부장관은 기술거래사에 대하여 기술거래업무의 수행
에 필요한 정보제공 및 교육 등 필요한 지원을 할 수 있다. <개
정 2008. 2. 29.>

제4장 기술이전·사업화의 촉진

제15조(기술이전·사업화 촉진사업의 추진)

① 정부는 기술이전·사업화의 지원, 사업화와 연계된 기술개발의 지원 등 기술이전·사업화 촉진사업을 추진하여야 한다.

② 관계중앙행정기관의 장은 소관 분야에 관한 국가연구개발사업 관련 자금의 집행계획에 기술이전·사업화 촉진사업을 포함시켜야 한다.

③ 관계 중앙행정기관의 장은 기술이전·사업화 촉진사업의 효율적인 추진을 위하여 필요하다고 인정하는 경우에는 대통령령으로 정하는 기관에 기술이전·사업화 촉진사업의 기획·관리 및 평가에 관한 업무를 대행하게 할 수 있다. 이 경우 관계 중앙행정기관의 장은 해당 업무를 수행하는 데 드는 비용의 전부 또는 일부를 출연 또는 지원할 수 있다. <신설 2008. 3. 21.>

④ 기술이전·사업화 촉진사업을 추진함에 있어 그 촉진사업의 관리 등에 관하여 필요한 사항은 대통령령으로 정한다. <개정 2008. 3. 21.>

제16조(국제 기술이전·사업화의 촉진)

① 정부는 정부·기업·대학·연구소 및 단체 등이 국제기구 또는 외국의 정부·기업·대학·연구소 및 단체 등과의 상호 기술이전·사업화에 관한 국제협력을 촉진하기 위한 시책을 강구하여야 한다.

② 관계중앙행정기관의 장은 기술이전·사업화에 관한 국제협력

을 촉진하기 위하여 다음 각 호의 사업을 추진할 수 있다.

1. 기술이전 · 사업화에 관한 국제협력을 위한 조사 · 연구
2. 기술이전 · 사업화와 관련된 전문인력 및 정보의 교류
3. 외국의 기술이전 · 사업화 지원기관 등과의 협력체계 구축
4. 국내 기술의 수출 또는 국외 기술의 도입 촉진
5. 국내외 기업 간 합작법인의 설립 지원
6. 그 밖에 기술이전 · 사업화에 관한 국제협력을 촉진하기 위하여 대통령령이 정하는 사업

제17조(지방자치단체의 기술이전 · 사업화 촉진사업에 대한 지원)

① 정부는 지방자치단체와 공동으로 기술이전 · 사업화 촉진사업을 추진할 수 있다. 이 경우 정부는 지방자치단체에 필요한 비용을 지원할 수 있다.

② 제1항의 규정에 따른 지방자치단체의 기술이전 · 사업화 촉진사업에는 다음 각 호의 사항이 포함된다.

1. 기업의 기술이전 촉진사업
2. 기술의 사업화를 촉진하기 위한 기술보육사업
3. 기술의 사업화를 위한 전용단지조성사업

③ 정부는 지방자치단체가 기술이전 · 사업화의 촉진을 위하여 그 지역의 공공연구기관, 기술거래기관 및 전문회사 등 그 지역의 기술이전 · 사업화를 지원하는 기관으로 협의회를 구성하는 경우에는 그 협의회를 지원할 수 있다.

제18조(기술보육사업의 실시)

① 정부는 사업화를 촉진하기 위하여 사업화의 가능성이 있는 기술을 보유한 기업에 대하여 자금 · 인력 · 정보 · 설비 및 기술지도 등을 지원하는 기술보육사업을 실시할 수 있다.

② 제1항의 규정에 따른 기술보육사업의 대상 · 방법 등에 관하여 필요한 사항은 대통령령으로 정한다.

제19조(공공기술이전의 촉진)

① 정부는 공공기술을 민간 부문에 이전할 때에는 공정하고 질서 있는 거래행위가 이루어질 수 있도록 절차와 방법을 강구하여야 한다.

② 공공연구기관의 장은 당해 기관의 연구자가 개발한 기술의 이전으로 발생하는 기술료의 일정 부분을 연구자와 공공연구기관 소속 임 · 직원 중에서 기술의 이전에 기여한 자로서 대통령령이 정하는 자에게 적정하게 배분하여야 한다.

③ 제2항의 규정에 따른 기술료의 적정배분에 관한 기준 및 방법 등 그 밖의 필요한 사항은 대통령령으로 정한다.

제20조(민간기술의 이전 · 사업화)

① 정부는 공공기술 외의 기술(이하 이 조에서 '민간기술'이라 한다)의 이전이 민간기업 간에 원활하게 이루어지도록 하기 위하여 기술공급자와 기술수요자 간에 민간기술의 매매를 통한 기술거래행위가 이루어지는 기술시장을 활성화하기 위한 방안을 강구하여야 한다.

② 정부는 민간기술의 이전·사업화를 촉진하기 위하여 금융지원
등 필요한 지원방안을 강구하여야 한다.

제21조(공공기술의 이전·사업화의 촉진에 관한 규정)

① 공공연구기관의 장은 공공기술의 이전·사업화의 촉진에 관한
규정을 제정하여 운영하여야 한다.

② 제1항의 규정에 포함되어야 하는 사항은 대통령령으로 정한다.

제22조(연구개발성과의 권리화 지원)

① 정부는 연구개발성과가 신속히 권리화되어 기술수요자에게 이
전될 수 있도록 하기 위하여 특허 등 지적재산권의 확보·유지
및 관리를 위한 시책을 강구하여야 하며, 지적재산권의 확보·
유지 및 관리에 필요한 지원을 할 수 있다.

② 정부는 제7조제2항의 규정에 따라 보유기술의 내용 등을 기술
진흥원에 등록한 자에 대하여 그 기술에 대한 지적재산권을 확
보·유지하기 위하여 필요한 비용의 일부를 지원할 수 있다.
<개정 2009. 1. 30.>

제23조(기술의 현물출자에 대한 특례)

① 공공연구기관이 공공기술을 기업에 현물출자 하기 위하여 기술
진흥원 또는 제35조의 규정에 따른 기술평가기관의 평가를 받
은 경우 그 평가내용은 「상법」 제299조의2 또는 같은 법 제422
조의 규정에 따라 공인된 감정인이 감정한 것으로 본다. <개정
2009. 1. 30.>

② 제1항의 경우 기술진흥원 또는 제35조의 규정에 따른 기술평가
기관의 기술평가를 담당하는 자는 「상법」 제625조·제630조 및
제635조의 적용에 있어서는 이를 감정인으로 본다. <개정 2009.
1. 30.>

제24조(공공연구개발성과의 귀속 등)

① 국가·지방자치단체 또는 공공기관은 연구개발에 소요되는 경
비를 지원하여 획득한 성과에 대하여 특허 등 지적재산권을 확
보하려는 노력을 하여야 한다. <개정 2009. 4. 1.>

② 국가·지방자치단체 또는 공공기관은 제1항에 따라 지적재산권
을 확보하려는 경우 그 연구개발에 참여한 기관·기업(국·공
립학교인 경우에는 제11조제1항 후단에 따른 전담조직을 말하
며, 이하 이 조에서 '참여기관 등'이라 한다) 및 연구자의 권익
을 보장하여야 한다. <개정 2009. 4. 1.>

③ 국가·지방자치단체 또는 공공기관은 그가 추진하거나 지원하
는 연구개발사업에서 생성된 성과에 대하여 대통령령으로 정하
는 바에 따라 그 활용에 관한 조건을 붙여 이를 참여기관 등에
귀속시킬 수 있다. <개정 2009. 4. 1.>

④ 공공연구기관은 제3항의 규정에 따라 귀속된 공공기술을 직접
이용하거나 관련 법률에 따라 이용이 제한되는 등 특별한 사유
가 있는 경우를 제외하고는 기업 등이 이용할 수 있도록 노력하
여야 한다. 이 경우 공공연구기관은 공공기술을 이용하게 함에
있어 필요한 조건을 붙일 수 있으며, 공공기술의 이용자로부터
기술료를 징수할 수 있다.

⑤ 공공연구기관은 제4항의 규정에 따라 공공기술의 이용을 허락
  하려는 경우에는 공공기술을 이용하려는 기업 등에 대하여 균
  등한 기회를 보장하여야 한다. 다만 공공기술의 개발에 투자한
  기업 등에 대해서는 대통령령이 정하는 기간 동안 우선권을 부
  여할 수 있다.

⑥ 국·공립학교의 전담조직은 제3항의 규정에 따라 그 전담조직
  에 귀속된 공공기술의 이용으로 발생한 기술료를 국·공립학교
  의 장과 협의하여 다음 각 호의 용도에 사용할 수 있다.

1. 연구자에 대한 보상금

2. 연구개발

3. 기술이전·사업화

4. 지적재산권의 출원·등록 및 관련 업무

5. 전담조직의 운영

6. 그 밖에 대통령령이 정하는 용도

⑦ 제3항의 규정에 따라 참여기관 등에 귀속된 공공기술의 관리,
  제4항의 규정에 따른 공공기술의 이용절차·이용조건 및 기술
  료 징수, 제5항의 규정에 따른 우선권과 제6항의 규정에 따른
  기술료의 사용에 관하여 필요한 사항은 대통령령으로 정한다.

제25조(예산을 절감한 자에 대한 장려금 지급)

① 정부는 사업화를 촉진하기 위하여 사업화 대상 기술을 적용하
  여 당해 사업에 배정된 예산을 절감하는 경우에는 절감된 예산
  의 일정액을 예산을 절감한 자에게 장려금으로 지급할 수 있다.

② 제1항의 규정에 따른 장려금의 지급기준 및 방법 등에 관한 세

부사항은 대통령령으로 정한다.

제5장 기술이전·사업화에 대한 금융지원 등

제26조(사업화를 위한 금융지원) 정부는 「중소기업기본법」 제2조 제1항의 규정에 따른 중소기업(이하 '중소기업'이라 한다)이 사업화를 조기에 달성할 수 있도록 투자·융자 등의 금융지원을 위한 기반을 마련하여야 한다.

제27조(기술유동화 촉진사업의 실시)
① 관계중앙행정기관의 장은 다음 각 호의 자금으로 중소기업이 보유한 기술에 대하여 「자산유동화에 관한 법률」 제2조제1호의 규정에 따른 자산유동화를 촉진하기 위한 사업(이하 이 조에서 '기술유동화 촉진사업'이라 한다)을 실시할 수 있다.
1. 정부예산
2. 과학기술진흥·중소기업육성 등과 관련된 기금 중 대통령령이 정하는 기금
② 관계중앙행정기관의 장은 제1항 각 호의 자금을 다음 각 호의 용도에 사용할 수 있다.
1. 기술유동화 과정에서 발생하는 손실의 전부 또는 일부의 보전
2. 그 밖에 기술유동화 촉진사업의 실시를 위하여 대통령령이 정하는 용도
③ 기술유동화 촉진사업의 실시를 위하여 그 밖의 필요한 사항은 대통령령으로 정한다.

제28조(기술담보대출 촉진사업의 실시)

① 관계중앙행정기관의 장은 사업화를 촉진하기 위하여 기술을 담보로 한 대출을 촉진하기 위한 사업(이하 '기술담보대출 촉진사업'이라 한다)을 예산의 범위 안에서 실시할 수 있다. 이 경우 관계중앙행정기관의 장은 기술을 담보로 한 대출에 따른 손실의 전부 또는 일부를 보전할 수 있다.

② 기술담보대출 촉진사업의 실시를 위하여 그 밖의 필요한 사항은 대통령령으로 정한다.

제29조(기술이전 · 사업화 추진비용의 지원)

① 정부는 기술이전 · 사업화의 추진에 소요되는 사업비를 충당하도록 하기 위하여 다음 각 호의 어느 하나에 해당하는 자에 대하여 재정지원을 할 수 있다. <개정 2009. 1. 30.>

1. 공공연구기관, 기술진흥원, 기술거래기관, 전문회사와 제35조의 규정에 따른 기술평가기관

2. 제1호의 기관의 기술이전 · 사업화에 참여하는 기업

② 제1항의 규정에 따른 재정지원금의 사용 및 관리 등에 관하여 필요한 사항은 대통령령으로 정한다.

제30조(국유재산의 대부 등)

① 정부는 기술이전 · 사업화의 추진을 위하여 필요한 경우에는 기술이전 · 사업화에 참여하는 기관에 대하여 「국유재산법」 및 「물품관리법」의 규정에 불구하고 국유재산을 유상 또는 무상으로 대부 · 양여하거나 사용 · 수익하게 할 수 있다.

② 제1항의 규정에 따른 대부·양여 및 사용·수익의 조건과 절차 등에 관하여 필요한 사항은 대통령령으로 정한다.

제31조(지적재산권 등의 무상양여)

① 정부는 산업발전을 위하여 특히 필요한 경우에는 「국유재산법」의 규정에 불구하고 대통령령이 정하는 바에 따라 연구개발성과로서 국가에 귀속된 지적재산권의 실시권자에 대하여 실시료의 전부 또는 일부를 면제하거나 그 연구개발과제의 연구개발자와 그 연구개발사업의 투자자에 대하여 그 지적재산권을 무상으로 양여할 수 있다.

② 정부는 산업발전을 위하여 특별히 필요한 경우에는 「물품관리법」의 규정에 불구하고 대통령령이 정하는 바에 따라 연구개발과제의 연구자 및 참여기업에 대하여 그 연구개발에 사용된 것으로서 국가에 귀속된 연구기기·설비 및 시제품 등을 무상으로 양여할 수 있다.

제6장 기술평가체제의 확립

제32조(기술평가의 활성화) 정부는 기술평가의 활성화를 위하여 신뢰성 있는 기술평가를 수행할 수 있는 기관과 인력을 육성하는 등 필요한 시책을 강구하여야 한다.

제33조(연구개발사업의 경제성평가 실시) 정부는 연구개발사업 성과의 이전 및 사업화를 촉진하기 위하여 연구개발사업이 유발할 경

제적 효과 등을 평가하는 경제성평가를 실시할 수 있다.

제34조(기술평가기법의 개발 및 보급)

① 정부는 객관적이고 전문적인 기술평가시장의 조성을 위하여 기술진흥원 또는 제35조의 규정에 따른 기술평가기관으로 하여금 기술평가기법을 개발하도록 하여야 한다. 이 경우 정부는 기술평가기법의 개발에 필요한 지원을 할 수 있다. <개정 2009. 1. 30.>

② 정부는 제1항의 규정에 따라 개발된 기술평가기법을 공공연구기관·금융기관 및 기업 등에 보급하여 그 활용을 촉진하여야 한다.

제35조(기술평가기관의 지정 등)

① 관계중앙행정기관의 장은 기술이전·사업화의 촉진을 위하여 기술평가를 위한 전담인력 및 담당조직 등 대통령령이 정하는 기준을 갖춘 기관을 기술평가기관으로 지정할 수 있다.

② 제1항의 규정에 따라 지정을 받은 기술평가기관(이하 '기술평가기관'이라 한다)은 다음 각 호의 사업을 수행한다.

1. 기술평가

2. 기술평가수요의 조사 및 분석

3. 기술평가정보의 수집·분석·유통 및 관련 정보망 구축

4. 기술평가정보의 공동 활용 및 확산을 위한 사업

③ 관계중앙행정기관의 장은 기술평가기관이 다음 각 호의 어느 하나에 해당하는 경우에는 그 지정을 취소할 수 있다. 다만 제2호, 제4호 및 제5호에 해당하는 경우에는 그 지정을 취소하여야

한다. <개정 2009. 5. 21.>

1. 지정된 후 연간 기술평가실적이 대통령령이 정하는 건수 이하인 경우
2. 거짓 그 밖의 부정한 방법으로 지정을 받은 경우
3. 제4항의 의무를 3회 이상 이행하지 아니한 경우
4. 자진하여 지정의 취소를 원하는 경우
5. 폐업 등으로 인하여 제2항의 사업을 수행할 수 없게 된 경우

④ 기술평가기관은 기업의 경영·영업상 비밀의 유지 등 대통령령이 정하는 특별한 사유가 있는 경우를 제외하고는 제2항제1호·제3호 및 제4호의 규정에 따른 기술평가정보를 지식경제부장관에게 통보하여야 한다. <개정 2008. 2. 29.>

⑤ 지식경제부장관은 제4항의 규정에 따라 통보받은 기술평가정보가 기술평가기관 간에 공유될 수 있고, 기술이전·사업화의 촉진을 위하여 활용될 수 있도록 그 기술평가정보를 관리하여야 한다. <개정 2008. 2. 29.>

⑥ 제1항의 규정에 따른 지정절차, 제3항의 규정에 따른 지정취소의 절차, 제4항의 규정에 따른 통보의 범위와 제5항의 규정에 따른 기술평가정보의 관리방안 등에 관하여 필요한 사항은 대통령령으로 정한다.

제6장의2 특허신탁관리업 <신설 2008. 3. 21.>

제35조의2(특허신탁관리업의 허가 등)

① 특허신탁관리업을 하려는 자는 대통령령으로 정하는 바에 따라

다음 각 호의 요건을 모두 갖추어 지식경제부장관의 허가를 받
아야 한다. 다만 「신탁업법」 제3조제1항에 따라 인가를 받은 경
우에는 그러하지 아니하다.

1. 영리를 목적으로 하지 아니하는 법인·기관 또는 단체일 것
2. 지식경제부령으로 정하는 인력, 조직 및 기술능력 등을 갖출 것
3. 특허권의 이전·실시 등으로 발생하는 기술료의 징수 및 분배
   등의 업무를 수행하기에 충분한 능력이 있을 것

② 지식경제부장관은 제1항에 따라 특허신탁관리업을 허가하려는
   경우에는 미리 금융위원회위원장과 협의하여야 한다.

③ 다음 각 호의 어느 하나에 해당하는 자는 제1항에 따른 특허신
   탁관리업의 허가를 받을 수 없다.

1. 임원 또는 대표자 중에 다음 각 목의 어느 하나에 해당하는 자가
   있는 법인·기관 또는 단체

   가. 금치산자 또는 한정치산자

   나. 파산선고를 받고 복권되지 아니한 자

   다. 금고 이상의 실형을 선고받고 그 집행이 끝나거나(집행이 끝
       난 것으로 보는 경우를 포함한다) 집행이 면제된 날부터 1년
       이 지나지 아니한 자

   라. 금고 이상의 형의 집행유예를 선고받고 그 유예기간 중에 있
       는 자

   마. 벌금형을 선고받고 1년이 지나지 아니한 자

2. 대한민국 내에 주소를 두지 아니한 자
3. 제35조의5에 따라 허가가 취소된 후 3년이 지나지 아니한 자

④ 제1항에 따라 특허신탁관리업의 허가를 받은 자(이하 '특허신탁

관리기관'이라 한다)는 그 업무에 관하여 특허권자와 이용자, 그 밖에 해당 특허권의 기술이전 및 사업화와 관련된 자(이하 '특허권자 등'이라 한다)로부터 수수료를 받을 수 있다.

⑤ 제4항에 따른 수수료의 요율 또는 금액은 특허신탁관리기관이 지식경제부장관의 승인을 받아 정한다. 이 경우 지식경제부장관은 적용기간을 조건으로 붙여 승인할 수 있다.

⑥ 제5항에 따른 수수료의 기준, 지급방식 등에 관하여 필요한 사항은 지식경제부령으로 정한다.

[본조신설 2008. 3. 21.]

제35조의3(특허신탁관리기관의 의무)

① 특허신탁관리기관은 그가 관리하는 특허권의 목록을 대통령령으로 정하는 바에 따라 분기별로 작성하여 일반인이 열람할 수 있도록 비치하거나, 인터넷 홈페이지 등을 통하여 공고하여야 한다.

② 특허신탁관리기관은 이용자가 요청하는 경우에는 정당한 사유가 없는 한 그가 관리하는 특허권의 기술이전계약을 체결하기 위하여 필요한 정보로서 대통령령으로 정하는 정보를 상당한 기간 이내에 제공하여야 한다.

[본조신설 2008. 3. 21.]

제35조의4(감독) 지식경제부장관은 특허권자등을 보호하거나 특허권의 기술이전 및 사업화를 촉진하기 위하여 특허신탁관리기관에 전년도의 사업실적 및 해당 연도의 사업계획에 관한 자료를 제출하게

하는 등 필요한 보고를 하게 하거나 시정명령 등 필요한 명령을 할
수 있다.

[본조신설 2008. 3. 21.]

제35조의5(허가 취소 등)

① 지식경제부장관은 특허신탁관리기관이 다음 각 호의 어느 하나
에 해당하는 경우에는 대통령령으로 정하는 바에 따라 허가를
취소하거나 6개월 이내의 기간을 정하여 그 업무의 정지를 명
할 수 있다. 다만 제1호부터 제3호까지에 해당하면 그 허가를
취소하여야 한다.

1. 거짓이나 그 밖의 부정한 방법으로 제35조의2제1항에 따른 허가
를 받은 경우

2. 제35조의2제3항 각 호의 어느 하나의 결격사유에 해당하게 된
경우. 다만 같은 항 제1호에 해당하게 된 법인 · 기관 또는 단체
가 결격사유가 발생한 날부터 3개월 이내에 그 임원 또는 대표
자를 개임(改任)하는 경우에는 그러하지 아니하다.

3. 업무정지 처분을 받은 후 그 업무정지 기간에 영업을 계속한 경우

4. 제35조의2제5항에 따라 승인받은 범위를 초과하여 수수료를 받
은 경우

5. 제35조의3을 위반하여 정당한 사유 없이 특허권의 목록을 비치 ·
공고하지 아니하거나 상당한 기간 이내에 정보를 제공하지 아니
한 경우

6. 제35조의4에 따른 보고를 정당한 사유 없이 하지 아니하거나 거
짓으로 한 경우

7. 제35조의4에 따른 명령을 받고 정당한 사유 없이 이행하지 아니
   한 경우
② 제1항에 따른 행정처분의 세부적인 기준은 그 위반행위의 유형
   과 위반의 정도 등을 고려하여 지식경제부령으로 정한다.

[본조신설 2008. 3. 21.]

제35조의6(과징금 처분)

① 지식경제부장관은 특허신탁관리기관이 제35조의5제1항제4호부
   터 제7호까지의 어느 하나에 해당하여 업무의 정지처분을 하여
   야 할 경우로서 업무정지처분을 하면 공익을 해칠 우려가 있는
   때에는 그 업무 정지처분에 갈음하여 5천만 원 이하의 과징금
   을 부과·징수할 수 있다.

② 지식경제부장관은 제1항에 따라 과징금 부과처분을 받은 자가
   과징금을 기한 내에 납부하지 아니하면 국세 체납처분의 예에
   따라 징수한다.

③ 제1항에 따라 과징금을 부과하는 위반행위의 종류·정도 등에
   따른 과징금의 금액 등에 관하여 필요한 사항은 대통령령으로
   정한다.

[본조신설 2008. 3. 21.]

제7장 보칙 및 벌칙

제36조(보고·자료의 제출) 관계중앙행정기관의 장은 제15조의 규정
에 따른 기술이전·사업화 촉진사업을 추진하기 위하여 필요한 경우에
는 그 사업에 참여한 자에 대하여 그 사업에 관한 업무의 보고 또는 자

료의 제출을 요구할 수 있다. 이 경우 업무의 보고 또는 자료의 제출을 요구받은 자는 정당한 사유가 없는 한 그 요구에 성실히 응하여야 한다.

제37조(의견진술의 기회 부여) 관계중앙행정기관의 장은 다음 각 호에 해당하는 처분을 하는 때에는 이해관계인에게 대통령령으로 정하는 바에 따라 의견을 진술할 기회를 주어야 한다. <개정 2008. 3. 21.>
1. 제10조제3항의 규정에 따른 기술거래기관의 지정 취소
2. 제14조제3항의 규정에 따른 기술거래사의 등록 취소
3. 제35조제3항의 규정에 따른 기술평가기관의 지정 취소
4. 제35조의5제1항에 따른 특허신탁관리업의 허가 취소 또는 업무 정지

제38조(비밀 누설의 금지) 기술이전 · 사업화 촉진에 참여한 자는 기술이전 · 사업화 촉진에 참여하면서 알게 된 공공연구기관 및 기업의 비밀을 누설하여서는 아니 된다.

제39조(업무의 위탁) 관계중앙행정기관의 장은 대통령령이 정하는 바에 따라 그 업무의 일부를 기술진흥원의 장, 기술거래기관의 장 및 기술평가기관의 장에게 위탁할 수 있다. <개정 2009. 1. 30.>

제40조(벌칙 적용에서의 공무원 의제) 관계중앙행정기관의 장이 제39조의 규정에 따라 위탁한 업무에 종사하는 기술진흥원 · 기술거래기관 또는 기술평가기관의 임원 및 직원은 「형법」 제129조 내지 제132조의 적용에 있어서는 이를 공무원으로 본다. <개정 2009. 1. 30.>

제41조(벌칙) 다음 각 호의 어느 하나에 해당하는 자는 5년 이하의 징역 또는 5천만 원 이하의 벌금에 처한다.

1. 제35조의2제1항을 위반하여 허가를 받지 아니하고 특허신탁관리업을 한 자
2. 제38조를 위반하여 비밀을 누설한 자

[전문개정 2008. 3. 21.]

제42조(양벌규정) 법인·기관·단체의 대표자나 법인·기관·단체 또는 개인의 대리인, 사용인, 그 밖의 종업원이 그 법인·기관·단체 또는 개인의 업무에 관하여 제41조제1호의 위반행위를 하면 그 행위자를 벌하는 외에 그 법인·기관·단체 또는 개인에게도 해당 조문의 벌금형을 과(科)한다. 다만 법인·기관·단체 또는 개인이 그 위반행위를 방지하기 위하여 해당 업무에 관하여 상당한 주의와 감독을 게을리하지 아니한 경우에는 그러하지 아니하다.

[전문개정 2009. 4. 1.]

부칙 <제9689호, 2009. 5. 21.>

이 법은 공포한 날부터 시행한다.

기술의 이전 및 사업화 촉진에 관한 법률 시행령

[시행 2009. 11. 22.] [대통령령 제21835호, 2009. 11. 20, 타법개정]

제1조(목적) 이 영은 「기술의 이전 및 사업화 촉진에 관한 법률」에서 위임된 사항과 그 시행에 필요한 사항을 규정함을 목적으로 한다.

제2조(기술의 정의) 「기술의 이전 및 사업화 촉진에 관한 법률」(이하 '법'이라 한다) 제2조제1호라목에서 '그 밖에 가목 내지 다목에 준

하는 것으로서 대통령령이 정하는 것'이란 이전 및 사업화가 가능한
기술적·과학적 또는 산업적 노하우를 말한다.

제3조(공공연구기관) 법 제2조제6호마목에서 '대통령령이 공공연
구기관으로 정한 기관'이란 산업 및 기술 분야의 연구개발사업을 수
행하는 법인 또는 단체로서 다음 각 호의 어느 하나에 해당하는 것을
말한다.
　1. 국가, 지방자치단체,「공공기관의 운영에 관한 법률」제5조에 따
　　른 공기업 또는 준정부기관(이하 '국가 등'이라 한다)으로부터
　　연구개발사업에 드는 연간비용의 2분의 1 이상을 출연(出捐)받거
　　나 보조받는 법인 또는 단체
　2. 국가 등으로부터 자본금 또는 재산의 2분의 1 이상을 출자(出資)
　　받거나 출연받은 법인 또는 단체
제4조(관계중앙행정기관) 법 제2조제7호에서 '그 밖에 대통령령이
정하는 기관'이란 문화체육관광부, 농림수산식품부, 보건복지가족부,
환경부, 국토해양부 및 방위사업청을 말한다. <개정 2008. 2. 29,
2008. 9. 18.>

제4조의2(특허신탁관리업) 법 제2조제8호에서 '특허권 또는 실시권
의 이전, 기술료의 징수 및 분배 등 대통령령으로 정하는 관리업무'
란 다음 각 호의 업무를 말한다.
　1.「특허법」제79조에 따른 특허료 납부 업무
　2. 특허권에 대한 보호 관리 업무
　3. 특허권 또는 실시권의 이전에 관한 업무

4. 특허권 또는 실시권의 이전에 따른 기술료 징수 및 분배 업무

5. 특허권의 상품화에 관한 업무

[본조신설 2008. 9. 18.]

제5조(촉진계획 및 실적의 제출 등 <개정 2009. 10. 1.>)

① 법 제2조제7호에 따른 관계중앙행정기관(이하 '관계중앙행정기
   관'이라 한다)의 장은 법 제5조제2항 및 제4항 후단에 따라 해
   당 기관별 연구개발사업에 대한 기술의 이전 및 사업화(이하
   '기술이전·사업화'라 한다)에 관한 연간추진계획 및 중기추진
   계획을 해당 계획 개시연도의 전년도 10월 31일까지 지식경제
   부장관에게 통보하여야 한다. <개정 2008. 2. 29.>

② 지식경제부장관은 법 제5조제1항에 따른 기술이전·사업화 촉
   진계획을 수립하기 위하여 필요한 경우에는 관계중앙행정기관
   의 장에게 관련 자료 및 의견 제출 등을 요청할 수 있다. <신설
   2009. 10. 1.>

③ 관계중앙행정기관의 장은 매년 법 제5조제1항에 따른 기술이전·
   사업화 촉진계획의 소관 분야별 시행결과를 그다음 해의 2월 15
   일까지 지식경제부장관에게 통보하여야 한다. <개정 2008. 2. 29,
   2009. 10. 1.>

제6조 삭제 <2009. 10. 1.>

제7조 삭제 <2009. 10. 1.>

제8조 삭제 <2009. 10. 1.>

제9조(기술이전·사업화정보의 등록 등)

① 법 제7조제2항 각 호 외의 부분에서 '대통령령으로 정하는 특별한 사유가 있는 경우'란 다음 각 호의 어느 하나에 해당하는 경우를 말한다. <개정 2009. 10. 1.>

1. 해외로 유출될 경우 국가의 안보, 경제 또는 관련 산업에 심각한 피해를 줄 우려가 있다고 인정되는 경우

2. 기술의 등록으로 인하여 기업의 경영·영업상 비밀에 관한 사항이 공개되어 기업의 정당한 이익을 현저히 해칠 우려가 있다고 인정되는 경우

② 법 제7조제2항 각 호 외의 부분에서 '대통령령으로 정하는 기간'이란 다음 각 호의 구분에 따른 기간을 말한다. <개정 2009. 10. 1.>

1. 해당 연구개발자의 부재(불재) 등 관계중앙행정기관의 장이 부득이하다고 인정하는 경우: 기술개발이 완료된 후 6개월 이내

2. 제1호 외의 경우: 기술개발이 완료된 후 3개월 이내

③ 법 제7조제2항에 따라 「산업기술혁신 촉진법」 제38조에 따른 한국산업기술진흥원(이하 '기술진흥원'이라 한다)에 기술이전·사업화에 관한 정보를 등록하려는 자는 다음 각 호의 사항이 포함된 등록신청서를 기술진흥원에 제출하여야 한다. <개정 2009. 4. 30.>

1. 등록자의 성명 및 주소(법인인 경우에는 그 명칭·영업소 및 대표자의 성명)

2. 해당 기술의 보유자 또는 권리자의 성명 및 주소

3. 기술의 명칭과 내용(기술의 이용 분야를 포함한다)

4. 이용조건

④ 관계중앙행정기관의 장은 법 제7조제3항에 따라 기술이전·사
   업화에 관한 정보 제공 실적이 우수한 기관에 필요한 지원을 할
   수 있다. <개정 2009. 10. 1.>

제10조(실태조사 범위 등)

① 지식경제부장관은 매년 1회 법 제8조제1항에 따른 실태조사(이
   하 '실태조사'라 한다)를 하여야 한다. 다만 필요하다고 인정하
   면 수시로 실태조사를 할 수 있다. <개정 2008. 2. 29.>

② 법 제8조제2항에서 '대통령령이 정하는 특별한 사유가 있는 경
   우'란 다음 각 호의 어느 하나에 해당하는 경우를 말한다.

1. 자료의 제출로 인하여 기업의 경영·영업상 비밀에 관한 사항이
   공개되어 기업의 정당한 이익을 현저히 해칠 우려가 있다고 인
   정되는 경우

2. 다른 법령이나 계약에 따른 비밀유지 의무가 있는 경우

③ 실태조사를 하는 경우 공공연구기관의 장 등이 작성하여야 하
   는 자료는 다음 각 호와 같다.

1. 기술도입자와 기술제공자에 관한 자료

2. 기술이전방법, 계약 금액 등 기술이전 계약에 관한 자료

3. 연구개발성과의 사업화 추진 실적에 관한 자료

4. 전담인력, 보유기술, 지원제도 등에 관한 자료

제11조 삭제 <2009. 4. 30.>

　제12조(기술진흥원에 대한 지원 기관 <개정 2009. 4. 30.>) 기술이
전·사업화의 촉진을 위하여 다음 각 호의 어느 하나에 해당하는 자
는 기술진흥원의 설립·운영에 소요되는 경비의 일부를 출연 또는
지원할 수 있다. <개정 2009. 4. 30.>
　　1. 「과학기술분야 정부출연연구기관 등의 설립·운영 및 육성에
　　　관한 법률」 제8조제1항에 따라 설립된 정부출연연구기관
　　2. 「과학기술분야 정부출연연구기관 등의 설립·운영 및 육성에
　　　관한 법률」 제2조제2호에 따른 연구회

　제13조(기술진흥원에 대한 출연 등에 관한 협약의 체결 <개정
2009. 4. 30.>) 기술진흥원은 제12조에 따라 소요 경비의 일부를 출연
받거나 지원받는 경우에는 해당 기관이나 단체와 출연 금액 또는 지
원 금액의 규모, 지급시기 및 방법 등에 관하여 협약을 체결하여야
한다. <개정 2009. 4. 30.>

제14조 삭제 <2009. 4. 30.>

제15조 삭제 <2009. 4. 30.>

제16조(기술거래기관의 지정기준 등)
　① 법 제10조제1항에서 '대통령령이 정하는 기준을 갖춘 자'란 다
　　음 각 호의 요건을 모두 갖춘 법인을 말한다. <개정 2008. 2. 29.>

1. 법 제14조에 따른 기술거래사(이하 '기술거래사'라 한다), 변호사, 변리사, 공인회계사 또는 기술사의 자격을 취득한 자로서 기술거래업무에 종사할 수 있는 3명 이상을 상시 고용할 것

2. 지식경제부장관이 정하여 고시하는 기준에 따른 기술거래에 관한 업무지침서를 보유할 것

3. 지식경제부장관이 정하여 고시하는 기준에 따른 기술이전 · 사업화 정보의 수집 · 관리 · 유통 등을 위한 정보망을 보유할 것

4. 법 제10조제3항에 따라 지정이 취소된 경우 취소일로부터 6개월이 지날 것

② 법 제10조제1항에 따른 기술거래기관(이하 '기술거래기관'이라 한다)으로 지정을 받으려는 자는 기술거래기관 지정 신청서에 다음 각 호의 서류를 첨부하여 관계중앙행정기관의 장에게 제출하여야 한다. 다만 해당 관계중앙행정기관이 명확하지 않은 경우에는 지식경제부장관에게 제출할 수 있다. <개정 2008. 2. 29.>

1. 제1항제1호부터 제3호까지의 요건에 관한 증명서류

2. 정관

3. 사업계획서

③ 관계중앙행정기관의 장은 법 제10조제1항에 따라 기술거래기관을 지정할 때에는 기술진흥원에 자문을 할 수 있다. <개정 2009. 4. 30.>

④ 관계중앙행정기관의 장은 법 제10조제1항에 따라 기술거래기관을 지정하였으면 다음 각 호의 사항을 고시하고, 그 내용을 지식경제부장관에게 통보하여야 한다. <개정 2008. 2. 29.>

1. 기술거래기관의 명칭 및 대표자의 성명 · 주소 · 전화번호

2. 전문분야가 있는 경우에는 그 분야

3. 지정 시 조건을 붙이는 경우에는 그 조건의 내용

⑤ 지식경제부장관은 제4항에 따라 관계중앙행정기관의 장으로부터 통보받은 사항을 통합하여 공고할 수 있다. <개정 2008. 2. 29.>

제17조(기술거래기관 지정 취소의 통보 등)

① 관계중앙행정기관의 장은 법 제10조제3항에 따라 기술거래기관의 지정을 취소한 경우 그 사실을 지식경제부장관에게 통보하여야 한다. <개정 2008. 2. 29.>

② 법 제10조제4항에 따라 지원을 받은 기술거래기관은 별도의 계정을 설정하여 지원금을 관리하여야 하며, 지원한 정부기관, 지원금의 규모 및 용도를 지식경제부장관에게 통보하여야 한다. <개정 2008. 2. 29.>

③ 법 제10조제5항에 따라 기술거래기관은 기술거래에 관한 정보를 상반기 실적은 7월 31일까지, 연간 실적은 다음 해 1월 31일까지 기술진흥원에 통보하여야 한다. <개정 2009. 4. 30.>

④ 기술거래기관은 다음 각 호의 어느 하나에 해당하는 사유가 있으면 사유 발생일로부터 30일 이내에 관계중앙행정기관의 장에게 서면으로 통보하여야 한다.

1. 제16조제1항제1호의 사항이 변경된 경우

2. 법 제10조제3항제5호에 해당하는 사유가 발생한 경우

제18조(전담조직의 설치기준 및 운영 등)

① 법 제11조제1항에 따라 전담조직을 설치하여야 하는 공공연구

기관은 다음 각 호의 기관으로 한다.

1. 국·공립 연구기관
2. 「과학기술분야 정부출연연구기관 등의 설립·운영 및 육성에
   관한 법률」 제8조제1항에 따라 설립된 정부출연연구기관
3. 「특정연구기관육성법」 제2조에 따른 특정연구기관
4. 「고등교육법」 제2조에 따른 학교 중 같은 법 제3조의 구분에 따
   른 국·공립학교로서 이공계열 학과를 설치한 학교
5. 그 밖의 공공연구기관으로서 기관의 성격, 연구개발인력 및 예
   산, 보유기술의 정도 등을 고려하여 관계중앙행정기관의 장이
   기술이전·사업화 촉진을 위하여 필요하다고 인정하여 지정하
   는 기관

② 공공연구기관은 제1항에 따라 전담조직을 설치할 때 업무의 효율
   화를 위하여 필요하다고 인정되면 공동으로 전담조직을 설치·운
   영할 수 있다.

③ 제1항이나 제2항에 따른 전담조직에는 1명 이상의 전담인력을
   두어야 한다.

④ 제1항이나 제2항에 따라 전담조직을 설치한 공공연구기관은 매
   년 기술이전·사업화 계획과 추진실적 등을 다음 해 1월 31일
   까지 관계중앙행정기관의 장에게 제출하여야 한다.

⑤ 전담조직은 다음 각 호의 업무를 수행한다.

1. 직무발명의 승계가 있는 경우 이와 관련된 업무
2. 특허 등의 출원·등록·이전 및 활용과 관련된 업무
3. 기술이전 및 활용에 따른 수익금의 배분
4. 기술이전·사업화촉진

5. 산업계의 연구성과에 관한 기술정보의 제공

제19조(전담조직의 지원) 관계중앙행정기관의 장은 법 제11조제3항에 따라 전담조직을 설치한 공공연구기관에 다음 각 호의 비용을 지원할 수 있다.
1. 전담인력에 대한 인건비
2. 제18조제5항에 따른 업무의 추진 비용

제20조(전문인력의 양성) 법 제13조에 따라 관계중앙행정기관의 장은 다음 각 호의 어느 하나에 해당하는 기관이 기술이전·사업화 전문인력의 양성을 위한 교육과정(연수프로그램을 포함한다)을 개설·운영하는 경우에는 그 운영 비용을 지원할 수 있다.
<개정 2009. 4. 30.>
1. 기술진흥원
2. 삭제 <2009. 4. 30.>
3. 「고등교육법」 제2조에 따른 학교
4. 그 밖에 기술이전·사업화 관련 사업을 수행하는 기관으로서 관계중앙행정기관의 장이 인정하는 기관

제21조(기술거래사의 자격 등) 법 제14조제1항에서 '대통령령이 정하는 기술거래의 경력 및 자격 등의 기준'이란 다음 각 호의 어느 하나를 말한다. <개정 2008. 2. 29.>
1. 변호사·변리사·공인회계사 또는 기술사의 자격을 취득한 자로서 기술 관련 분야에 종사한 경력이 3년 이상일 것

2. 「고등교육법」 제2조에 따른 학교의 조교수 이상인 자로서 기술 관련 분야 연구경력이 3년 이상일 것

3. 공공연구기관의 연구원으로서 기술개발 관련 분야에서 3년 이상 재직하였을 것

4. 5급 이상 공무원이나 고위공무원단에 속하는 일반직 공무원으로서 기술 관련 정책·기획·평가 또는 관리 업무에 3년 이상 종사하였을 것

5. 기술거래기관 또는 법 제35조제1항에 따른 기술평가기관(이하 '기술평가기관'이라 한다)의 연구원 또는 중간관리자급 이상의 자로서 기술거래 또는 평가 관련 분야에 3년 이상 재직하였을 것

6. 해외 또는 민간 분야에서의 기술거래 관련 경력이 제1호부터 제5호까지의 요건 중 어느 하나에 상당하는 경우로서 지식경제부 장관이 정한 기준에 해당할 것

제22조(기술이전·사업화 촉진사업의 관리)

① 법 제15조제3항 전단에서 '대통령령으로 정하는 기관'이란 다음 각 호의 어느 하나에 해당하는 기관을 말한다. <개정 2008. 9. 18, 2009. 4. 30.>

1. 기술진흥원

2. 「산업기술혁신 촉진법」 제39조에 따른 한국산업기술평가관리원

3. 삭제 <2009. 4. 30.>

4. 그 밖에 기술이전·사업화 관련 사업을 수행하는 기관으로서 관계중앙행정기관의 장이 인정하는 기관

② 관계중앙행정기관의 장은 법 제15조에 따른 기술이전·사업화

촉진사업의 기획·관리 및 평가업무 등을 위하여 이 영에 위반
되지 아니하는 범위에서 기술이전·사업화 촉진사업의 운영체
계, 사업신청절차 및 선정절차, 지원의 범위 등의 사항이 포함
된 별도의 세부규정을 제정하여 시행할 수 있다.

제23조(기술보육사업의 지원 등)

① 법 제18조에 따른 기술보육사업의 대상은 사업화의 가능성이
있는 기술을 보유한 개인이나 법인으로서 「중소기업창업 지원
법」 제2조제1호에 따른 창업에 이르지 아니하거나 창업 후 1년
이내인 자 중 지식경제부장관이 지정하는 자로 한다. <개정
2008. 2. 29.>

② 지식경제부장관은 제1항에 따른 기술보육사업의 대상에 다음
각 호의 지원을 할 수 있다. <개정 2008. 2. 29.>

1. 시제품(試製品) 개발에 필요한 자금의 지원

2. 사업화에 필요한 인력·정보·설비 및 기술지도 등의 지원

③ 지식경제부장관은 제2항에 따른 지원을 하는 경우 그 지원을
받을 자와 다음 각 호의 사항에 관하여 미리 협약을 체결하여
야 한다. <개정 2008. 2. 29.>

1. 기술의 내용

2. 자금·인력·정보·설비 및 기술 등 지원내용과 지원에 대한 사
후관리

3. 기술료의 지급에 관한 사항

④ 제3항제3호에 따라 지급받은 기술료는 다음 각 호의 용도에 사
용할 수 있다. <개정 2008. 2. 29.>

1. 제2항 각 호에 따른 지원
2. 기술보육사업의 기획·평가·관리·기반확충 등 지식경제부장
   관이 필요하다고 인정하는 사업에 대한 출연

제24조(공공기술이전에 대한 성과배분)

① 법 제19조제2항에서 '대통령령이 정하는 자'란 해당 기술개발
   결과의 이전계약 체결과 그 과정에 기여한 자(연구자는 제외한
   다)로서 공공연구기관의 장이 정하는 자를 말한다.

② 법 제19조제3항에 따라 연구자 및 기술의 이전에 기여한 자에게
   배분하는 보상금은 그 연구자가 개발한 기술을 이전하거나 사
   업화하여 얻은 기술료에서 경비를 제외한 순수입액을 기준으로
   각각 100분의 50 이상 및 100분의 5 이상의 금액 또는 이에 상
   응하는 자산으로 한다. 다만 연구자가 공무원(법 제11조제1항
   후단에 따른 전담조직이 설치된 국·공립학교의 교직원은 제외
   한다)으로서 국가공무원인 경우에는 「공무원 직무발명의 처분
   ·관리 및 보상 등에 관한 규정」에서 정하는 바에 따르고, 지방
   공무원인 경우에는 해당 지방자치단체의 조례가 정하는 바에
   따른다.

제25조(공공기술의 이전·사업화 촉진에 관한 규정 제정) 법 제21
조제2항에 따라 공공기술의 이전·사업화의 촉진에 관한 규정에 포
함되어야 하는 사항은 다음 각 호와 같다. <개정 2008. 2. 29.>

1. 전담조직 설치 및 전담인력 배정에 관한 사항
2. 지적재산권의 출원, 등록, 이전 및 활용에 관한 사항

3. 기술이전·사업화 정보의 등록 및 관리에 관한 사항

4. 연구자 또는 기술의 이전에 기여한 자에 대한 기술료 배분에 관한 사항

5. 그 밖에 기술이전·사업화 촉진을 위하여 지식경제부장관이 필요하다고 인정하는 사항

제26조(공공연구개발 성과의 귀속 및 이용 허락 등)

① 법 제11조제1항 후단에 따라 국·공립학교에 설치하는 전담조직은 법 제24조제3항에 따라 교직원의 직무발명에 대하여 특허 등 지적재산권 및 지적재산권을 확보할 수 있는 권리를 승계한다.

② 국가 등이 법 제24조제3항에 따라 연구개발 성과를 공공연구기관에 귀속시키는 경우에는 그 공공연구기관으로 하여금 제9조제3항 각 호의 정보를 기술진흥원에 등록하도록 하여 일반인에게 관련 정보를 공개하고, 이용을 위한 신청절차 및 방법 등을 공시하는 등 성과의 이용을 촉진하기 위한 조치를 하도록 하여야 한다. 다만 다음 각 호의 어느 하나에 해당하는 경우에는 그러하지 아니하다. <개정 2009. 4. 30.>

1. 해당 공공연구기관이 그 성과를 직접 사용하는 경우

2. 다른 법령이나 협약에 의하여 일반인의 이용이 제한되는 경우

③ 국가 등은 공공연구기관이 제2항에 따른 연구개발 성과의 이용 촉진을 위한 조치를 하지 아니할 때에는 직접 그 조치를 하여야 한다.

④ 공공연구기관은 제2항에 따라 귀속된 기술을 일반인에게 이용하게 하는 경우에는 통상의 실시 또는 사용에 관한 권리를 허락

함을 원칙으로 한다. 다만 다음 각 호의 어느 하나에 해당하는 경우에는 전용(專用)의 실시 또는 사용에 관한 권리를 허락할 수 있다.

1. 다른 법령 또는 협약에서 전용의 실시 또는 사용을 정한 경우
2. 통상의 실시 또는 사용에 관한 권리를 받으려는 자가 없는 경우
3. 기술의 특성상 불가피하다고 인정되는 경우

⑤ 공공연구기관은 법 제24조제5항 단서에 따라 공공기술의 개발에 투자한 기업 등에 대해서는 연구개발 종료 후 1년의 범위에서 우선권을 부여할 수 있다. 다만 다른 법령 또는 협약에서 이와 다르게 정한 경우에는 그러하지 아니하다.

⑥ 법 제24조제6항제6호에서 '그 밖에 대통령령이 정하는 용도'란 다음 각 호의 용도를 말한다.

1. 기술이전·사업화와 관련하여 외부기관과 공동으로 업무를 추진하는 데에 드는 비용
2. 기술의 이전에 기여한 자에 대한 보상금

제27조(기술유동화 촉진사업 실시)

① 법 제27조제1항제2호에서 '대통령령이 정하는 기금'이란 다음 각 호의 기금을 말한다. <개정 2008. 2. 29, 2009. 8. 18, 2009. 10. 1; 2009. 11. 20.>

1. 「중소기업 진흥에 관한 법률」 제63조에 따른 중소기업창업 및 진흥기금
2. 「과학기술기본법」 제22조에 따른 과학기술진흥기금
3. 「정보통신산업 진흥법」 제41조에 따른 정보통신진흥기금

4. 그 밖에 지식경제부장관이 기금의 설치목적을 고려하여 기획재
   정부장관 및 그 기금을 관리 · 운영하는 중앙행정기관의 장과 협
   의하여 정하는 기금

② 법 제27조제2항제1호에 따라 관계중앙행정기관의 장이 손실의
   전부 또는 일부를 보전(補塡)하는 대상은 「자산유동화에 관한
   법률」에 따른 유동화전문회사 등 법 제27조제1항에 따른 기술
   유동화 촉진사업(이하 이 조에서 '기술유동화 촉진사업'이라 한
   다)에 참여하여 직접적인 손실을 입은 기관 중 관계중앙행정기
   관의 장이 정한 기관을 말한다.

③ 법 제27조제2항제2호에서 '대통령령이 정하는 용도'란 기술평
   가비용 등 기술유동화 촉진사업에 따르는 비용의 지출을 말한다.

제28조(기술담보대출 손실보전금의 지급 등) 관계중앙행정기관의
장은 법 제28조제1항 후단에 따라 기술을 담보로 한 대출에 따른 손
실의 전부 또는 일부를 보전하는 경우에는 기술담보대출 촉진사업의
대상과 예산의 규모 등을 고려하여야 한다.

제29조(재정지원금 등의 지급 등)

① 법 제29조제1항에 따라 재정지원금을 받은 자는 별도의 계정을
   설정하여 관리하여야 한다.

② 법 제29조제1항에 따라 지원받은 재정지원금은 기술이전 · 사업
   화 촉진을 위한 사업에 따르는 비용에만 사용하여야 한다.

제30조(국유재산의 대부 등)

① 기술이전·사업화에 참여하는 기관은 법 제30조제1항에 따라
국유재산을 대부 또는 양여 받거나 사용·수익하려면 소관 중
앙행정기관의 장의 추천을 받아 그 재산의 관리청에 신청하여
야 한다. 다만 그 재산의 관리청이 소관 중앙행정기관의 장인
경우에는 바로 소관 중앙행정기관의 장에게 신청하여야 한다.
② 제1항에 따른 국유재산의 대부·양여, 사용·수익의 조건은 계
약에 따른다.

제31조(지적재산권 등의 무상 양여)

① 법 제31조제1항에 따라 실시료의 전부 또는 일부를 면제하거나
지적재산권을 무상으로 양여하는 경우에는 기획재정부장관과
협의하여야 한다. <개정 2008. 2. 29.>
② 법 제31조제2항에 따라 연구기기·설비 및 시제품 등을 무상으
로 양여하는 경우에는 조달청장과 협의하여야 한다.

제32조(기술평가기관 지정기준 등)

① 법 제35조제1항에서 '기술평가를 위한 전담인력 및 담당조직 등
대통령령이 정하는 기준을 갖춘 기관'이란 다음 각 호의 요건을
모두 갖춘 법인을 말한다. <개정 2008. 2. 29.>
1. 다음 각 목의 전문가 모두를 상시 고용할 것
가. 기술거래사, 변호사, 변리사, 공인회계사 또는 기술사의 자격
을 취득한 자로서 기술평가업무에 종사할 수 있는 3명 이상
의 전문가
나. 기술평가업무에 5년 이상 종사한 7명 이상의 전문가

2. 지식경제부장관이 정하여 고시하는 기준에 따른 기술평가모델
   을 보유할 것

3. 지식경제부장관이 정하여 고시하는 기준에 따른 기술평가에 관
   한 정보의 수집·관리·유통 등을 위한 정보망을 보유할 것

② 기술평가기관의 지정에 관해서는 기술거래기관의 지정에 관한
   제16조제2항부터 제5항까지의 규정을 준용한다. 이 경우 '기술
   거래기관'은 '기술평가기관'으로 본다.

제33조(기술평가기관 지정취소 기준 등)

① 법 제35조제3항제1호에서 '대통령령이 정하는 건수'란 30건을
   말한다.

② 법 제35조제4항에서 '대통령령이 정하는 특별한 사유가 있는 경
   우'란 다음 각 호의 어느 하나에 해당하는 경우를 말한다.

1. 해외로 유출될 경우 국가의 안보, 경제 또는 관련 산업에 심각한
   피해를 줄 우려가 있다고 인정되는 경우

2. 기술평가 정보의 통보로 인하여 기업의 경영·영업상 비밀에 관
   한 사항이 공개되어 기업의 정당한 이익을 현저히 해칠 우려가
   있다고 인정되는 경우

③ 법 제35조제4항에 따라 기술평가기관은 기술평가에 관한 정보
   를 매년 상반기 실적은 7월 31일까지, 연간 실적은 다음 해 1월
   31일까지 기술진흥원에 통보하여야 한다. <개정 2009. 4. 30.>

④ 기술평가기관에 관해서는 기술거래기관의 지정 취소 등에 관한
   제17조제1항·제2항 및 제4항을 준용한다. 이 경우 '기술거래기
   관'은 '기술평가기관'으로, '제16조제1항제1호'는 '제32조제1항

제1호'로 본다.

제34조(특허신탁관리업의 허가)

① 법 제35조의2제1항에 따라 특허신탁관리업의 허가를 받으려는
   자는 지식경제부령으로 정하는 허가신청서에 다음 각 호의 서
   류를 첨부하여 지식경제부장관에게 제출하여야 한다.
1. 특허신탁관리업 업무규정
2. 신탁인수에 관한 약관
3. 기술이전 유형별 약관
4. 신청 법인·기관 또는 단체(이하 '신청기관'이라 한다)의 대표자
   및 임원의 이력서
5. 정관 또는 규약
6. 운용전문인력의 이력 및 조직구성
7. 재무제표(법인의 경우에만 해당한다)
② 제1항에 따른 신청서를 제출받은 지식경제부장관은 「전자정부
   법」 제21조제1항에 따른 행정정보의 공동이용을 통하여 법인등
   기부등본(법인의 경우에만 해당한다)을 확인하여야 한다. <개
   정 2009. 10. 1.>
③ 지식경제부장관은 제1항 및 제2항에 따라 제출받은 서류가 다
   음 각 호의 어느 하나에 해당되는 경우에는 기간을 정하여 이를
   보완하게 할 수 있다.
1. 첨부되어야 할 서류가 첨부되지 아니한 때
2. 첨부서류에 기재되어야 할 내용이 기재되어 있지 아니하거나 명

확하지 아니한 때

④ 지식경제부장관이 특허신탁관리업을 허가하는 경우에는 신청
기관에 지식경제부령으로 정하는 특허신탁관리업 허가증을 발
급하여야 한다.

[본조신설 2008. 9. 18.]

[종전 제34조는 제42조로 이동 <2008. 9. 18.>]

제35조(허가사항에 대한 변경허가 등)

① 법 제35조의2제1항에 따라 특허신탁관리업의 허가를 받은 자
(이하 '특허신탁관리기관'이라 한다)가 제34조제1항제1호의 특
허신탁관리업 업무규정 또는 같은 항 제2호 및 제3호의 약관을
변경하려면 지식경제부장관의 허가를 받아야 한다.

② 특허신탁관리기관은 다음 각 호의 사항을 변경할 때에는 지식
경제부장관에게 그 사실을 통보하여야 한다.

1. 법인·기관 또는 단체명

2. 영업소의 소재지

3. 대표자

③ 특허신탁관리기관은 특허신탁관리업을 휴지 또는 폐지한 때에
는 지식경제부장관에게 그 사실 및 그 사유를 통보하여야 한다.

[본조신설 2008. 9. 18.]

[종전 제35조는 제43조로 이동 <2008. 9. 18.>]

제36조(수수료의 요율 또는 금액의 승인신청 및 승인절차)

① 특허신탁관리기관이 법 제35조의2제5항에 따라 수수료의 요율 또는 금액에 관한 승인(변경승인을 포함한다. 이하 같다)을 받으려는 경우에는 지식경제부장관에게 서면으로 승인신청을 하여야 한다.

② 지식경제부장관은 법 제35조의2제5항에 따라 수수료의 요율 또는 금액에 관한 승인신청을 받으면 이해관계인의 의견을 수렴할 수 있도록 지식경제부의 인터넷 홈페이지에 30일간 그 내용을 게시하여야 한다.

③ 지식경제부장관은 수수료의 요율 또는 금액에 관한 승인을 한 경우에는 승인내용을 지식경제부의 인터넷 홈페이지에 게시하여야 한다.

[본조신설 2008. 9. 18.]

제37조(특허권의 목록) 법 제35조의3제1항에 따라 특허권의 목록에 명시하여야 하는 사항은 다음 각 호와 같다.

1. 발명의 명칭
2. 특허등록번호
3. 출원 또는 등록연월일

[본조신설 2008. 9. 18.]

제38조(이전계약 체결에 필요한 정보) 법 제35조의3제2항에서 '대통령령으로 정하는 정보'란 다음 각 호와 같다.

1. 특허권의 목록

2. 해당 특허권의 위탁자와의 신탁계약기간

3. 기술료 등 이전조건 및 약관

[본조신설 2008. 9. 18.]

제39조(업무의 정지처분 절차) 지식경제부장관은 법 제35조의5제1항에 따른 업무의 정지처분을 하는 경우 처분대상자가 그 업무 정지처분에 갈음하여 법 제35조의6에 따른 과징금 부과처분을 희망하는 경우에는 그 사유에 대한 소명자료를 제출하게 할 수 있다.

[본조신설 2008. 9. 18.]

제40조(과징금의 부과기준)

① 법 제35조의6제1항에 따른 과징금의 부과기준은 별표와 같다.

② 지식경제부장관은 위반행위의 동기, 내용, 정도 및 횟수 등을 고려하여 별표에 따른 금액의 2분의 1의 범위에서 이를 가중하거나 감경할 수 있다. 다만 가중하는 경우에도 과징금의 총액은 법 제35조의6제1항에 따른 금액을 초과할 수 없다.

[본조신설 2008. 9. 18.]

제41조(과징금의 부과 및 납부)

① 지식경제부장관은 법 제35조의6제1항에 따라 과징금을 부과한 때에는 그 위반사실과 부과금액 등을 서면에 적어 과징금을 낼 것을 처분 대상자에게 통지하여야 한다.

② 제1항에 따라 통지를 받은 자는 통지를 받은 날부터 20일 이내에 지식경제부장관이 정하는 수납기관에 과징금을 내야 한다. 다

만 천재지변이나 그 밖의 부득이한 사유로 그 기간 내에 과징금
을 낼 수 없으면 그 사유가 없어진 날부터 7일 이내에 내야 한다.

③ 제2항에 따라 과징금을 받은 수납기관은 그 납부자에게 영수증
을 발급하여야 한다.

④ 과징금의 수납기관은 제2항에 따라 과징금을 받으면 지체 없이
그 사실을 지식경제부장관에게 통보하여야 한다.

⑤ 지식경제부장관은 법 제35조의6제1항에 따른 과징금의 부과ㆍ
징수에 관한 사항을 기록ㆍ관리하여야 한다.

[본조신설 2008. 9. 18.]

제42조(의견 청취)

① 관계중앙행정기관의 장은 법 제37조에 따른 의견진술의 기회를 주
려는 경우에는 의견진술일 10일 전에 해당 처분의 이해관계인에게
서면으로 의견 진술의 사유ㆍ일시 및 장소 등을 알려야 한다.

② 제1항의 통지를 받은 처분의 이해관계인은 지정된 일시 및 장
소에 출석하여 의견을 진술하거나 서면으로 의견을 제출할 수
있다.

③ 제2항에 따라 처분의 이해관계인이 출석하여 의견을 진술하는
경우 관계공무원은 그 요지를 서면으로 작성하여 진술한 자에
게 확인하도록 한 후 서명하거나 날인하도록 하여야 한다.

④ 제2항에 따라 서면으로 의견을 제출하는 경우 처분의 이해관계
인은 통지를 받은 날부터 10일 이내에 관계중앙행정기관의 장
에게 의견진술서를 제출하고, 관계중앙행정기관의 장은 접수일
로부터 15일 이내에 처분의 이해관계인에게 의견진술서의 검토

결과를 통보하여야 한다.

⑤ 제1항의 서면에는 정당한 사유 없이 이에 응하지 아니하면 의
견을 진술할 기회를 포기한 것으로 본다는 뜻을 밝혀야 한다.

[제34조에서 이동 <2008. 9. 18.>]

제43조(업무의 위탁) 관계중앙행정기관의 장은 법 제39조에 따라
다음 각 호의 업무를 기술진흥원의 장에게 위탁한다. <개정 2009. 4. 30.>

1. 법 제8조에 따른 실태조사 업무

2. 법 제14조에 따른 기술거래사 등록 업무

3. 법 제18조에 따른 기술보육사업에 관한 업무

4. 법 제35조제5항에 따른 기술평가정보의 관리 업무

[제35조에서 이동 <2008. 9. 18.>]

부칙(중소기업진흥에 관한 법률 시행령) <제21835호, 2009. 11. 20.>

제1조(시행일) 이 영은 2009년 11월 22일부터 시행한다.

제2조(다른 법령의 개정) ①부터 ⑬까지 생략

⑭ 기술의 이전 및 사업화 촉진에 관한 법률 시행령 일부를 다음과
같이 개정한다.

제27조제1항제1호 중 '「중소기업진흥 및 제품구매촉진에 관한
법률」 제63조에 따른 중소기업진흥 및 산업기반기금'을 '「중소
기업 진흥에 관한 법률」 제63조에 따른 중소기업창업 및 진흥
기금'으로 한다.

⑮부터 <64>까지 생략

제3조 생략

참고문헌

김용운 외, 『중소벤처기업을 위한 표준회사규정집』, 장은공익재단, 2004.

김상훈, 『하이테크마케팅』, 박영사, 2008.

김병순 외 1인, 『재무관리』, 신영사, 2003.

김위찬 외 1인(강해구역), 『블루오션전략』, 교보문고, 2009.

구중회 외 9인, 『기술이전사업화백서』, 한국기술거래소, 2001.

김필구, 『미국 벤처캐피탈의 이해』, 한국생산성본부, 2003.

김진영, 『중소기업관련법개론』, 한국창업경영컨설팅협회, 2007.

김진영 외 6인, 『사업타당성분석 사업계획서작성』, 한국창컨설팅협회, 2007.

김성천 외 1인, 『법규 및 윤리』, 한국금융연수원, 2007.

강태건, 『Venture Capital Handbook』, 한경사, 2000.

박준수 외 5인, 『창업투자회사투자계약서 실무연구』, 한국벤처캐피털협회, 2001.

선우석호, 『M&A』, 법문사, 2001.

이영만, 『여신심사 및 관리』, 한국금융연수원, 2007.

이재열, 『벤처창업론』, 북코리아, 2003.

이장우, 『벤처창업』, 법문사, 2000.

이인찬, 『한국의 벤처캐피탈』, 인성, 2003.

이민화 외 1인, 『한국벤처산업발전사』, 김영사, 2000.

임승서 외 2인, 『금융거래관련법률』, 한국금융연수원, 2007.

유필화, 『현대마케팅론』, 박영사, 1997.

윤완중, 『알기쉬운 민사집행과 채권관리』, 한국금융연수원, 2007.

정대용, 『벤처창업론』, 삼영사, 2001.

정대용, 『창업경영』, 21세기북스, 1997.

장욱 외 2인, 『기업신용위험분석』, 한국금융연수원, 2007.

한정화, 『벤처창업론』, 삼영사, 2001.

지원림, 『민법강의』, 홍문사, 2010.

최기원, 『상법학개론』, 박영사, 2009.

차원용, 『녹색융합비즈니스』, 아스팩국제경영교육컨설팅, 2009.
클레이튼크리스텐슨, 이진원 역, 『미래기업의 조건』, 비즈니스북스, 2005.
톰파셀로, 홍성환 역, 『IT ROI』, 대청, 2004.
홍성도, 『벤처캐피탈의 투자기법』, 학문사, 1998.
홍성도, 『벤처비즈니스이해』, 학문사, 1998.
한상문, 『여신실무법률(상)』, 한국금융연수원, 2004.
한상문, 『여신실무법률(하)』, 한국금융연수원, 2004.
한상문, 『은행실무법률』, 제일은행, 1990.
한국기술거래소, 『2008 기술이전 업무메뉴얼』, 한국기술거래소, 2009.
한정화, 『벤처창업과 경영전략』, 홍문사, 2003.
한정화, 『벤처창업론』, 삼영사, 2001.

박준수

단국대학교 대학원 경영학과(재무관리 전공)졸업, 경영학 박사
한양대학교 대학원 전자통신공학과(전자통신공학 전공) 졸업, 공학 석사
서강대학교 대학원 경제학과(금융경제 전공)졸업, 경제학 석사
숭실대학교 대학원 중소기업지도학과(경영지도 전공)졸업, 경영학 석사
서울시립대학교 경영학과 졸업, 경영학사
휴넷마케팅MBA(마케팅 전공) 수료
휴넷전략MBA(경영전략 전공) 수료

지경부장관상 수상(기술사업화 공로)
중소기업청상 수상(벤처기업육성 공로)
한국벤처캐피탈협회 기획전문위원
성남산업진흥재단 스타기업/창업경진대회/벤처빌딩입주 심의위원
성남벤처기업대상 심의위원
중앙대학교 대학원 겸임교수
숭실대학교 대학원 겸임교수

현) 충남테크노파크 기업지원단장/창업보육센터장
현) 충남기술이전센터 센터장
에너지엔㈜, FCI㈜, 위즈아일랜드㈜ 경영고문
서린바이오사이언스㈜ 기획전략본부장/이사
한국벤처투자 투자부장
아주IB투자 영업부장
한국종합캐피탈 영업팀장
신용보증기금 행원

〈저서 및 논문〉
「홈네트워크시스템 표준화 연구 및 응용」(한양대, 2007)
「창업투자회사 투자계약서 실무 연구」(한국벤처캐피탈협회, 2005)
「특허취득공시가 기업가치에 미치는 영향에 관한 실증적 연구」(단국대, 2004)
「중소기업도산예측을위한중소기업종합평가표유용성에 관한연구」(숭실대, 1999)
「금융산업개편에 따른 리스전업사의 대응방안 연구」(서강대, 1996)

〈주요 프로젝트 수행〉
기술사업화 투자(116건, 619억) 프로젝트(1996~2005)
다산인큐베이팅펀드(150억) 운용(2001)
성남다산펀드(100억) 운용(2002)
다산이노텍펀드(100억) 운용(2002)
테크노블러더&다산IT펀드(20억) 운용(2002)
다산벤처펀드(800억) 운용(2003)
진도홍주 명품화 프로젝트(2005)
소방검정공사 경영혁신 프로젝트(2006)
해외기술사업화 투자(1건, 100만 달러) 프로젝트(2007)
중부서남권 바이오기술사업화 프로젝트(2008)
충청광역경제권 협력 프로젝트(2008)
충남스타펀드(160억) 결성(2009)
충청권광역선도산업 그린반도체 기업지원 프로젝트(2009)
충청권광역선도산업 의약바이오 기업지원 프로젝트(2009)
중부권기술사업화 거래촉진네트워크 프로젝트(2010)

Death Valley 극복을 위한

기술사업화
투자계약실무
핵심가이드

초판인쇄 | 2010년 10월 29일
초판발행 | 2010년 10월 29일

지 은 이 | 박준수
펴 낸 이 | 채종준
펴 낸 곳 | 한국학술정보㈜
주   소 | 경기도 파주시 교하읍 문발리 파주출판문화정보산업단지 513-5
전   화 | 031) 908-3181(대표)
팩   스 | 031) 908-3189
홈페이지 | http://ebook.kstudy.com
E-mail | 출판사업부 publish@kstudy.com
등   록 | 제일산-115호(2000. 6. 19)

ISBN   978-89-268-1574-8 13320 (Paper Book)
       978-89-268-1575-5 18320 (e-Book)

이담 Books 는 한국학술정보(주)의 지식실용서 브랜드입니다.

이 책은 한국학술정보(주)와 저작자의 지적 재산으로서 무단 전재와 복제를 금합니다.
책에 대한 더 나은 생각, 끊임없는 고민, 독자를 생각하는 마음으로 보다 좋은 책을 만들어갑니다.